改訂版

早慶への英語

出題形式別演習

SAPIX 中学部

SAPIX YOZEMI GROUP

はじめに

本書は、慶應義塾や慶應義塾女子、慶應義塾志木、早稲田大学高等学院、早稲田大学本庄高等学院、早稲田実業学校といった早慶大学附属・系属高校の入試に頻出される問題を、出題形式別に収録した問題集です。

早慶高入試の英語を攻略するには、どの学校であっても、中学英語の範囲を超えるような難度の高い問題に立ち向かえる学力が必要となります。語彙・イディオム・文法などの知識を充実させ、複雑な長文を読みこなす訓練をすることは欠かせません。ただし、ハイレベルとはいえ、各高校が求めているものは一貫して、確実に積み重ねた英語の総合力です。まずは基礎固めをしっかりと行い、そのうえで、特に入試で重要な文法事項、長文の出題形式に焦点を当てた類題に数多く挑戦していくことが大切です。

創立以来、早慶高受験の指導に力を入れてきたSAPIX中学部では、毎年各高校の出題傾向を徹底分析し、予想問題を作成しています。各高校の入試の特徴はそれぞれですが、本書ではどの高校の受験にも必要な基礎力・実践力を確実に習得できるよう、「知識編」「読解編」「リスニング編」に分けて良問を精選しました。問題の最後には実践テストを掲載していますので、自分の実力を確認するために本番のつもりで解いてみましょう。また、今回の改訂版出版にあたっては、最新の出題傾向を踏まえて、問題の入れ替えを行い、より学習効率が上がるようにしました。繰り返し本書に取り組むことで、皆さんが自信を持って入試本番に臨み、そして志望校に合格できますように願っています。

SAPIX中学部

本書の使い方

この問題集は、「知識編」「読解編」「リスニング編」の3分野に分かれていて、その後に実践テスト4回分が付いています。それぞれの分野に取り組んだ後、これまで学習したことがどのくらい身についたかを確認するつもりで実践テストに挑戦してください。

・リスニング問題は、SAPIX中学部ホームページの音声配信を利用してください

・別冊解答の巻末に、実践テストの解答用紙があります

■難易度の表示　　(1)／　Ⅱ-3　対話文　：問題のレベル（学習時期の目安）
　　　　　　　　　★

★なし：基礎レベル（中2後半～中3前半）

★　　：標準レベル（中3前半～中3半ば）

★★　：応用レベル（中3半ば～入試直前期）

※実践テストは応用レベルのため、入試直前期に使用することをお勧めします

リスニング問題音声配信について

本書に掲載のリスニング問題の音声は、音声専用サイトにて配信しております。
サイトへは下記アドレスよりアクセスしてください。パスワードの入力が必要です。

https://www.sapix.co.jp/special/3587/

■パスワード：DYNs2b5FH

推奨 OS・ブラウザ（2023 年 1 月現在）

▶パソコン

Microsoft Edge ※／ Google Chrome ※／ Mozilla Firefox ※／ Apple Safari ※
※各最新版

▶スマートフォン・タブレット

Android 7.0 以降／ iOS 14 以降

ご利用にあたって

●音声専用サイトの音声のご利用は、『早慶への英語 出題形式別演習』をご購入いただいている
お客様に限らせていただきます。それ以外の方の、本サイトの音声のご利用はご遠慮ください
ますようお願いいたします。

●音声は無料ですが、音声を聴くこと、ダウンロードには、別途通信料がかかる場合があります（お
客様のご負担になります）。

●ファイルは MP3 形式です。音声はダウンロードすることも可能です。ダウンロードした音声
の再生には MP3 を再生できる機器をご使用ください。また、ご使用の機器や音声再生ソフト、
インターネット環境などに関するご質問につきましては、当社では対応いたしかねます。各製
品のメーカーまでお尋ねください。

●本サイトの音声データは著作権法等で保護されています。音声データのご利用は、私的利用の
場合に限られます。

●本データの全部もしくは一部を複製、または加工し、第三者に譲渡・販売することは法律で禁
止されています。

●本サービスで提供されているコンテンツは、予告なしに変更・追加・中止されることがあります。

●お客様のネット環境および端末により、ご利用いただけない場合がございます。ご理解、ご了
承いただきますようお願いいたします。

I 知識編

　同意文完成や整序英作文、正誤問題など、文法に関する頻出問題の演習を行います。意味がわからなかった単語は辞書を引き、解けなかった問題は解説を確認してしっかり理解できるまで何度も繰り返し取り組みましょう。解説では、設問の解答に必要な知識だけでなく、その問題から派生する様々な語彙・文法についても説明しています。重要事項はノートや単語帳などに書きとめ、積極的に覚えていくようにしましょう。

Ⅰ-1　語彙

　次の(1)〜(5)はある単語の定義とその例文です。それぞれの例文の（　）に当てはまる語を適切な形で1語答えなさい。ただし、書き出しの文字が与えられているので、その文字で始まる語を答えること。

(1)　one more than fifteen
　★　Lincoln is the (s-　　　) President of the United States of America, who was against slavery.

(2)　to make a ball or a stone move quickly through the air by using an arm
　★　Bob (t-　　　) a dart and it hit the bull's-eye.

(3)　a person whose job is to treat sick people
　　　There are a lot of (d-　　　) in this country.

(4)　a small container, usually with a handle, which you use to drink coffee, tea, etc.
　　　When Nancy came back from Australia, she gave me a red (c-　　　) as a souvenir.

(5)　to not remember anything that has happened in the past
　　　Three years ago, I (f-　　　) my wife's birthday and she got very angry.

Ⅰ-2　共通語

　各組の空所に共通して入る1語をそれぞれ答えなさい。

(1)　I can't (　　　　) you because I'm very busy.
　★　Please (　　　　) yourself to the salad.

(2)　You can carry this suitcase because it's very (　　　　).
　　　The (　　　　) is too bright. I can't open my eyes.

(3)　It took us (　　　　) ten years to finish the project.
　★　When the game was (　　　　), all the players shook hands.

(4)　The woman is very （　　　　　）, so everyone always looks at her.
★
　　　It's （　　　　　） cold this morning. I have to wear warm clothes.

(5)　I （　　　　　） the key to open the door.
　　　There （　　　　　） to be many people in the city, but no one lives there now.

次の各組の（　　）に入る同じ発音でつづりの異なる語を答えなさい。

(1)　(a)　This piano is the （　　　　　） he was playing at the concert.
★
　　　(b)　Japan （　　　　　） fifteen gold medals in the Olympic Games.

(2)　(a)　A （　　　　　） light means you must not cross the road.
　　　(b)　Bob （　　　　　） a lot of books when he was a high school student.

(3)　(a)　His dog has a good （　　　　　）.
　　　(b)　Nancy （　　　　　） nothing about the news.

(4)　(a)　I can hardly （　　　　　） to meet the actress at the event.
★★
　　　(b)　If you want to lose （　　　　　）, you should start jogging.

(5)　(a)　There was a beautiful （　　　　　） in the vase.
★★
　　　(b)　Bread is made from （　　　　　）.

Ⅰ-4　同意文完成

次の各文がほぼ同じ意味を表すように、各々の(　　　)内に適当な1語を入れなさい。

(1) Tom worked hard to bring up his little brothers.
★★
Tom worked hard (　　　　) (　　　　) he could bring up his little brothers.

(2) When the teacher entered the classroom, all the students stopped talking right
★
away.
All the students stopped talking as (　　　　) (　　　　) the teacher entered
the classroom.

(3) Do you want me to clean your room ?
★
(　　　　) (　　　　) clean your room ?

(4) I'm sure that man is her father.
★
That man (　　　　) (　　　　) her father.

(5) I have never been here before.
★
This is my (　　　　) (　　　　) here.

Ⅰ-5　同意文完成

　次の各組の英文がほぼ同じ意味を表すように、各々の（　　　）内に適当な１語を入れなさい。

(1)　(a)　I bought Tom a watch as he became twenty years old.
　★
　　　(b)　I bought a watch (　　　　　) Tom (　　　　　) his twentieth birthday.

(2)　(a)　Bob went to Japan three years ago and he is still there.
　★
　　　(b)　Bob has (　　　　　) (　　　　　) Japan for three years.

(3)　(a)　Not all students like Mrs. Yamakawa.
　★★
　　　(b)　(　　　　　) students like Mrs. Yamakawa and (　　　　　) don't.

(4)　(a)　Look at the house that has a red roof.
　★
　　　(b)　Look at the house (　　　　　) roof (　　　　　) red.

(5)　(a)　How old is this temple ?
　★
　　　(b)　(　　　　　) was this temple (　　　　　) ?

Ⅰ-6　同意文完成

次の各組の英文がほぼ同じ意味を表すように、各々の（　　）内に適当な1語を入れなさい。

(1) (a) I'll find you a good hotel if you call at my city.
★
　　(b) I'll find a good hotel （　　　　） you if you （　　　　） my city.

(2) (a) Shall I open the window?
★
　　(b) Would you （　　　　） （　　　　） to open the window?

(3) (a) Thanks to his height, he can reach the top shelf.
★
　　(b) He is tall （　　　　） （　　　　） （　　　　） the top shelf.

(4) (a) The letter from her pleased me.
★
　　(b) I was pleased （　　　　） （　　　　） from her.

(5) (a) Unbelievably, I was chosen captain of the team.
★★
　　(b) I was chosen captain of the team, （　　　　） was （　　　　）.

(6) (a) The teachers talked about the matter which was worrying the student.
★
　　(b) The matter （　　　　） （　　　　） （　　　　） the teachers was worrying the student.

(7) (a) Your brother as well as you must go there.
★
　　(b) （　　　　） （　　　　） （　　　　） （　　　　） your brother has to go there.

(8) (a) It was impossible for Jim to catch the last train.
★
　　(b) Jim （　　　　） （　　　　） （　　　　） （　　　　） in time for the last train.

(9) (a) Tony said to me, "How are you?"
★★
　　(b) Tony （　　　　） me （　　　　） （　　　　） （　　　　）.

(10) (a) My father is 50 years old, and I am 25.
★
　　(b) I am （　　　　） as （　　　　） （　　　　） my father.

Ⅰ-7　同意文完成

次の各組の英文がほぼ同じ意味を表すように、各々の(　　　)内に適当な1語を入れなさい。

(1) (a)　The girl will get well soon.
★★
　　(b)　It won't be (　　　　) (　　　　　) the girl gets well.

(2) (a)　What a good soccer player you are!
★
　　(b)　(　　　　) (　　　　　) you are at playing soccer!

(3) (a)　My uncle doesn't live here any longer.
★
　　(b)　My uncle (　　　　) (　　　　) live here.

(4) (a)　Get ready right now, or you'll miss the bus.
★
　　(b)　Get ready right now, and you'll be (　　　　) (　　　　　) for the bus.

(5) (a)　I want my treasure not to be touched.
★★
　　(b)　I want (　　　　) (　　　　) touch my treasure.

(6) (a)　I was shocked to hear that she died suddenly.
★★
　　(b)　Her (　　　　) (　　　　) shocked me.

(7) (a)　You're the prettiest girl I've ever seen.
★
　　(b)　I've never seen (　　　　) a pretty girl (　　　　) you.

(8) (a)　I don't know why she is crying.
★
　　(b)　I have (　　　　) (　　　　) why she is crying.

(9) (a)　Did anyone come in my absence?
★★
　　(b)　Did anyone come (　　　　) I (　　　　) out?

(10) (a)　Mike said to George, "Won't you please be quiet for a while?"
★★
　　(b)　George was (　　　　) (　　　　) be quiet for a while by Mike.

I-8　同意文完成

次の英文の(　　)内に入る語句として最も適切なものをア～エから1つ選び、記号で答えなさい。

(1) Hardly had he arrived at the hotel when he went to bed.
★★
= (　　　　　) arriving at the hotel, he went to bed.

　ア　In　　　　　イ　With　　　　　ウ　On　　　　　エ　Before

(2) According to today's newspaper, there was a traffic accident in front of the
★
hospital.

= Today's newspaper (　　　　　) there was a traffic accident in front of the hospital.

　ア　tells　　　　イ　says　　　　ウ　shows　　　　エ　speaks

(3) I think we need to have this house repaired.
★★
= I think this house needs (　　　　　).

　ア　repair　　　イ　to repair　　　ウ　repairing　　　エ　repaired

(4) As it was very cold, we didn't go out yesterday.
★★
= (　　　　　) very cold, we didn't go out yesterday.

　ア　As it　　　イ　Being　　　ウ　As being　　　エ　It being

(5) He behaves as if he were a rich man.
★★
= He pretends (　　　　　) a rich man.

　ア　to be　　　イ　being　　　ウ　to being　　　エ　be

(6) John said, "Let's go."
★★
= John suggested that we (　　　　　).

　ア　go　　　　イ　went　　　　ウ　to go　　　　エ　going

Ⅰ-9　整序英作文

次の[　　]内の語を並べかえて英文を完成させるとき、空所（　A　）、（　B　）に入る1語をそれぞれ答えなさい。ただし、文頭に来るべき語も小文字で示してあります。

(1)　私のことを見るとすぐに彼は逃げた。
★
[saw, away, soon, ran, he, he, as, as] me.
（　　　　）（　A　）（　　　　）（　　　　）（　B　）（　　　　）（　　　　）（　　　　）me.

(2)　彼はなんて上手に絵を描くのだろう。
★
[draws, well, picture, he, how, a]!
（　　　　）（　A　）（　　　　）（　　　　）（　B　）（　　　）!

(3)　健康こそ我々の人生において最も大切なものだ。
★
[life, as, is, important, nothing, so, in] health.
（　A　）（　　　　）（　　　　）（　　　　）（　　　　）（　　　　）（　B　）health.

(4)　あなたが家に帰る時間です。
★
[is, go, time, it, you, for, to] home.
（　　　　）（　　　　）（　A　）（　　　　）（　　　　）（　B　）（　　　　）home.

Ⅰ-10　整序英作文

次の各組の(a)と(b)がほぼ同じ意味を表すように[　　]内の語(句)を並べかえて英文を完成させ、A〜Lに入るものをそれぞれ番号で答えなさい。ただし、各組とも不要になるものが1つ含まれている。また、文頭に来る語(句)も小文字になっている。

(1) (a) こんな大きな犬は今まで見たことがありません。
★
(b) （　A　）（　　　）（　　　）（　　　）dog（　　　）（　　　）（　B　）（　　　）.

[1. is　2. never　3. the　4. I　5. ever　6. this　7. seen
8. biggest　9. have]

(2) (a) この本がいくらか知りたいのですが。
★★
(b) I（　　　）（　　　）（　　　）（　　　）（　C　）（　　　）（　　　）（　　　）
（　D　）.

[1. is　2. to　3. how　4. what　5. like　6. the price　7. of
8. this book　9. would　10. know]

(3) (a) 彼女が母親に似ていることは、誰もが知っています。
★★
(b) The（　　　）（　E　）she（　　　）（　　　）（　　　）（　F　）（　　　）
（　　　）everyone.

[1. looks　2. known　3. that　4. to　5. her mother　6. after
7. takes　8. is　9. fact]

(4) (a) もし彼が会議に遅れたら教えてください。
★★
(b) Please（　　　）（　　　）（　G　）（　H　）（　　　）（　　　）（　　　）the
meeting.

[1. me　2. if　3. late for　4. tell　5. know　6. is　7. let　8. he]

(5) (a) ジョンがなぜそんなことをしたのかはわからない。
★★
(b) （　I　）（　　　）（　J　）（　　　）why John（　　　）（　　　）（　　　）.

[1. did　2. idea　3. knowing　4. a thing　5. there　6. no　7. is　8. such]

(6) (a) そのドアを修理してもらうように大家さんに頼んでおいてよ。
★
(b) （　　　）（　　　）（　　　）the landlord（　　　）（　K　）（　　　）（　L　）?

[1. the door　2. repair　3. to　4. ask　5. you　6. will　7. have　8. fixed]

Ⅰ-11　整序英作文

　次の日本語とほぼ同じ意味を表すように［　　　］内の語(句)を並べかえて英文を完成させ、(　ア　)、(　イ　)に入るものをそれぞれ番号で答えなさい。ただし、文頭に来る語(句)も小文字になっている。

(1) まもなく彼女の体調はよくなりますよ。
★★
　　It (　　　)(　ア　)(　　　)(　イ　)(　　　)(　　　) well.
　　［ 1. before　2. she　3. won't　4. gets　5. long　6. be ］

(2) その歌手は日本だけでなく韓国でもよく知られています。
★
　　The singer is well known (　　　)(　ア　)(　　　)(　イ　)(　　　)(　　　)
　　(　　　).
　　［ 1. Japan　2. Korea　3. in　4. in　5. only　6. but　7. not ］

(3) この写真を見るとアメリカで過ごした日々を思い出します。
★★
　　This picture (　　　)(　ア　)(　　　)(　　　)(　　　)(　イ　) in America.
　　［ 1. spent　2. the days　3. me　4. I　5. reminds　6. of ］

(4) この学校の生徒で中村先生を知らない生徒はほとんどいません。
★★
　　(　　　)(　　　)(　ア　)(　　　) at this school (　イ　)(　　　)(　　　)
　　Mr. Nakamura.
　　［ 1. students　2. few　3. who　4. are　5. know　6. there　7. don't ］

(5) 忙しそうなのでお風呂を洗っておきましょうか。
★
　　Do you (　　　)(　ア　)(　　　)(　イ　)(　　　)(　　　) you look busy ?
　　［ 1. as　2. the bathroom　3. clean　4. me　5. to　6. want ］

(6) あんなに美しい女性に会ったことがありません。
★
　　That is (　ア　)(　　　)(　　　)(　イ　)(　　　)(　　　) have ever seen.
　　［ 1. the　2. beautiful　3. lady　4. I　5. that　6. most ］

(7) 彼が目を覚ますと彼は椅子に縛られていました。
★★
　　He woke (　　　)(　　　)(　ア　)(　　　)(　イ　)(　　　) the chair.
　　［ 1. find　2. tied　3. to　4. to　5. himself　6. up ］

Ⅰ-12　正誤問題

　各文の下線部㋐～㋓には不適切なものが1つ含まれています。その記号を指摘し、最も適切な語、または語句に書き改めなさい。例にならって解答すること。

（例）　She ㋐like English ㋑better than ㋒any other ㋓subject.
　　　　解答：㋐　likes

(1)　These two books were ㋐so hard that Tom wasn't able to ㋑read through ㋒it ㋓the other day.
★

(2)　I was ㋐surprised to hear Nancy ㋑shouted ㋒during the class.　I turned around and found ㋓something black moving at her feet.
★★

(3)　My father ㋐had breakfast this morning.　He had some ㋑eggs ㋒on his tie but ㋓nobody said about it.
★★

(4)　My mother told me that ㋐she ㋑would be back ㋒till ten, but she ㋓didn't.
★

(5)　Few people ㋐know that the third ㋑expensive car in the world is ㋒built ㋓in this factory.
★★

Ⅰ-13　正誤問題 ★★

　次の(1)～⑽の中から正しいものを4つ選び、番号順に書きなさい。

(1)　I was very surprised that he came the party last night.

(2)　If you see him at school tomorrow, please say hello for me.

(3)　There was few people I knew at the meeting.

(4)　Neither you nor I are right about the decision.

(5)　Just in case, bring your umbrella with you.

(6)　As far as I live, I will never forget the things I learned in this school.

(7)　Do you know how good they can sing ?

(8)　This is the very watch I have been looking for.

(9)　All you have to do is to go there every other day.

⑽　Yesterday I saw Ken at the first time in ten years.

Ⅰ-14 正誤問題

各文の下線部A～Dの中から文法的・語法的に間違っているものを１つ選び、選んだ箇所全体を正しい形に直しなさい。例にならって解答すること。

（例）　<u>It</u> is kind <u>for you</u> <u>to tell</u> me <u>the way</u> to the station.
　　　　A　　　　　　B　　　　C　　　　　　　D

　　　解答：B　of you

(1)　<u>The kindness</u> he has <u>made</u> <u>him</u> <u>the most popular</u> boy at this school.
★★　　　　A　　　　　　　　B　　C　　　　　D

(2)　Mr. Jones is <u>proud</u> of his daughter <u>to be</u> an actress, so he <u>is always talking</u> <u>about</u> her.
★★　　　　　　　A　　　　　　　　　B　　　　　　　　　　C　　　　　　D

(3)　I <u>am afraid</u> that Tom <u>won't</u> <u>marry with</u> Nancy, for he often <u>complains about</u> her.
★　　　A　　　　　　　　B　　C　　　　　　　　　　　D

(4)　There <u>is</u> a beautiful picture in the museum <u>which</u> I <u>would</u> <u>visit</u>, but now it isn't there.
★　　　　A　　　　　　　　　　　　　　　　B　　　C　　D

(5)　In my <u>youth</u>, my uncle bought me many <u>science books</u>.　<u>That is why</u> I became
★　　　　　　A　　　　　　　　　　　　　　B　　　　　　C

　　<u>interesting</u> in science.
　　　　D

(6)　All <u>what</u> I want you <u>to do</u> is <u>to make</u> a phone call to me before you <u>leave</u> Japan.
★★　　　A　　　　　　B　　　C　　　　　　　　　　　　　D

(7)　My father <u>says</u> the children of the present <u>don't play</u> outside so <u>often</u> as <u>that</u> of the
★★　　　　　　A　　　　　　　　　　　B　　　　　C　　　D

　　past.

－17－

Ⅰ-15　正誤問題

　各文の下線部A～Dの中から文法的・語法的に間違っているものを１つ選び、選んだ箇所全体を正しい形に直しなさい。例にならって解答すること。

（例）　It is kind for you to tell me the way to the station.
　　　　　A　　　　　B　　　C　　　　　　D

　　　　解答：B　of you

(1) I'm very nervous, for I'm not used to speak in public. Please give me some pieces
　　　　　　　　　　　　　A　　　　　　　B　　　　　　　　　　　　　　　　C
★
　of advice.
　　　D

(2) I'm sorry to have kept you waited so long. The train was almost an hour behind
　　　　　　　　A　　　　　B　　　C　　　　　　　　　　　　　　　　　　　D
★
　schedule.

(3) At the shop, various kinds of clothes are ordered to abroad and sold at reasonable
　　　A　　　　　　　　　　　　　　　　　　　　　　B　　　　　C
★
　prices.
　　D

(4) The picture Tom had taken by her was beautiful enough for me to be touching.
　　　　　　　　　　A　　　B　　　　　C　　　　　　　　　D
★★

(5) Between you and I, it is said that there's a hidden treasure in the heart of the forest.
　　　　　　A　　　B　　　　　　　　　　　C　　　　　　　D
★★

(6) I'd like you to come to the party which is going to be given after a week.
　　　　　　　A　　　　　　　　　B　　　　　　　　C　　　　D
★★

(7) She isn't so honest that we expected. It would be better not to trust her.
　　　　　　　　　A　　　B　　　　　　C　　　　　　D
★

－ 18 －

II　読解編

　　対話文や適語補充など、読解問題で頻出の設問形式に焦点を当てて演習を行います。ここでは特に時間制限を設けず、自分のペースで読み進めましょう。わからない単語があっても、まずは辞書を用いずに一通り解き、答え合わせをした後で、今度は辞書を使用しながら読み直してみてください。複雑な英文や不安が残る部分は、解説を何度も確認しながら、構文を1つ1つ分析するように丁寧に読み進めることが大切です。

Ⅱ-1　対話文

次の会話文を読み、文章全体の意味が通じるように、　1　〜　10　に入れるのに最も適切なものをア〜コより１つずつ選び、記号で答えなさい。ただし、各記号は１度しか使えません。なお、＊が付いた語(句)は後に(注)があります。

There are two boys in front of the station, and they are waiting for someone.

A : What happened to Jim?

B : I don't know. This is strange. He's always very *punctual.

A : 　　1　　

B : Don't say such a thing. 　　2　　

A : 　　3　　 You just said what he's like. He's always the first guy to get to school. Also, he said he'd come here several times before.

B : You're right. 　　4　　 Why don't you call him? I don't know his phone number.

A : Me neither. *As a matter of fact, he doesn't even have a cell phone.

B : Really? I didn't know that.

A : I hear he's been asking his mother to let him have one, but she's never said yes. She believes high school students don't need a cell phone because it just *disturbs our study.

B : 　　5　　 But it also helps us a lot, I think.

A : For example, if he had a cell phone, we could call him up and ask what's going on.

B : That's right. 　　6　　 He could make it a good reason to get a cell phone.

A : 　　7　　 You don't know what his mother is like. She'll say something like this; "So, that means you don't need one as long as you are in time, Jim."

B : It sounds his mother is really tough. Hey, here he comes!

Jim runs up to the two boys, breathing hard.

C : Sorry I'm late. While I was waiting for the bus at the bus stop near my house, I found I left my wallet in my room, so I had to get back home. When I got to the bus stop again, the bus had already gone. *As a result, I had to wait for another thirty minutes.

A : You mean half an hour?

C : 　　8　　 Anyway, I'm very sorry. Now let's go to the concert.

B : Yeah. 　　9　　

C : Wait. Before we go, let's check the time table of the train by cell phone.

Jim takes his cell phone out of his pocket.

A ： What? I thought you didn't have a cell phone.

C ： Oh, I *managed to *talk my mother round, and I got this three days ago. Don't worry. I've already got your numbers in here.

A ： Why didn't you call and tell us you would be late, then!?　|　10　|

（注）　punctual：時間に正確な　　　as a matter of fact：実のところ　　　disturb：邪魔になる
　　　　as a result：その結果　　　manage to 〜：何とか〜する　　　talk 〜 round：〜を説得する

Ⅱ
読解編

ア　Yes, that's the way it is in my area.

イ　That's impossible.

ウ　We should tell him about it when he gets here.

エ　What is your cell phone for?

オ　We'd better hurry, or we're going to be late.

カ　I think he just got up late or took the wrong train.

キ　She may have a point.

ク　He didn't have an accident or something, did he?

ケ　I'm getting worried about him.

コ　That is not going to happen.

Ⅱ-2　対話文

次の会話文を読んで後の問いに答えなさい。なお、＊が付いた語（句）は後に（注）があります。

(*telephone conversation*)

Danny　：　Hi, Grandma. How are you?

Grandma　：　Hi, Dan! It's so nice to (　　1　　) your voice.

Danny　：　Well, I've been so busy at college; (　　A　　).

Grandma　：　Don't apologize. I'm happy you (　　あ　　). How are things?

Danny　：　Everything is fine. How are you? (Ⅰ)【 friend / passed / was / Dorothy / sorry / I / your 】 away.

Grandma　：　Oh, Danny, it makes me so sad. I have such fond memories ... and so many of my friends are dying, or having all sorts of problems.

Danny　：　So how are things with you? Are you feeling OK, Grandma?

Grandma　：　I'm feeling fine. (Ⅱ)I've (　　　　　) (　　　　　) (　　　　　) (　　　　　) I retired. I *enrolled in the community college, and I'm taking an advanced computer course. I (　　2　　) yoga in the evening, and sometimes when I can't sleep, I (　　3　　) up late and surf the net!

Danny　：　Grandma, you (　　4　　) to get your rest.

Grandma　：　I know, but sometimes I can't get on line during the day.

Danny　：　Gee, Grandma, I hope having a long, healthy life is a *gene I *inherited from you!

（注）　enroll：入会する　　　gene：遺伝子　　　inherit：受け継ぐ

問1　（　　1　　）～（　　4　　）に入る最も適切な語をア～クから選び、記号で答えなさい。ただし、同じものを2度以上選んではならない。

ア　take　　　イ　want　　　ウ　wake　　　エ　hope　　　オ　stay
カ　need　　　キ　listen　　　ク　hear

問2　（　　A　　）に入る最も適切なものを1～5から選び、番号で答えなさい。

1　but I am happy to talk to you　　　2　I missed you very much
3　I am very satisfied　　　　　　　　4　sorry I haven't called you this week
5　I haven't seen you for a long time

問3　（　　あ　　）に頭文字がcで始まる最も適切な1語を入れなさい。

問4　下線部(I)が意味の通る文になるように、【　　】内の語を並べかえなさい。

問5　下線部(II)が与えられた日本文とほぼ同じ意味を表すように、（　　）に適切な語を入れなさい。

「会社を辞めてからとても忙しいのよ」

Ⅱ-3　対話文　★

　次の会話文を読み、文章全体の意味が通じるように、[1]〜[10]に入れるのに最も適切なものをア〜スより１つずつ選び、記号で答えなさい。なお、*が付いた語(句)は後に(注)があります。

A :　You haven't come to this class recently.　What have you been doing?

B :　Long time no see.　[1]　Today I could manage to get up early.

A :　Oh, have you?　[2]　You've been playing your favorite video games, haven't you?

B :　No.　In fact, I've been doing a part-time job.　[3]　I've worked late at night, so I've lived in a world where day and night are *reversed.

A :　Oh, I see.　[4]

B :　I've been working at a video rental shop.　There are few customers late at night, so my job is very easy.　Well, you too do a part-time job, right?　[5]

A :　Yes, but I will quit it.　I want to earn more, so now I'm looking for another job. Do you know a good one?

B :　It's just as well.　You know my father runs a restaurant.

A :　[6]　I have been there many times.

B :　Actually, now he needs more workers.　He asks me so often if there is someone good to help him.

A :　[7]　But don't you work there?　If you work there, you can get up early and come to this class.　[8]

B :　I don't want to work hard.　I like to do anything at my own *pace.　Anyway, I'll introduce you to my father.

A :　[9]　By the way, next week we have a test in this class.　Our teacher says the test is necessary to get a *credit.　You should study hard.

B :　[10]

(注)　reverse：逆にする　　　pace：ペース　　　credit：単位

ア　Of course I know.

イ　I couldn't help it.

ウ　Please do so.

エ　I started it a few months ago.

オ　That's good news to me.

カ　Have you stayed up late at night?

キ　Restaurants aren't open till late at night.

ク　As I just said, I like to do anything at my own pace.

ケ　What kind of job have you been doing?

コ　You know how hard he works.

サ　You work at a coffee shop, don't you?

シ　I've been sleeping during the day.

ス　I have a good one.

Ⅱ-4　対話文 ★

　次の会話文を読み、文章全体の意味が通じるように、　1　～　10　に入れるのに最も適当なものをア～コより1つずつ選び、記号で答えなさい。

Nancy ： Tom, what's wrong?　1

　Tom ： 　2　 I'm having a party next Monday. It's Emily's birthday party.

Nancy ： Are there any problems with that? You like her, right?

　Tom ： 　3　 The trouble is, I have no money now. If I bring nothing with me, I'll be laughed at by everyone at the party.

Nancy ： 　4　 You had enough money with you when I saw you last.

　Tom ： The fact is, I've lost my wallet.

Nancy ： Oh, have you? 　5　 Do you have any idea where you lost your wallet?

　Tom ： Well, I must have lost it in the river when I jumped into the river.

Nancy ： 　6　 It's already November. Why did you do that?

　Tom ： 　7　 When I was jogging along the river, I found a drowning dog, so...

Nancy ： Oh, I see. You jumped into the river and saved the dog, but when you got out of the river, you found you had lost your wallet, right?

　Tom ： That's right.

Nancy ： 　8　 You can't look the other way. By the way, what about the dog?

Tom　：　He was very tired and weak, so I brought him home and took care of him. Now, he's OK.

Nancy　：　I see. Do you have a picture of him? I want to see what he is like.

Tom　：　Yes, I do. Here you are.

Nancy　：　So cute! Have you named him yet?

Tom　：　Sure. I named him Hammer.

Nancy　：　[　9　]　You mean he can no more swim than a hammer can, don't you? Oh, I've got an idea. You should take Hammer to Emily's birthday party. She must be happy to see him.

Tom　：　[　10　]　She is allergic to dogs.

ア　Of course I do.

イ　Actually, I am.

ウ　I'm sorry for you.

エ　It's really like you.

オ　Because I had to.

カ　I wish I could.

キ　You look worried.

ク　Are you OK?

ケ　That sounds strange to me.

コ　It's perfect for him.

Ⅱ-5　対話文 ★

次の会話文を読んで後の問いに答えなさい。なお、＊が付いた語（句）は後に（注）があります。

Zelda　：　That was an interesting *survey, Phong. Our *ideal jobs are really different, aren't they?

Phong　：　[　A　], Zelda. (1)That's probably because *we're* pretty different.

Zelda　：　Yes, that's true. Let's see, now we have to report our partner's *responses to another pair. Hey, Marcos, do you two want to do the reporting with us?

Marcos　：　Sure, Zelda. [　B　], Samara?

Samara　：　Right. You guys go first, Phong.

Phong　:　OK.　The first question was "Which are more important to you in a job?" Then a lot of choices: "friendly co-workers," "a good *supervisor," "good pay," etc.　Zelda couldn't decide on that one.

Zelda　:　No, wait!　That's not right, Phong!　 C ！　We don't have to choose just （　ア　） answer to that question.　It says "Which are more important?" "Are" means more than one.　And I care about all those things.

Samara　:　Me, too, Zelda.　That was my answer to the first question, too.

Marcos　:　How did Phong answer that question, Zelda?

Zelda　:　"Good pay" and "chance for *advancement."

Phong　:　Of course.　That's what's more important.　Sure, the other things are nice to have, but you have to admit, if the pay is bad and there's no chance for advancement, it's not a good （　イ　）！

Marcos　:　I agree!

Zelda　:　I don't.

Samara　:　 D ！

（注）　survey：調査　　　ideal：理想の　　　response：反応　　　supervisor：管理者，上司
　　　advancement：出世

問1　 A ～ D を補うのに、最も適切なものを①〜⑨より1つずつ選び、番号で答えなさい。ただし、同じ番号を2度以上選ばないこと。
　　① They're all important to me　　　② No, not yet
　　③ Me, too　　　　　　　　　　　　④ Me, neither
　　⑤ That's none of my business　　　⑥ Both are important to me
　　⑦ They sure are　　　　　　　　　⑧ We're ready, right
　　⑨ That would be nice

問2　下線部(1)を日本語に直しなさい。ただし、"That" が指す内容を明確にすること。

問3　（　ア　）、（　イ　）に入る最も適切な1語を本文中より抜き出しなさい。

問4　本文の内容に合うものを①〜④より1つ選び、番号で答えなさい。
　　① Phong and Zelda think it very important to have a good boss.
　　② Marcos doesn't want to earn more money or succeed in life.
　　③ The four people are wondering what are important in their jobs.
　　④ Zelda thinks everyone has various views on his or her ideal job.

Ⅱ-6　対話文　★

次の対話文を読んで、後の問いに答えなさい。＊の付いている語（句）には（注）があります。

Father ： How did you feel after the speech for *the student council election?

Tom ： I was so tired because I made a speech to be *student council president of the school.

Father ： I know that you practiced your speech hard.　 A

Tom ： No. I don't think so. *In addition, Mike as well as I was a *candidate. He was a good speaker, so I was more *nervous.

Father ： I see.　 B

Tom ： It was really good. First, Mike made the speech.　 C   　He looked *confident. He talked about *replacing lockers and soccer balls in school because they were very old. In fact, after his speech, students started *clapping. My heart *beat fast.

Father ： And then?

Tom ： My *turn came. My legs were shaking. I said that I would like to make *a suggestion box to listen to students' opinions.

Father ： That's a great idea.

Tom ： But I felt that every student was *bored.　 D   　However, they clapped after my speech. I was surprised at that.

Father ： Good.

Tom ： And there is more to the story. After the election, I spoke with Mike. I told him that (1)he made such a good speech that he would win the election.

Father ：　 E

Tom ： He told me that he couldn't speak well because he was so nervous. He didn't think that every student would agree to his plan. I was surprised because he was feeling the (　2　) way as me. I didn't like him so much before, but (3)I feel a sense of closeness with him now.

Father ： I see. You just thought that he wasn't nervous because he usually spoke well.

Tom ： Yes. I didn't think he was nervous, but *actually he was. I remembered a *saying : (4)you can't judge a book by its cover.

Father ： That's right. You learned an important *lesson. By the way, when will you know the *result?

Tom : Next week. | F |

SAPIX 英語科による

(注) the student council election：生徒会役員選挙　　student council president：生徒会長
in addition：しかも　　　candidate：立候補者　　　nervous：緊張して
confident：自信がある　　replace ～：～を取り替える　　clap：拍手する
beat fast：ドキドキする　　turn　順番　　a suggestion box：目安箱
bored：退屈している　　actually：実際は　　saying　ことわざ　　lesson：教訓
result　結果

問1　空所 | A | ～ | F | に入る最も適切な文を次のア～カからそれぞれ1つず
つ選び、記号で答えなさい。ただし、同じ記号は1度しか使えません。
　ア　He spoke very well.
　イ　What did he say?
　ウ　I didn't think that they would agree to my plan.
　エ　Did you make the speech well?
　オ　I want to know it as soon as possible.
　カ　How was the speech?

問2　下線部(1)とほぼ同じ意味になるように、空所に最も適切な語を書き入れなさい。
　(1)　he made such a good speech that he would win the election
　＝his speech was good （　　　　　）（　　　　　）（　　　　　）（　　　　　） win the
　　election

問3　空所 （　2　）に入る最も適切な英単語を書きなさい。ただし、sから始める
こと。

問4　下線部(3)の意味を最も適切に表すものを次のア～エの中から1つ選び、記号で答え
なさい。
　ア　今、マイクと自分は何かに閉じ込められた気分になっている
　イ　今、マイクに前より親近感が湧いている
　ウ　今、マイクがより自分の方向へ近づいてきていると感じている
　エ　今、マイクと自分のスピーチのレベルがより近くなってきていると感じている

問5　下線部(4)の具体的な内容を表すように、（　　）内に10字以内の適切な日本語を書
きなさい。
　　　人は（　　　　　　　　　）ということ。

Ⅱ-7　適語補充 ★★

次の英文を完成させるために　1　～　9　に適切な1語を入れなさい。なお、＊が付いた語(句)は後に(注)があります。

Achoo!　We all *sneeze sometimes.　Sneezing is a *reflex that your body does *automatically.　That　1　you cannot make yourself sneeze or stop one once it has started.　When you sneeze, your body is trying to　2　rid of bad things in your nose, such as *bacteria.　You have extra *germs when you have a cold, so you sneeze a lot more.　You might also sneeze when you smell pepper!

Inside your nose, there are hundreds of tiny hairs.　These hairs *filter the air you breathe.　Sometimes dust and *pollen find their　3　through these hairs and bother your *nasal passages.　The *nerves in the *lining of your nose tell your brain　4　something is *invading your body.

Your brain, lungs, nose, mouth, and the muscles of your upper body work　5　to blow away the invaders with a sneeze.　When you sneeze, germs from your nose get blown into the air.　6　a tissue or "sneezing into your sleeve" *captures most of these germs.　It is very important to wash your hands after you sneeze into　7　, especially during cold and *flu season.

Do you ever sneeze when you walk into bright sunlight?　Some people say that happens to them often.　Scientists believe the UV rays of the　8　*irritate the nose lining of these people so they sneeze.　If someone nearby sneezes, remember to tell them "Gesundheit!"　That is a funny-looking word which is *pronounced "gezz-oont-hite."　It is the German word that wishes someone good health　9　sneezing.

(注)　sneeze：くしゃみをする　　reflex：反射運動　　automatically：自動的に　　bacteria：細菌
germ：病原菌　　filter：濾過(ろか)する　　pollen：花粉　　nasal passage：鼻道
nerve：神経　　lining：内側　　invade：襲う　　capture：捕らえる
flu：インフルエンザの　　irritate：刺激する　　pronounce：発音する

Ⅱ-8 適語補充 ★★

次の英文を完成させるために空所 | 1 | ～ | 10 | に適切な1語を入れなさい。ただし、最初の文字が指定されている場合はそれに従うこと。*が付いている語には（注）があります。

Most people think that the capital of the movie world is Hollywood, in the United States. However, the real movie capital is Mumbai, in India. Mumbai | 1 : u | to be known as Bombay, and so the film industry there is called "Bollywood." Bollywood makes twice as | 2 | movies each year as Hollywood — more than 800 films a year.

The movies from Bollywood are very | 3 | from Hollywood movies. For one thing, Bollywood movies are much longer than most Hollywood movies. Most Bollywood movies are more than three hours long, and contain singing, dancing, action, adventure, mystery, and romance (but usually no kissing). | 4 | Bollywood films contain so many different *features, this style of film is sometimes called a "masala" film. ("Masala" is an Indian word for a mixture of spices.)

Another big | 5 | between Bollywood and Hollywood movies is the way the movies are made.

It takes much longer to make a movie in Hollywood than | 6 | Bollywood. In fact, filming may begin on a Bollywood movie | 7 : b | the *script is even finished. The director and writers can make up the story while the film is being made. Sometimes they will even write the script by hand instead of taking time to type it.

Bollywood actors are very popular and some are in such high *demand | 8 | they may work on several movies at the same time. They may even *shoot scenes for several films on the same day using the same costumes and scenery. Since most Bollywood movies follow the same kind of story, shooting scenes for several films at the same time is not a big problem for actors or directors. This also helps keep the cost of Bollywood movies | 9 : l | than the cost of Hollywood movies. The average Bollywood film, with a *budget of only two million U.S. dollars, seems very cheap compared to the average budget of sixty million U.S. dollars | 10 | a Hollywood film — thirty times as much!

（注）：feature：特徴　　script：脚本　　demand：需要　　shoot：撮影する　　budget：予算

Ⅱ-9 　長文読解総合　★

次の英文を読み、後の問いに答えなさい。＊の付いている語(句)には(注)があります。

Daniel Kish is riding his bicycle through the streets in Long Beach, California, (　1　) a Monday morning. He stops at traffic lights, waits, then goes on. Morning traffic can be dangerous for anyone on a bicycle, but Daniel Kish is (a)blind! He lost both eyes when he was thirteen months old, (Ⅰ)but he has taught himself to (　A　) with (　B　).

Daniel makes a special sound with his mouth and *tongue. The sound hits things like cars and people, then comes back to his ears. Different things change *the sound that comes back, so Daniel knows *what they are. Try closing your eyes when you're a *passenger in a car. If you are driving along a quiet street, you can *hear the sound change when you (　2　) past something big — like a house or car.

Of course, Daniel Kish is very, very (　3　) at doing this. His *brain uses sounds to make a picture of the world. Daniel can tell *where things are, how fast they are moving, if they are big or small, and *even what they are made of.

Daniel has taught many blind people to use sound in this way. He enjoys (　4　), he dances well and he likes to ride his bicycle in the mountains, far away from any roads. At first, many people don't think that he can *possibly be blind!

Evelyn Glennie began to lose her hearing when she was twelve years old. (Ⅱ)But that hasn't stopped her from doing *what she loves. Evelyn *has made twenty-eight music CDs, and *performed in front (　5　) big crowds in cities all over the world. Her music is always unusual, different, and exciting. She once played an *amazing piece of music using only *things that you can find in a kitchen! When Evelyn talks to people, she watches their mouths and 'reads' their lips. But when she performs, she 'feels' the music with all of her body. Evelyn takes her shoes (　6　) before she plays music, so that she can feel more with her feet.

There are lots of very successful (b)disabled people around the world. There is *a cook who can't taste his food, a dancer with one leg, writers who write with their feet…and many, many more amazing people. People like Daniel Kish and Evelyn Glennie don't stop doing things because they are disabled. They find ways to *beat their problems and they have happy, successful lives. *They* don't think that they are different (　7　) other people — and (Ⅲ)[differently, don't, to, people, they, other, want, feel] about them.

The Paralympic Games happen (　8　) four years, *straight after the Olympic

Games. It's a great chance to see some of the world's top disabled sportspeople. On the fourth day of the 2012 London Paralympic Games, thousands (　9　) people waited excitedly for the start of the men's T44 200 metres. T44 is the name for a race between *people who have lost part of one or both legs. They run with *blades ― special legs for disabled runners. The fastest T44 runner in the world, Arnu Fourie, was in the race, and he started very well. He was in front for a long time, but then Oscar Pistorius, a South African runner, caught him. Pistorius was winning the race (　10　) the last 50 metres. Then suddenly, a young runner called Alan Fonteles Cardoso Oliveira came up fast from behind.

　Nobody thought that the twenty-year-old Brazilian could win the race, but (Ⅳ)he crossed the line 0.07 seconds in front! The crowd went *crazy! In Brazil, 8,000 kilometres away, Oliveira's family jumped to their feet, shouted, and cried. It was an amazing win for him ― and one of the most exciting races in the Olympics or Paralympics in years.

（注）　tongue：舌　　the sound that comes back：戻ってくる音　　what they are　それらが何なのか
　　　　passenger：乗客　　hear the sound change：音が変化するのを聞く　　brain：脳
　　　　where things are　　物がどこにあるのか
　　　　even what they are made of　それらが何でできているかさえ　　possibly：もしかしたら
　　　　what she loves：彼女が大好きなこと　　have made：作った　　perform ～：～を演奏する
　　　　amazing：驚くべき　　things that you can find in ～：～で見つかるもの
　　　　a cook who can't ～：～できない料理人　　beat ～：～を克服する
　　　　straight after ～：～の直後　　people who have lost ～：～を失っている人々
　　　　blade：(競技用の)義肢　　crazy：熱狂した

問1　文中の（　1　）～（　10　）に入る最も適切なものを次のア～エの中からそれ
　　ぞれ1つずつ選び、記号で答えなさい。また文頭の場合も小文字になっている。
　　　　（1）　ア　in　　　　　イ　at　　　　　ウ　on　　　　　エ　from
　　　　（2）　ア　went　　　　イ　will go　　　ウ　go　　　　　エ　goes
　　　　（3）　ア　well　　　　イ　good　　　　ウ　better　　　エ　bad
　　　　（4）　ア　to swim　　イ　swims　　　ウ　swimming　　エ　swim
　　　　（5）　ア　of　　　　　イ　with　　　　ウ　in　　　　　エ　by
　　　　（6）　ア　on　　　　　イ　off　　　　　ウ　in　　　　　エ　care
　　　　（7）　ア　from　　　　イ　of　　　　　ウ　between　　エ　on
　　　　（8）　ア　each　　　　イ　every　　　　ウ　for　　　　　エ　of
　　　　（9）　ア　with　　　　イ　in　　　　　ウ　of　　　　　エ　at
　　　　（10）　ア　when　　　　イ　by　　　　　ウ　until　　　エ　because

問2　下線部(a)、(b)の語(句)の意味を最も適切に表すものを次のア～エの中からそれぞれ 1 つずつ選び、記号で答えなさい。

(a)　blind

　　ア　無鉄砲の　　イ　視力が低下している　　ウ　運動神経が良い　　エ　盲目の

(b)　disabled people

　　ア　器用な人々　　イ　不器用な人々　　ウ　障害のある人々　　エ　健康な人々

問3　下線部(Ⅰ)の内容に関して、空所(　　A　　)と空所(　　B　　)に入る組み合わせとして最もふさわしいものをア～エの中から 1 つ選び、記号で答えなさい。

ア　A　'taste'　　B　sound

イ　A　'see'　　B　eyes

ウ　A　'taste'　　B　eyes

エ　A　'see'　　B　sound

問4　下線部(Ⅱ)の内容を具体的に表した文になるように、次の文の空所に入る最も適切な語をそれぞれ答えなさい。ただし与えられた文字で始まる単語を答えること。

(Ⅱ)　But that hasn't stopped her from doing what she loves.

　　＝ (T-　　　　) she began to lose her hearing at the (a-　　　　) of twelve, she has kept making music CDs and (p-　　　　) music.

問5　下線部(Ⅲ)の[　　　]内の語を、文脈に合う文になるよう並べかえた時、4 番目と 7 番目に来る語を答えなさい。

問6　下線部(Ⅳ)の意味を最も適切に表すものを、次のア～エの中から 1 つ選び、記号で答えなさい。

ア　Oliveira started 0.07 seconds earlier than Pistorius

イ　Pistorius reached the goal 0.07 seconds later than Oliveira

ウ　Pistorius reached the goal 0.07 seconds earlier than Oliveira

エ　Oliveira reached the goal 0.07 seconds later than Pistorius

問7　以下の文章は、本文の要約である。空所(　　1　　)～(　　8　　)に入る最も適切な英単語 1 語を答えなさい。ただし、番号の後に文字がある場合は、その文字で始まる単語で答えること。

　　Daniel, Evelyn, and Oliveira don't (　1　) up *what they want to do. Daniel is blind, but he uses another way to understand *the surrounding situation. When he makes a special sound with his mouth and tongue, it (　2　) things and comes back. The sound is (　3 d　) from things to things. (　4　) of this, he can tell what they are.

Evelyn can't (　5　), but her music is always wonderful. When she plays music, she feels the music by using (　6　) (　7　) a part of her body but also all of it.

Oliveira is a great runner. He can't walk on two legs, but he (　8　) the race in the Paralympic Games. It was amazing and his family was very happy.

（注）　what ～ want to do：～がやりたいこと　　the surrounding situation：周囲の状況

Ⅱ-10　長文読解総合　★★

次の英文を読んで、設問に答えなさい。

My sixteen-year-old son came home from school. Eric threw his gym bag into the laundry room, walked into the kitchen, and lifted the *lid of a pot of *simmering spaghetti sauce.

"Ah, onions, garlic. Where's Dad?" He *hoisted his six-foot seven-inch *frame onto the kitchen counter and (1)*wiggled into his favorite spot. A corner. Since he was five years old, he'd sat cross-legged in that corner. Now, he held his (2)(cross) knees with his hands.

"Dad's at work," I said, washing lettuce in the kitchen sink. "You're early. It's only 4:00. No basketball practice today?" He *shrugged. "So, how was your day?"

"Great! The best day of my life!" Such *jubilation was unexpected. In recent years, the corner seat had been reserved for days when Eric wanted money or had a problem.

"What happened?"

"I quit basketball." If my son had sung ""*The Star-Spangled Banner" while *standing on his head, I wouldn't have been as shocked. Quit basketball? He was two weeks into eleventh grade. The year before he had played behind the *star center on the *varsity team. This was his year to shine and I had *assumed he would play in college. He'd received letters from college coaches. Mechanically, I stirred the red sauce.

"You what?"

He *flicked his *fingertips on his knees. "I talked to Coach. I quit basketball." Questions swirled in my head. What happened? What did Coach say? Did you talk to your dad about this?

Finally, one word escaped. "Why?"

"Hmmmm, there's got to be more to life than basketball." His fingers played a fast rhythm on his knees.

I breathed deeply. My brain couldn't *wrap around his decision or his (3)(happy). "(4)There's a 'rest of the story,' right?" He nodded. "We'll talk when Dad gets home." I couldn't listen to more.

Allen got home an hour later. I gave him time to change (　　5　　) his office clothes. "Eric quit basketball. He seems happy. He's going to tell us the whole story together." Allen's face froze in a confused *frown. "He's sitting at the kitchen table."

"Hey, Dad. How was your day?" Eric greeted Allen.

"So far, so good. (6)What's going on?" said Allen.

Eric stretched his legs under the table. "I told Mom. I quit basketball. I talked to Coach."

"And you didn't tell your mother and me first? Or even talk to us about it?" Allen crossed his arms over his chest.

"No. (7)I didn't want anyone to talk me out of it. I figured it was my decision."

"So you just decided? When?" I asked.

"Not just decided. Like you both always said — I listed the *pros and cons. I've been thinking about it since we got back from summer basketball camp last month."

"And (8)what caused your decision?" Allen asked. He poured a glass of tea.

I wanted to scream, "Show me the list!"

Eric looked out the window. Right at the basketball goal. "I just don't want to graduate from high school and the only thing I've done is play basketball. There's got to be more to life than basketball. I want to do some other *stuff."

The three of us sat silently for a few minutes. Eric *drummed his fingers on the wooden table. Allen *sipped his tea. I stared at Eric and remembered how he'd *dribbled a red playground ball as a *toddler, *dunked a basketball through a *pint-size goal at age five, and *excelled in *organized team games at age seven. He'd been the center and often the top scorer. And now he was quitting? With just two more years in high school?

I didn't say what I was thinking. "So what's more to life than basketball? What do you want to do?"

"I don't know. I can *lifeguard more at the Y." Eric worked as a lifeguard four hours on Sundays at the *YMCA.

It was Allen's turn to ask a question. He didn't. "Well, Son. I'm shocked. I guess I always thought you liked basketball."

"I do. I just (　9　). And I don't want to play ball in college."

I couldn't control the tears that ran down my cheeks. I cry when I'm sad. Or mad. Or upset. Or frustrated. And I was all of these. Had (10)[play / forced / felt / him / that / ball / to / we / Eric] just because he was tall? Did we make a mistake encouraging him to play when he was too young? Allen and I had saved for his college education, but we welcomed the possibility of an athletic college *scholarship. Did Eric feel pressure to play for money? *Guilt questions.

The next few days were *strained in our home. (11)Neither Allen nor I slept well. We wondered what we should have done differently and we *struggled to truly support Eric's decision.

How many hours had Allen and I spent taking Eric to practice and to games? Eric's high school ballgames were written (　12　) ink on my calendar. Those games came before any other family plans. I liked being a basketball mother. Was I angry that Eric had taken something from me?

When I was in high school, I was the tallest player on the team. I was also the least *competitive and least *coordinated, (13)with no natural athletic ability. But I like basketball. For two years I tried and my coach was encouraging, but my junior year, Coach and I agreed that I'd be the team manager. I was sad, and maybe a little mad, that Eric had given up (14)(play) the sport that I'd wanted to play.

During supper about a week later, Eric said, "Hey, I'll be home late tomorrow afternoon. I'm the girls' new volleyball manager." That fall and winter Allen and I went to every high school basketball game and most of the volleyball games. Eric was a *supportive fan. He cheered. He stood and encouraged other *spectators to stand and cheer. He was happy. I liked seeing my son relaxed and smiling and having a good time.

(15)Eric found more than basketball. He helped organize and swam on his school's swim team, and he taught *Red Cross swim lessons. His classmates elected him senior class president. During the summer, he lifeguarded at a camp for children with *special needs. He sang in our church youth *choir. I was proud of him.

One afternoon during the first week of Eric's senior year, he sat cross-legged in the corner of the kitchen counter. "Hey, Mom. The principal's going to call you or Dad." His *chin touched his chest. I couldn't see his eyes. I waited, breathing slowly. He *jerked his head up. Big *grin. Eyes dancing. "*Gotcha! He said he wants me to be on a leadership committee that'll involve travel and overnight trips. He wants to be sure it's okay with you and Dad."

Yes, Eric got me! And he taught me. I learned to *trust my son to live his life. Not an easy lesson for this parent.

（注）　lid：ふた　　　simmer：ぐつぐつ煮える　　　hoist：持ち上げる　　　frame：体
　　　　wiggle：くねくね動く　　　shrug：肩をすくめる　　　jubilation：歓声
　　　　the Star-Spangled Banner：星条旗よ永遠なれ（米国国歌）　　　stand on one's head：逆立ちする
　　　　star：花形の　　　varsity team：代表チーム　　　assume：思い込む　　　flick：はじく
　　　　fingertip：指先　　　wrap around ～：～を理解する　　　frown：しかめ面
　　　　pros and cons：良い点と悪い点　　　stuff：物事　　　drum：コツコツたたく　　　sip：すする
　　　　dribble：ドリブルする　　　toddler：よちよち歩きの幼児　　　dunk：ダンクシュートを決める
　　　　pint-size：小型の　　　excel in ～：～に秀でている　　　organize：組織を編成する
　　　　lifeguard：水難救助員を務める　　　YMCA：キリスト教青年会　　　scholarship：奨学金
　　　　guilt：自責の念　　　strained：張りつめた　　　struggle：苦心する　　　competitive：競争力の高い
　　　　coordinated：身のこなしの巧みな　　　supportive：協力的な　　　spectator　観客
　　　　Red Cross：赤十字社　　　special needs：援助を必要とする障がい　　　choir：合唱団
　　　　chin：あご先　　　jerk：急に動かす　　　grin：にこやかな笑顔　　　Gotcha：ひっかかったね
　　　　trust…to ～：…に～するのを任せる

Ⅰ．次の英文の中で、本文の内容に一致しないものをア～エから１つ選び、その記号を書きなさい。

　ア　Eric told me that he had quit basketball, but I could not accept the fact easily.

　イ　I had hoped that Eric would play basketball in college, but the hope would not come true.

　ウ　Allen and I didn't want to spend so much time taking Eric to basketball practice and games.

　エ　Eric is satisfied that he was able to find something more important than basketball.

Ⅱ．下線部⑴で筆者（「私」）の息子がお気に入りの場所へ移動した理由として最も適切なものをア～エから１つ選び、その記号を書きなさい。

　ア　He was going to tell his parents something important.

　イ　He was going to have dinner.

　ウ　He was going to ask his parents for some money.

　エ　He was going to make a plan for his basketball practice.

Ⅲ．下線部⑵、⑶、⒁の語を適切な形にしなさい。

Ⅳ．次の英文は、下線部⑷の発言について、筆者がその真意をまとめたものである。英文を読んで、設問に答えなさい。

This is one of the worst days I have ever had in my life. I didn't want to hear my son say that he had quit basketball. I don't want him to quit it now. I want him to keep playing it. I need more time to keep him (1) quitting. I need Allen's help to buy time. I don't think it is good to accept his decision without his father. We need to (2) about this problem more deeply.

I wonder why he told me he had quit basketball so suddenly. I never (3) he would do so. It was so sudden that I am upset. I don't understand him at all. I was hoping he would continue to play basketball in college. But why? Is there anything that he doesn't like about his basketball practice? Was he (4) anything by anybody? Did his friends or coach say anything to him? Did he get a girlfriend or something? (A)I hope not. He told me there must be more to life than basketball, but I wonder what it is. Anyway, I'll (5) to persuade him to keep playing basketball. Allen, please come home soon.

1　空所（ 1 ）～（ 5 ）に入る最も適切なものをア～クから選び、その記号を書きなさい。なお、同じ記号を２度以上用いてはならない。

| ア | manage | イ | thought | ウ | wish | エ | discuss |
| オ | talk | カ | on | キ | from | ク | told |

2　下線部(A)の内容を具体的に指し示すものをア～エから１つ選び、その記号を書きなさい。

(A)　ア　I hope he will not practice basketball.

　　イ　I hope he will not tell me there must be more to life than basketball.

　　ウ　I hope I don't understand him at all.

　　エ　I hope he didn't get a girlfriend.

Ⅴ.　空所（ 5 ）、（ 9 ）、（ 12 ）に入る最も適切なものをア～エから１つ選び、その記号を書きなさい。

（5）　ア　with　　　　イ　out of　　　ウ　on　　　　　エ　toward

（9）　ア　want to be with my teammates

　　　イ　want to play basketball later

　　　ウ　want to do some other stuff

　　　エ　like to play basketball

（12）　ア　in　　　　　イ　on　　　　　ウ　from　　　　エ　by

Ⅵ. 下線部(6)、(7)、(13)の内容を最も適切に表しているものをア～エから１つ選び、その記号を書きなさい。

(6)　<u>What's going on?</u>
　　ア　What's continuing?　　　　　イ　How about going out?
　　ウ　Where are you going?　　　　エ　What's happening?

(7)　<u>I didn't want anyone to talk me out of it.</u>
　　ア　I didn't want anyone to make me leave school.
　　イ　I didn't want anyone to change his mind.
　　ウ　I didn't want anyone to persuade me not to quit basketball.
　　エ　I didn't want anyone to talk to me.

(13)　<u>with no natural athletic ability</u>
　　ア　not good at sports at all
　　イ　having no one to play sports with
　　ウ　not wanting to practice basketball
　　エ　not able to control my feelings

Ⅶ. 下線部(8)、(11)とほぼ同じ意味になるように、空所に最も適切な語を書き入れなさい。

(8)　<u>what caused your decision?</u>
　　＝ what（　　　　）you（　　　　　）up your（　　　　　）to quit basketball?

(11)　<u>Neither Allen nor I slept well.</u>
　　＝ Allen didn't sleep well, and（　　　　）（　　　　）I.

Ⅷ. 下線部(10)の【　　】内の語を文意が通るように並べかえて書きなさい。

Ⅸ. 次の英文は、下線部(15)の内容を筆者の視点から具体的に説明したものである。英文を読んで、設問に答えなさい。

　　When I heard about my son's decision to quit basketball, I was really upset. After he quit basketball completely, he seemed happy. At last I understood the things he had wanted to do. He was trying different things, such as the girls' volleyball manager, swimming, teaching swimming, lifeguarding for children with special needs, and singing in the choir. (1)<u>I found that（　　　　　）</u>. Parents should not（　2　）their values on their children. It is important for parents to respect（　3　）their children want to do. (4)<u>I'm grateful to Eric</u> for teaching me an important thing.

1　下線部(1)の空所に入る最も適切なものをア～エから１つ選び、その記号を書きなさい。

(1)　ア　he had been tired from volleyball

　　イ　I had been wrong

　　ウ　he had wanted to try few things

　　エ　I had been busy

2　空所（　2　）、（　3　）に入る最も適切なものをア～エから１つ選び、その記号を書きなさい。

（2）ア　force　　　イ　make　　　ウ　ask　　　エ　tell

（3）ア　which　　　イ　where　　　ウ　what　　　エ　that

3　下線部(4)とほぼ同じ意味になるように、空所に最も適切な語を書き入れなさい。

(4)　I'm grateful to Eric ＝ I'd like to (　　　　　) Eric

Ⅱ-11　長文読解総合　★★

次の英文を読んで後の問いに答えなさい。なお、＊が付いた語（句）は後に（注）があります。

Water is everywhere. It（ ア　c— ）almost three-fourths of the earth's *surface. And even more water is found in the *ice caps around the North and South poles, in the clouds above the earth, and in *huge underground pools called *aquifers. Water is the only *substance on earth that is found naturally in (1)three states — as a liquid, as a solid (in the form of ice), and as a gas (in the form of water vapor).

Water is the most common substance on earth — and the most important. All living things depend on water. Water also helps create our weather, and flowing water changes the face of the earth. For people, water helps grow crops, drives machinery, and provides *transportation and *recreation.

Water is so common that in many parts of the world, people *take its presence for granted. Yet without enough water, our lives would be very different. Indeed, life itself could not exist without water.

Scientists think that life began in water — in the oceans. It is certain that all living things need water. *Watery solutions carry *nutrients throughout *individual plants and animals. The nutrients are (イ　t—), through *chemical processes, into energy, or they are used to build new *tissues. Then the watery solutions carry away the waste products of the chemical processes.

Water is the most important substance in the human body. It makes up about 70 percent of your body's weight. If you weigh 57 kilograms, the water in your body accounts for 40 kilograms. Your blood is almost all water. And large parts of your skin, bones, and other body tissues are water, too.

If the amount of water in your body is *reduced by just one or two percent, you feel very thirsty. With a five percent loss, your skin would *shrink, you would find it hard to move your *muscles, and you could not think clearly. A person would die if the amount of water fell by more than 10 percent. People can survive only a fcw days without water.

A

The rest of the water needed each day is produced by the body itself. As the *cells of your body use food to produce energy, they produce a certain amount of water.

The body also needs to *get rid of waste water. Most of the waste water — almost two liters — is *excreted as *urine. Some water also (ウ　l—) the body as water vapor when you breathe and as sweat when you *perspire.

All animals take in and excrete water. But some have unusual *water requirements. The kangaroo rat, for example, is a desert animal that never drinks water. Its *diets *consists of dry seeds and other foods that contain little water. It meets its water needs as it burns food for energy. Its only *sweat glands are on the *pads of its toes, so it loses almost no water through perspiration.

A *camel can *go an entire winter without drinking any water. It produces most of the water it requires in its own body. When a camel needs water but none is *available, its body begins to burn the *fat in its *hump. (2)This produces enough water to keep the camel alive until it can drink.

All plants also need water. Most plants have thin hairs that *extend out from their roots. Water from the soil passes through these root hairs and enters the plant's water transport system. Some of the water that is used in the plant's chemical processes is *released through tiny openings in the leaves, called *stomata. An amazing amount of water is released in this way. A single *oak tree can release as much as 600 liters of water daily.

(注)　surface：表面　　　ice cap(s)：氷帽　　　huge：巨大な　　　aquifer(s)：帯水層
　　　　substance：物質　　　transportation：輸送　　　recreation：慰み

take ～ for granted：～を当然とみなす　　watery solution(s)：水溶液　　nutrient(s)：栄養素
individual：個々の　　chemical process(es)：化学作用　　tissue(s)：組織
reduce：減少させる　　shrink：縮む　　muscle(s)：筋肉　　cell(s)：細胞
get rid of ～：～を取り除く　　excrete：排泄する　　urine：尿　　perspire：発汗する
water requirement(s)：要水量　　diet：食事　　consist of ～：～から成る
sweat gland(s)：汗腺　　pad(s)：肉趾(足裏の厚い肉)　　camel：ラクダ
go an entire winter：まる一冬を耐え抜く　　available：利用できる　　fat：脂肪
hump：背こぶ　　extend out：広がる　　release：放出する　　*stomata*：気孔　　oak：樫

問1　（　ア　）～（　ウ　）に最も適切な1語を正しい形で補いなさい。ただし、指定された文字で書き始めること。

問2　下線部(1)に関して、それぞれ漢字2字で3つ答えなさい。

問3　　A　　を補うのに、次ページの①～⑤の文を文脈に合うように並べかえ、番号で答えなさい。

①　About half this amount comes from the water and other liquids you drink.

②　To stay healthy, each person needs to take in at least two liters of water every day.

③　Solid foods provide about a third of the water needed by the body.

④　For example, bread is 30 percent water, steak is 60 percent water, potatoes are 90 percent water, and tomatoes are 95 percent water.

⑤　Milk, for example, is 87 percent water.

問4　下線部(2)を日本語に直しなさい。ただし "This" と "it" が指す内容を明確にして和訳すること。

問5　次の各文の中から本文の内容に合っているものを3つ選び、その番号を小さい順に書きなさい。

①　A quarter of the water is found under the earth called aquifers.

②　Water helps people in many ways, so we cannot do without water.

③　Not only animals but plants need water in carrying nutrients used to build new tissues.

④　People who weigh more than 70 kilograms will find it easier to feel thirsty.

⑤　Though life would be in danger if there would be little water in the body, too much water in the body would also be dangerous to life.

⑥　The kangaroo rat is one of the animals that take in and excrete little water in daily life.

⑦　Almost all the plants have root hairs which pass the water and they release water by opening the leaves called *stomata*.

Ⅱ-12　長文読解総合　★★

次の英文を読み、設問Ａ、Ｂに答えなさい。なお、＊が付いた語（句）は後に（注）があります。

Ms. Parker taught 5th grade at an elementary school. She loved teaching, and she loved her students. She loved them all except for one: little Ben Haywood. Ben sat at the back of the class. He sat low in his chair. He rarely *turned in his homework and got very poor grades on his tests. (i)Ms. Parker got used to using her big red pen when correcting one of Ben's tests. She would write the correct answers with her big red pen. She would write a big letter "F" on the top of the paper.

On the last day of school before the Christmas holiday, the students brought in gifts for each other. Nobody brought anything for Ben. While the kids were giving their gifts to each other, Ben walked up to the front of the class with a *package in his hands. It was wrapped in heavy brown paper. He gave the package to Ms. Parker. Everyone was surprised, especially Ms. Parker! She opened the package slowly. She wasn't sure what to expect. Inside was a cheap bracelet with *fake stones. Many of the stones were missing. There was also an old bottle of *perfume. Only a small *amount of perfume was left in the bottle. The other kids laughed loudly at the gift. Ms. Parker told the students of the class to stop laughing. She put the bracelet on and sprayed some of the perfume on her wrist.

"It's lovely Ben, thank you very much," she said, smelling the perfume. Ben went back to his seat. He sat down and put his head down on the desk.

All through the Christmas holiday, Ms. Parker continued to think about the gift that Ben had given her. She didn't know why Ben had done such a thing. He had never done anything like it before. She decided to find out more about him. She looked through the student files until she found Ben's. Inside Ben's file were comments from his *previous teachers.

"A very smart boy. Pays attention during class and enjoys class activities," was the comment from his first grade teacher.

"A hard worker. Always puts *extra effort into his work. Friendly with other students and *takes the lead during group activities," his second grade teacher said.

"Turns *assignments in on time. Scores well on tests. Doesn't take part in class much and stays quiet. Mother is in the hospital for *cancer," said his third grade teacher.

"Shows no interest in class. Doesn't turn in assignments. Does not *participate in class activities. Mother passed away from cancer. The father doesn't appear to show much interest in the boy," said his fourth grade teacher.

Ms. Parker put the files away. She had no idea what Ben had been *going through. She always had so much fun teaching her other students. She hadn't been paying enough attention to Ben. When school started again, Ms. Parker made more of an effort to work with Ben. She paid more attention to him during class. She would stay after school with him to help him with his assignments. (ii)The more she worked with Ben, the more interested he became in class. He started paying attention and turning in his assignments on time. By the end of the school year, he was one of her best students.

One year later, there was a note under the door of Ms. Parker's classroom. It was from Ben. In the note it said that Ms. Parker was the best teacher that he had ever had. Six years after that, Ms. Parker got another note from Ben. He had just graduated from high school. He said that through all his years of school, Ms. Parker was still the best teacher he had ever had.

Four years after that she got yet another letter from Ben. He had just graduated from college. In his letter, he said that college was very difficult and several times he wanted to quit, but that he kept going. He also said that even though he had many very good professors, she was still the best teacher he had ever had.

Another letter came several years later. He had just finished *graduate school. He thanked her and said that he wouldn't have made it *this far *if it wasn't for her. When he signed his name to this letter, it was much longer than it had been before: Benjamin G. Haywood, *M.D.

That wasn't the last that Ms. Parker would hear from Ben. She got another letter from Ben the following spring. This letter was different from all the previous ones. It was an invitation to his wedding. (iii)Ben had asked her if she would take his mother's place in the *ceremony. Of course, Ms. Parker went to the wedding. She wore the bracelet and perfume that he had given her. Even after all those years, Ms. Parker had kept them.

At the reception, Ben came up to Ms. Parker.

"You're wearing my mother's perfume," he said. He hugged her and said:

"Thank you for believing in me. Thank you so much for making me feel important and showing me that I could make a difference," he said.

　Tears began to *well up in Ms. Parker's eyes.

　"No, Ben, you've got it all wrong," she said.　"You were the one who showed me that I could make a difference.　I didn't know how to teach until I met you."

（注）　turn in ～：～を提出する　　　package：包み　　　fake stone：模造石　　　perfume：香水
　　　amount：量　　　previous：以前の　　　extra：必要より多くの　　　take the lead：先頭に立つ
　　　assignment：宿題　　　cancer：がん　　　participate in ～：～に参加する
　　　go through ～：～に耐え抜く　　　graduate school：大学院　　　this far：ここまで
　　　if it wasn't for ～：もし～がいなければ　　　M.D.：医学博士　　　ceremony：式
　　　well up：こみ上げる

設問A　1 ～ 10 の書き出しに続くもの、もしくは質問の内容に対する答えとして、本文の内容に最も一致するものを(a)～(d)の中から選び、記号で答えなさい。

1　At first, when Ben was in the 5th grade,
(a)　he was loved by Ms. Parker.
(b)　he seldom turned in his homework.
(c)　he rarely got very poor grades on his tests.
(d)　he was the last student to trouble Ms. Parker.

2　Ms. Parker was surprised because
(a)　nobody brought gifts for Ben.
(b)　she hadn't expected Ben to give her a gift.
(c)　Ben brought a gift for the first time.
(d)　the gift Ben brought wasn't in good condition.

3　Ms. Parker decided to find out more about Ben
(a)　as soon as the Christmas holiday came.
(b)　since she didn't know why he had given her the gift.
(c)　after she found out that the bracelet and perfume he had given her were his mother's.
(d)　when school started again.

4　The comments from Ben's previous teachers made Ms. Parker find out that

(a)　he was very smart but didn't pay attention during class when he was in the first grade.

(b)　he made as much effort as the other students when he was in the second grade.

(c)　he didn't turn in his homework when he was in the third grade.

(d)　he didn't either turn in his homework or take part in class activities when he was in the fourth grade.

5　Ben's mother died when he was in the

(a)　1st grade.　　　　(b)　2nd grade.

(c)　3rd grade.　　　　(d)　4th grade.

6　Ben wrote to Ms. Parker

(a)　3 times.　　　　(b)　4 times.

(c)　5 times.　　　　(d)　6 times.

7　Which of the following did Ben NOT say in his letters?

(a)　No other teacher was so good as Ms. Parker.

(b)　He wanted to leave college many times, but he didn't.

(c)　Thanks to Ms. Parker, he could make it.

(d)　He had become a doctor.

8　Ms. Parker carefully kept the bracelet and perfume that Ben had given her because

(a)　she had to return them to him.

(b)　he meant a lot to her.

(c)　she was going to wear them at his wedding.

(d)　she wanted to make sure if they were his mother's.

9　Ben thanked Ms. Parker for

(a)　believing him the best student.

(b)　making him important.

(c)　showing him that he could change.

(d)　making him better than any other student.

10　When Ben thanked Ms. Parker, she couldn't help crying because

(a)　she was grateful to him that he had taught her how to teach.

(b)　she was ashamed that she at first hadn't paid enough attention to him.

(c)　she was touched that he got married.

(d)　she was glad to be invited to his wedding.

設問B　下線部(ⅰ)〜(ⅲ)を和訳しなさい。

Ⅲ リスニング編

◆ SAPIX 中学部 HP より音声配信を利用します

　入試本番レベルのリスニング問題に挑戦し、実践力を高めます。まずは放送を聞きながら、要点をメモする習慣をつけましょう。情報を整理するために、効率よくメモをとることはとても大切です。答え合わせの際、間違えた問題については、英文が理解できなかったのか、正しく聞き取れない部分があったのか、メモの取り方が悪かったのかなど、必ずその原因を特定できるようにしましょう。聞き取れなかった部分は繰り返し聞き、単語の発音を誤って覚えていないかなども確認してください。最後に、放送を聞きながら 1 文ずつ英文の書き取りを行いましょう。これらの練習により、英語特有の強弱の付き方や、重なり合う音を理解するコツが次第につかめてくるはずです。

Ⅲ-1 リスニング

　これから、英文と、それに関する質問が2問ずつ放送されます。1つ目の質問は、最も適切な答えをそれぞれ①〜④より1つずつ選び、その番号を答える形式です。2つ目の質問は、書き出しの語に続けて答えを英語で書く形式です。書き出しの語も含めて8語以内で解答しなさい。放送を聞きながら問題用紙にメモを取ってもかまいません。英文と質問は2回ずつ放送されます。

(A)

(1)　①　Because Bob went to bed after eleven.

　　　②　Because Bob cried a lot.

　　　③　Because David cried a lot.

　　　④　Because David went to bed after eleven.

(2)　He _____

(B)

(1)　①　Because he doesn't like his job.

　　　②　Because he wants to take a trip with his wife.

　　　③　Because his wife wants him to do so.

　　　④　Because he wants to be an interpreter.

(2)　Because _____

(C)

(1)　①　They went to the hot spring.

　　　②　They enjoyed swimming in the sea.

　　　③　They didn't go anywhere.

　　　④　They enjoyed driving.

(2)　They _____

Ⅲ-2　リスニング ★

　これから、A さんと B さんの対話が㈠～㈢まで 2 回ずつ放送されます。それぞれの対話に続いて質問が 2 回放送されます。質問に対する答えとして最も適切なものを、それぞれ①～④より 1 つずつ選び、その番号を書きなさい。放送を聞きながら問題用紙にメモを取ってもかまいません。

㈠

① He studied hard until this morning.

② He didn't study so much.

③ He studied through the night.

④ He didn't study at all.

㈡

① She had no trouble talking to Indians.

② She was moved by the sight of the palace.

③ She saw a beautiful building.

④ She wanted to go to India again.

㈢

① Because she didn't like the party.

② Because she was at another meeting.

③ Because she didn't go to the party.

④ Because she had to work that evening.

㈣

① Because she was doing her homework.

② Because she wanted to help him.

③ Because she already did her homework.

④ Because she forgot to do her homework.

㈤

① About a movie with special effects.

② About an exciting movie.

③ About another movie.

④ About a boring movie.

(か)

① He will stay there for about 24 months.

② He doesn't know the plan.

③ He will be there for more than 3 years.

④ He is going to the U.S. soon.

(き)

① Because she was very tired.

② Because she slept until midnight.

③ Because she played the piano until late.

④ Because she slept only for two hours.

(く)

① They are talking about the famous park.

② They are talking about the white car.

③ They are talking about where her car is.

④ They are talking about the white floor.

(け)

① Because he has no money.

② To go to the hospital.

③ Because he doesn't want to go there.

④ To lend some money.

(こ)

① It was a very exciting party.

② There were few people in the party.

③ It was a boring party.

④ There were a lot of famous people there.

Ⅲ-3 リスニング ★★

これから、英文と、それに関する質問が2問ずつ放送されます。1つ目の質問は、最も適切な答えをそれぞれ①～④より1つずつ選び、その番号を答える形式です。2つ目の質問は、書き出しの語に続けて答えを英語で書く形式です。書き出しの語も含めて8語以内で解答しなさい。放送を聞きながら問題用紙にメモを取ってもかまいません。英文と質問は2回ずつ放送されます。

(A)

(1) ① Because he had to buy some cake for his daughter and her friends.

② Because he bought some cake for himself.

③ Because he bought some cake for his family.

④ Because he bought some cake for his wife.

(2) They _____

(B)

(1) ① Because she knew Tom was not good at driving.

② Because she remembered the terrible accident.

③ Because it would snow a lot on that day.

④ Because she had a car accident when she was listening to the weather forecast.

(2) He _____

(C)

(1) ① Tracy always wore a T-shirt.

② Not both Tracy's father and mother were tall.

③ Tracy found a nice T-shirt at the shop.

④ The T-shirt Tracy found on the Internet was not so expensive.

(2) Because _____

　難関高校入試の英語は、問題全体に占める長文読解の割合が高くなり、語彙や文法などの知識だけで合格点を狙うには厳しい状況が続いています。平成元年と令和４年の長文の合計単語数を比較した下の表からは、ここ約30年で単語数が大幅に増えていることがわかります。近年の早慶高受験において、この単語数への対応が受験生にとって重要なポイントとなっていることは間違いないでしょう。

早慶高　長文の合計単語数

年度	慶應義塾	慶應志木	慶應女子	早大学院	早実
平成元年	約 750	約 1,170	約 700	約 810	約 900
令和４年	約 1,400	約 1,990	約 1,890	約 2,120	約 1,690

　そこで、ここでは長文をすばやく正確に読むのに有効な読解法「**スラッシュリーディング（slash reading）**」を紹介します。

　スラッシュリーディングとは、英語を「意味ごとに」短くスラッシュ（／）で区切りながら、英語の語順で意味をとらえつつ読み進める方法です。日本語の文節分けと似ています。文節分けは日本語の文法理解の出発点となりますが、英語でも同様です。「スラッシュリーディングができる＝英文が理解できる」と言っても過言ではありません。

```
＜日本語の文節分け＞
　私は ／ 木の ／ 上で ／ 泣いている ／ 少年は ／ 君の ／ 弟だと ／ 思う。
```

```
＜スラッシュリーディング＞
　I think ／ that the boy ／ who is crying ／ on the tree ／ is ／ your little brother.
　私は思う ／ その少年は ／ 泣いている ／ 木の上で ／ である ／ あなたの弟。
```

　スラッシュの区切りごとに和訳した部分を、正しい日本語の語順に並べかえると、「私は木の上で泣いている少年は君の弟だと思う」となりますが、スラッシュリーディングでは、これをあえて英語の語順のまま読み進めます。それが、英文の速読と正しい解釈への近道となるのです。また、この読解法は、情報を英語の語順に沿って理解していく必要のあるリスニング問題にも役立ちます。

（→ P95 の②に続きます）

実践テスト

◆**別冊解答の巻末に解答用紙・配点一覧があります**

　ここまで学習したことを確認するつもりで、実際の早慶高入試と同じ形式にまとめた実践テストに挑戦してみましょう。解答時間をしっかり守り、本番さながらに解き進めることが大切です。それぞれの学校の特徴を把握したうえで、解く順序や段取りも考えながら取り組んでみてください。できなかった問題は理解できるまで繰り返し解き、さらに同じ出題形式の問題を選んでやり直してみるのもよいでしょう。

解答時間：実践テスト1・3・4は60分
　　　　　実践テスト2は50分

1　各組の英文がほぼ同じ意味を表すように、各々の（　　　）内に適当な1語を入れなさい。

1　I didn't think you could fix the machine.

= I thought （　　　　）（　　　　　） for you （　　　　　　） fix the machine.

2　He was richer than I was.

= I didn't have （　　　　）（　　　　　） money （　　　　　） he did.

3　I can't wait for your letter.

= I'm looking （　　　　） to （　　　　）（　　　　　） you.

4　We don't realize the importance of time until we waste it.

= （　　　　） until we waste time （　　　　　） we realize （　　　　　） important it is.

5　How about going fishing this weekend?

= （　　　　） go fishing this weekend, （　　　　）（　　　　）?

6　Jack came to this place half a century ago and he is still here.

= Jack has been （　　　　） this place for （　　　　）（　　　　　）.

7　The wind was so hard that I closed my eyes.

= The wind was （　　　　） hard for me to （　　　　　） my eyes （　　　　　）.

8　Jane is worse at speaking French than Kate.

= Kate is （　　　　）（　　　　）（　　　　） of French than Jane.

9　We couldn't go out because it snowed heavily.

= The （　　　　） snow prevented us （　　　　）（　　　　） out.

10　Tell me your birthplace.

= （　　　　） me know （　　　　） you （　　　　） born.

2　例にならって、各英文の下線部 A ～ D の中から文法的・語法的に間違っているものを1つ選び、選んだ箇所全体を正しい形に直しなさい。

【例】　<u>It</u> is kind <u>for you</u> <u>to tell</u> me <u>the way</u> to the station.
　　　　A　　　　　B　　　　C　　　　　D

【解答例】　記号：B　正しい形：of you

1　Each of the students, some <u>of whom</u> <u>have</u> never taken this course, <u>have</u> to
　　　　　　　　　　　　　　　　A　　　　B　　　　　　　　　　　　　　　　C

answer all the <u>questions</u>.
           D

2 At the meeting <u>which</u> <u>was taken place</u> last year, we learned the <u>importance</u> of
                  A   B   C

<u>time management</u>.
     D

3 Why don't you <u>ask her</u> about the matter and <u>discuss it</u> with her <u>when</u> she
                  A   B   C

<u>will come</u>?
    D

4 I'm <u>quite a stranger</u> here, so please tell me <u>which way</u> <u>should I</u> <u>take</u>.
         A   B   C   D

5 I want <u>to buy</u> <u>exciting something</u> to read <u>before</u> <u>we get on</u> the train.
         A   B   C   D

6 <u>Those who</u> want to <u>climb Mt. Fuji</u> should go to ask George for some <u>advices</u>,
       A   B   C

<u>for</u> he is an expert on that area.
 D

7 That <u>lady with</u> a coat <u>in</u> is a famous singer <u>whose songs</u> are popular <u>in our country</u>.
          A   B   C   D

8 <u>In my</u> <u>surprise</u>, it was not Betty <u>but</u> Dorothy that <u>won the match</u>.
  A   B   C   D

9 Dick is <u>so an</u> honest person <u>that</u> everyone in his neighborhood <u>likes</u> him
           A   B   C

<u>very much</u>.
   D

10 There is little <u>time left</u> <u>for us</u> to prepare <u>for</u> the exam, <u>isn't there</u>?
              A   B   C   D

3 次の英文を完成させるために   1   ～   10   に適切な1語を入れなさい。ただし、番号の後に文字がある場合、その文字で始まる単語で答えること。＊の付いている語(句)には後に(注)があります。

Before the airplane was invented, people dreamed of flying. Early on, they tried to fly like   1 . Some people made wings with feathers＊ and put them on their arms. You can guess how that turned out. The muscles in birds' wings are very 　2　 from the muscles in our arms. So such early attempts at flight were not successful.

The first really successful attempt at flight happened in 1783. Two brothers in France realized something interesting. They were experimenting* with bags made of paper and cloth. When they put a flame* near the opening at the 　3 : b　, the bag filled with air. Then the bag lifted into the air. After seeing this, the brothers invented the hot air balloon. First, they sent a balloon up by 　4　. Then, they sent one up with a sheep, a chicken, and a duck. Finally, they sent up a balloon with some people. That was the first flight by people. The problem with hot air balloons, though, is that you do not have much 　5 : c　. A better way to fly was needed.

A new invention in the 1800s gave people more control when they flew. This invention was 　6 : c　 a glider. It was similar* to a kite* except that a person could ride in it. 　7　 a kite, the glider used the wind for flight. So, the pilot did not have full control. Also, gliders did not have their own power. So, people continued to look for something better. The 　8　 important event in the history of flight happened in 1903. That was when the Wright brothers flew the first airplane. On December 17th, one of the Wright brothers flew their airplane 　9　 twelve seconds. That does not sound like a long time, but this short flight 　10 : c　 the way the world traveled.

(注) feather：羽、羽毛　　experiment：実験する　　flame：炎　　similar：類似した
kite：凧

4 次の英文を読み、設問 A、B、C に答えなさい。* の付いている語(句)には後に(注)があります。

‘In this fortunate* hour of extreme* happiness, the newly married are seated…’ Jinnan sang out in a loud but beautifully accented* voice. This was his first day back at work after his wife Lili had left him, and he was glad that he was managing to sound calm, even joyful, for the occasion*. He was surprised by the reflection* of his wide smile in the shining *Suernai* trumpet* as he raised it to his mouth and blew a short sharp burst* on it. At this signal the four sedan* carriers, all dressed in soft blue silk, their cheeks painted red, picked up the poles at the four corners, lifted the chair on to their shoulders, and waited for Jinnan's orders.

'Let the journey* begin!' Jinnan called, and blew once more on the *Suernai* — a lively, joyous note*. The late morning sun beat down on the procession*, on the sedan covered with red silk and flowers, and on the four carriers, whose cheeks grew redder as they walked. Their bodies rocked* from side to side, as they balanced the weight of the couple in the sedan. Jinnan led the procession, his waist moving this way and that as he blew the trumpet — in spite of his heavy heart, ①his body could not resist the music he had known since childhood. As he wiped* the sweat from his face, he saw, through the thin curtain at the sedan window, the bride's* gloved hands covering her face as her shoulders moved up and down. It was an ②odd thing to do. The woman had been veiled* when she got into the sedan, and now Jinnan could not tell if she was laughing or crying. He looked in at the couple more closely, but the bride continued to bury her face in her hands as if she had something to hide.

These days, the ride in the sedan chair was no longer considered a necessary part of a wedding. Young people now just saw it as a pleasant way of reminding them of the traditions of the old days. Over the years Jinnan had witnessed* many emotions in the couples who had taken the ride — delight, contentment*, confusion*, wonder. But somehow he found this particular* couple disturbing*. To start with, there was hardly any sound coming from inside the sedan, and when something *was* heard, it was always the groom* speaking, in his heavy southern accent. The bride gave soft, short answers. Had they had an argument*, on this of all days? Despite his own misery*, Jinnan still wanted his customers to be happy.

The procession passed through a narrow street lined with restaurants and cafés. Next to the bright new Sea Food Heaven restaurant lay a large area of new building, where most of the construction* workers were too busy to look at the passing sedan. Only one man paused to look down, and for a moment ③Jinnan seemed to catch sight of his former self. Not so long ago, he had been a construction worker just like those men — one of the city's low paid slaves*. He was lucky to have got out of it after a couple of years. The sedan ride was one of many wedding traditions that were becoming fashionable again, and (ア)that meant he could find a job as a *Suernai* trumpeter. Soon afterwards he was able to start his own wedding sedan service, employing* four friends from his village to help him. The job suited him well. Blowing his trumpet and dancing along with the eyes of the crowd on him, ④he felt he was where he belonged.

The carriers were walking faster now. They had become used to the weight, and knew they were over halfway to their destination*.

'Like jewels that connect, and jade* that matches, may your married life be harmonious,' Jinnan sang.

His men joined in with their deep voices, 'Life is sweet. Two birds that fly side by side, two flowers that grow on the same plant…'

Suddenly Jinnan was full of sadness, remembering the way these same words had moved Lili. When he first met her, she was selling clothes in a market. She had seen him giving his performance and had fallen in love with him.

'I could tell you meant everything you said,' she said. City boys were not sincere*, she had told him, they wanted fun, not marriage. She was looking for someone who would stay with her for ever, ⑤someone she could 'grow white hair' with. ₍ᵢ₎彼に、自分自身の婚礼椅子事業 (wedding chair business) を始めるよう励ましてくれたのは彼女だった。

Jinnan shook his body more wildly, as if to throw off the memory of Lili. Losing himself in the performance, he raised the *Suernai* with his right hand and blew it as hard as he could. ₍ᵢᵢ₎彼は自分が演奏している旋律 (tune) の名前すら知らなかった；it was simply something his grandfather and his own father had played for years at villagers' weddings in the countryside.

They had arrived at the bridge, where a large crowd had gathered* to watch what they knew would be the ⑥highlight of the procession. He put the trumpet down and took a deep breath. Then he turned to face the sedan.

'In peace and harmony,' he said, 'a ride to the pleasure of love. She the instrument* and he the player.'

'Music in harmony, music in harmony,' repeated the men.

At his command*, the four carriers started to move the sedan playfully up and down; their singing grew faster and more breathless. The crowd came closer, expecting to hear the ⑦screams of the bride, pretending* to be frightened, and the deep voice of the groom, calming her down. As Jinnan danced for his audience's amusement, he deliberately* moved away from the sedan — the couple's cries of joy and pleasure would have brought back unbearable* memories of being in the sedan with Lili. That day, on their own wedding ride, Lili, who sat with her body tightly against his, had worn a traditional red wedding dress, and her smiling face had looked like the most beautiful flower he had ever seen. But this time the crowd were disappointed. However hard they tried, they could hear no sound from inside the sedan.

Jinnan approached the chair again, and through its curtain he saw, written inside in red, 'Double Happiness' — a special celebratory word for weddings. The bride's head was still bent* low as if in deep thought, half-covered by her hands. Why was she not looking at her husband? Were they still arguing? Jinnan turned to face the crowd, and went on with his speech.

'Be a dutiful son and daughter; may you produce a fat little boy or girl, and may your family do well!'

He would have liked a child, a little girl perhaps, but Lili had insisted that she didn't want a baby. A child would have changed their lives too much; she didn't want the responsibility*. Loving her dearly*, he accepted (イ)her wishes. It helped that his parents were no longer alive, so they were not around to complain* of the lack of grandchildren. Jinnan's and Lili's days were their own and they were long. But as time went on, she began to find fault* with him: the way he snored*, the way he spat*, the way he slept without washing his feet. He was hurt when she called him a 'peasant*'.

However, no matter how hard things were, she loved to hear the words he sang so beautifully for the wedding ride. He had found her delight embarrassing*; these were public words, part of a ceremony. He did care for her with all his heart, but these words had nothing to do with Lili and him.

But today he saw that he had been wrong; he now realized that all along he had indeed* been singing about the two of them. All his feelings for her, all the hopes he once had for them, were expressed in these words of love and passion*.

(8)He put on a brave face, less for himself than for the carriers, who needed to be paid. 'The wind blows softly, the sun shines warmly,' he sang. 'With so much good fortune and so much joy, we wish you luck, and hope that you will grow your white hair together.'

'Hey! Hey!' the sedan carriers shouted together. The crowd gathered once again, to watch the final part of the event.

'Sedan down.' Jinnan's trembling* voice rang out thinly. The right hand that had been holding the trumpet felt heavy and sore*. This would be his last sedan job, he decided. He would rather go back to poorly paid and exhausting* building work than suffer (ウ)this pain.

The front of the sedan opened and the thin, southern-looking groom got out and stretched. Then he turned as if remembering something, just as the bride stepped out.

So it *was* her, Jinnan saw as their eyes met, although her eyes had tears in them, and her face seemed fixed and strangely unlined*. He had heard about the operation* that was available* nowadays, to stretch the skin and make people look younger — Lili had even mentioned it. Now she did look younger, but old at the same time.

He thought she was going to fall, and stepped towards her. The southern man caught her and laughed. 'Well, that was fun. What shall we try next? I've heard the boat trip is good.'

She remained in his arms and murmured* something. He nodded and reached into his pocket. 'How much do I owe you?' he asked Jinnan, slightly impatiently*.

(iii)ジンナンは動くことなくそこに立っていた; no words came out of his mouth. One of the carriers spoke for him. 'Five hundred and fifty yuan*,' he said.

'Here, take six hundred.' The southern man pushed the money into Jinnan's hands and smiled. 'The ⑨extra's for your flowery words. You have a clever pair of lips.'

Jinnan's hands trembled and the money fell on the ground. One of the sedan men bent down and picked the notes up, hesitated* and handed them back to Jinnan. The southern man wrapped his arm around Lili and led her away towards the bridge.

'Wait.' Suddenly Jinnan's voice rang out. 'You are supposed to put the money in a red wedding handkerchief.'

'What are you talking about?'

'It's the tradition.'

'Oh, come on, I gave you a tip.'

'That's not the point, you sat in a wedding sedan, so you pay me money wrapped in a red handkerchief.'

'You're being silly.'

'In a red handkerchief.'

'But we're not getting married!'

'You're…what?' Jinnan stared at Lili's pink wedding dress, and at all the traditional objects whose names sounded like 'early birth of a son', which he and his men had carefully placed in the sedan for the occasion.

'We rented the clothes at the Bright Light centre.' Lili's voice floated to him in a low whisper. 'My boyfriend just wanted to have some fun.'

(注)　fortunate：幸運な　　extreme：極度の　　accented：抑揚のある　　occasion：行事
　　　reflection：反射　　trumpet：トランペット
　　　burst：破裂（ここでは、勢いよく吹き込んだ息を指す）　　sedan：椅子かご
　　　journey：旅（ここでは、新郎新婦を乗せた椅子かごの行進を指す）　　note：音

procession：行進　　　rock：揺れ動く　　　wipe：拭う　　　bride：新婦

veil：ベールで覆う　　　witness：目撃する　　　contentment：満足感　　　confusion：困惑

particular：特定の　　　disturbing：不穏な　　　groom：新郎　　　argument：口論

misery：惨めさ、苦悩　　　construction：建設　　　slave：奴隷　　　employ：雇う

destination：目的地　　　jade：ヒスイ（緑色の玉で、装飾品の材料になるもの）

sincere：誠実な　　　gather：集まる　　　instrument：楽器　　　command：指示

pretend (to ～)：(～する)ふりをする　　　deliberately：意図的に

unbearable：耐え難い　　　bend (←過去分詞形 bent)：曲がる、屈む

responsibility：責任　　　dearly：心から　　　complain：不満を言う　　　fault：欠点

snore：いびきをかく　　　spit (←過去形 spat)：つばを吐く　　　peasant：田舎者

embarrassing：恥ずかしい　　　indeed：たしかに　　　passion：情熱　　　tremble：震える

sore：痛い　　　exhausting：とても疲れる　　　unlined：しわのない

operation：手術　　　available：利用可能な　　　murmur：ささやく

impatiently：待ちきれずに　　　yuan：元(中国の通貨単位)　　　hesitate：ためらう

A：下の 1 ～ 16 の設問に対して、本文の内容を最も的確に反映したものを(a)～(d)の
中から選び、記号で答えなさい。

1　How did Jinnan feel when he came back to work for the first time in a while
and started the ceremony?

(a)　He didn't feel like working at all.

(b)　He felt so nervous that he couldn't do his job well.

(c)　He was pleased that he could do his job more cheerfully than he had
thought.

(d)　He thought it would be better to quit the job after the ceremony ended.

2　How can you write the underlined part ①his body could not resist the music
he had known since childhood in another way?

(a)　he couldn't help dancing to music because he was very familiar with it

(b)　he couldn't play the music well even though he had known it since he was
a child

(c)　he couldn't listen to the music with joy even though he had known it since
he was a child

(d)　he couldn't think of the music as a joyful one because it was very childish

3　What does the underlined word ②odd mean?

(a)　pleasant　　　(b)　strange　　　(c)　important　　　(d)　good

4　Why did Jinnan find the couple disturbing?

(a)　The couple had an argument.

(b)　The groom had a southern accent.

(c)　The couple were very quiet.

(d)　The couple were rude to him.

5　How can you write the underlined part ③Jinnan seemed to catch sight of his former self in another way?

　(a)　Jinnan found the man ahead of him looking at him

　(b)　Jinnan remembered the days when he was a construction worker

　(c)　Jinnan saw a working man that looked like him

　(d)　Jinnan felt as if he saw the scene of his childhood

6　How can you write the underlined part ④he felt he was where he belonged in another way?

　(a)　he felt he knew the place and people well

　(b)　he felt his job was right for him

　(c)　he felt he was employed by his friends

　(d)　he felt it was uncomfortable to be watched by a lot of people

7　Which did **NOT** Jinnan and his men compare the couple to?

　(a)　plant　　　(b)　food　　　(c)　jewel　　　(d)　animal

8　How can you write the underlined part ⑤someone she could 'grow white hair' with in another way?

　(a)　someone she could get old with

　(b)　someone who could raise children with her

　(c)　someone she could have something in common with

　(d)　someone who had the same color of hair as hers

9　What does the underlined word ⑥highlight mean?

　(a)　most boring part　　　　　　(b)　worst part

　(c)　most unpopular part　　　　　(d)　best part

10　What does the underlined word ⑦screams(← scream) mean?

　(a)　cry　　　(b)　facial expression　　　(c)　trumpet　　　(d)　dress

11　Why did Jinnan try to stay away from the sedan when his men started to move it up and down?

　(a)　It was dangerous to stay close to the sedan.

　(b)　The voices of the crowd were too loud.

　(c)　He was afraid that he would remember what he didn't want to.

　(d)　He was afraid that Lili would get out of the sedan and talk to him.

12　Why did Lili love to hear the words Jinnan sang for the wedding ride?

　(a)　She knew they had nothing to do with Jinnan and her.

　(b)　She loved his southern accent when he sang.

　(c)　She loved the tune of the song very much.

　(d)　She heard the song as a love song from Jinnan to her.

13 How can you write the underlined part ⑧<u>He put on a brave face</u> in another way?

　(a) He stopped thinking about Lili and himself, and tried to concentrate on the job

　(b) He made himself look strong in order to fight against the groom

　(c) He put on a mask that made him look stronger than anyone else

　(d) He put on a mask because the wind began to blow and made it hard for him to sing

14 What does the underlined word ⑨<u>extra</u> mean?

　(a) export　　　(b) damage　　　(c) surplus　　　(d) receipt

15 What can you infer* from Lili's remark 'My boyfriend just wanted to have some fun.'?

　(注)　*推測する

　(a) She tried to tell Jinnan that his ceremony was really enjoyable.

　(b) She tried to tell Jinnan that her boyfriend liked anything interesting.

　(c) She tried to tell Jinnan that her boyfriend was not sincere enough to be her husband.

　(d) She tried to tell Jinnan that she and her boyfriend were looking forward to their wedding.

16 Which is **NOT** true?

　(a) Jinnan remembered Lili several times during the procession.

　(b) Many of the people working at the construction site looked down at the sedan Jinnan was leading.

　(c) Lili had sometimes looked down on Jinnan and he was sad about that.

　(d) When Jinnan saw Lili after the procession, he was too surprised to say anything for a while.

B：下線部㋐〜㋒の具体的な内容を日本語でまとめなさい。

C：下線部(i)、(ii)、(iii)を英訳しなさい。

実践テスト　2

1 Ⅰ～Ⅲの指示に従って設問に答えなさい。

Ⅰ　空所に入る最も適切なものをア～エから１つ選び、その記号を書きなさい。

(1) It (　　　) thirty years since the fall of the Soviet Union.
　ア　passes　　　イ　passed　　　ウ　has passed　　　エ　has been

(2) Asakusa is known (　　　) a famous tourist spot in Tokyo.
　ア　to　　　　イ　as　　　　ウ　at　　　　　エ　by

(3) He has (　　　) I.
　ア　twice as many books as　　　　イ　twice as many as books
　ウ　twice books as many as　　　　エ　as twice many books as

(4) I have two sons. One is nine years old, and (　　　) is five years old.
　ア　another　　イ　the other　　ウ　the others　　エ　others

(5) Fukuoka (　　　) in the north of Kyushu.
　ア　lies　　　イ　lays　　　ウ　is laying　　　エ　is lain

(6) Would you mind (　　　) the window?
　ア　me to open　　イ　to open　　ウ　if opening　　エ　my opening

(7) In 2020, (　　　) university students in Japan had to take online lessons.
　ア　almost　　イ　almost of　　ウ　most　　　エ　most of

(8) Whenever he comes home, his dog (　　　) to see him.
　ア　gets exciting　　イ　gets excited　　ウ　exciting　　エ　excited

Ⅱ　以下の日本語に合うように、空所に入る語を答えなさい。
(1) 彼女はまだ車の運転ができる年齢ではない。
　She is not (　　　) (　　　) (　　　) drive a car.
(2) 君は最善を尽くすだけでいい。
　(　　　) (　　　) have to do (　　　) to do your best.

(3) 最後に彼から連絡があったのは 5 か月前ですよ。

I (　　　) (　　　) from him (　　　) five months.

Ⅲ　各文の下線部で誤っているものを(ア)～(エ)から 1 つ選び、その記号を書きなさい。

(1) The baseball game (ア)that you were talking (イ)about yesterday (ウ)will begin (エ)from six.

(2) I (ア)saw a friend of (イ)me (ウ)during my stay (エ)in London.

(3) I don't know if it (ア)will be sunny tomorrow, but if it (イ)will be, we (ウ)will go (エ)on a picnic.

2　次の英文を読んで、設問に答えなさい。*の付いている語(句)には後に(注)があります。

My father is a triathlete. That is, he has competed in several triathlons — a kind of marathon (　1　) includes running as well as swimming and bike riding. He's been doing it for years, and he really enjoys all the sports, but his favorite is bike riding. Ever since I was little, I've always loved going biking with my dad. We would leave the city behind and follow the bike *trails way up into the woods of Wisconsin. We had a favorite spot where we (2)would picnic. It was always our special time, and it kept me in great physical shape.

But as I grew older and became a teenager, I was distracted by other things to do with my time. Suddenly, it was very important to go shopping with friends or to a movie with a boy. I saw my dad every evening at home. (3)Why did I have to devote my free Saturdays to all-day bike trips with him, too?

If my *indifference hurt him, he never let on. He never asked me outright, but would always let me know when he was planning a bike trip in case I wanted to come.

I didn't, and as I approached my sixteenth birthday, I wanted to spend less and less time with my dad. (4)Except for one thing — I didn't mind being with him when he was giving me a driving lesson.

More than anything else, I wanted that driver's license. It (5)meant freedom. It meant no more waiting for parents to pick me up. No more carpools. It meant looking cool behind the wheel of a car as I drove past my friends' houses. Of course, since I didn't have my own car, I would still be dependent (　6　) my parents, since they were allowing me to use theirs.

It was a Sunday morning, and I was in a terrible mood. Two of my friends had gone to the movies the night before and hadn't invited me. I was in my room thinking of ways to make them sorry when my father poked his head in. "(7)Want to go for a ride, today, Beck? It's a beautiful day."

But I preferred to sit in my room and stew. I wasn't very polite when I said, "No! Please stop asking me!" It didn't matter that he hadn't asked me in months. Or that he was trying to cheer me up. It didn't even matter that he just wanted to be with me, as I knew he did.

"Leave me alone!" That was what I said. Leave me alone. Those were the last (8)【 I / before / him / words / to / he / said 】 left the house that morning.

My friends called and invited me to go to the mall with them a few hours later. I forgot to be mad at them and went. I came home (9)to find the note *propped up against the mirror on the mail table. (10)My mother put it where I would be sure to see it.

"Dad has had an accident. Please meet us at Highland Park Hospital. Don't hurry, just drive carefully. The keys are in the drawer."

I grabbed the keys and tried hard not to speed or cry as I drove.

When I reached the hospital, I went in through the emergency room. I remembered the way because I had been there once before when I broke my arm. I thought about that incident now. I had (11)(fall) out of the apple tree in our backyard. I started to scream, but before the scream was out of my mouth, there was my dad, scooping me up, holding me and my injured arm. He held me while my mother drove us (12) the emergency room. And he held me as they set my arm and put a pink cast on it. I do remember the pain, but I also (13)【 dad's / how / in / felt / safe / remember / my / I 】 strong arms. And I remember the chocolate ice cream afterward.

I saw my sister Debbie first. She told me our mom was in with our dad and that he was going up to *surgery soon. She said I had to wait to see him until after the surgery. Just then, my mother came out.
She looked very old. (14)I burst into tears without saying a word, and she put her arms around me.

My father's injuries were extensive. He had been riding on the sidewalk and, as he approached a stoplight, it had (15)turned green. He had the right of way, but the white delivery truck making the right-hand turn didn't think so. (16) least, the sixteen-year-old driver didn't think so. Later, he admitted that he never saw my dad because he didn't look in his outside mirror.

The only reason my dad wasn't killed is that he ran into the van; the van did not run into him. He smashed head and face first into the side of the truck. His fiberglass helmet absorbed the blow, but he broke both shoulders and his left clavicle. The doctors put him in a horrible *metal brace that attached to his body with screws. It braced his head and neck and looked horribly painful. My mom *forewarned me about this *apparatus before she let me see my dad because she was afraid that the sight of him would freak me out. She was right.

Still, as my mom said, it could have been much (17)(bad). My dad never lost consciousness. This proved to be a very good thing because the shaken boy who drove the truck wanted to move my dad, to help him up. Even I know you don't move someone who has been injured like that.

"Your father was able to tell the kid to leave him alone and just call 911, thank God! If he had moved Daddy, there's no telling what might have happened. A broken rib might have pierced a lung⋯."

My mother may have said more, but I didn't hear. I didn't hear anything except those terrible words: Leave me alone.

My dad said (18)them to save himself from being hurt more. (19)How much had I hurt him when I hurled those words at him earlier in the day?

I had to wait until the next afternoon to see him. When I did, he was in terrible pain. I tried to tell him how sorry I was, but I couldn't tell if he heard me.

It was several days later that he was finally able to have a conversation. I held his hand gently, afraid of hurting him.

"Daddy⋯ I am so sorry⋯."

"It's okay, sweetheart. I'll be okay."

"No," I said, "I mean about what I said to you that day. You know, that morning?"

My father could no more tell a lie than he could fly. He looked at me blankly and said, "Sweetheart, I don't remember anything about that day, not before, during or after the accident. I remember kissing you goodnight the night before, though." (20)He managed a weak smile.

I never wanted him to leave me alone. And to think it might have happened. If he had been killed, we all would have been left alone. It was too horrible to imagine. I felt incredible *remorse for my thoughtless remark.

My English teacher, a very wise woman, once told me that (21)words have immeasurable power. They can hurt or they can heal. And we all have the power to choose our words. I intend to do that very carefully from now on.

（注） trail：小道　　indifference：無関心　　prop ～：～を立てかける　　surgery：手術
metal brace that attached to ～：～に取り付ける金属の固定器具
forewarn ～：～に前もって警告する　　apparatus：器具　　remorse：後悔

Ⅰ　本文の内容から判断して正しいと思われるものをア～カから2つ選び、その記号を書きなさい。

ア　On Sunday morning, the writer invited her friends to go to the movies, but they refused.

イ　The writer had trouble getting to Highland Park Hospital because she didn't know the route.

ウ　The writer arrived at Highland Park Hospital earlier than her sister.

エ　The writer's mother told the writer about the medical instrument attached to her father's body for fear that she should be shocked.

オ　The writer's father told the truck driver not to move himself in order to avoid getting hurt any more.

カ　The writer was sad to hear that her father had lost his memory before the accident.

Ⅱ　英文の問いに対する答えとなるように、空所に最も適切な語を書きなさい。ただし、語頭の文字が与えられている場合は、それに従うこと。

1　What sport does the writer's father like the best?
　　— He likes (c-　　　) the best.

2　How did the writer go to Highland Park Hospital to see her father?
　　— She went there (　　　　) (　　　　).

3　Why did the traffic accident happen?
　　— Because the truck driver who was almost the (s-　　　) age as the writer didn't (p-　　　) (a-　　　) to the truck's outside mirror.

Ⅲ　空所（　1　）、（　6　）、（　12　）、（　16　）に入る最も適切なものをア～エから1つ選び、その記号を書きなさい。

（1）　ア　who　　　　イ　Whose　　　ウ　that　　　　エ　what
（6）　ア　of　　　　イ　from　　　　ウ　in　　　　　エ　on
（12）　ア　to　　　　イ　out of　　　ウ　up　　　　　エ　with
（16）　ア　To　　　　イ　At　　　　　ウ　From　　　　エ　Of

Ⅳ　下線部(2) would、(9) to find と同じ用法・意味を含むものをア〜エから1つ選び、その記号を書きなさい。

(2)　ア　Would you like another cup of coffee?
　　　イ　I thought that he would come to the party.
　　　ウ　If I had a lot of money, I would buy a new car.
　　　エ　When I was young, I would often go skiing in Nagano.

(9)　ア　I woke up to find myself lying on the grass.
　　　イ　I was surprised to hear the news.
　　　ウ　It is important for me to study English every day.
　　　エ　Please lend me something to write with.

Ⅴ　下線部(3)、(4)、(19)の日本語の解釈として最も適切なものをア〜エの中から1つ選び、その記号を書きなさい。

(3)　Why did I have to devote my free Saturdays to all-day bike trips with him, too?
　　　ア　せっかくの土曜日なので、お父さんと自転車で出かけるのはどうだろうか。
　　　イ　せっかくの土曜日なので、友達を誘って自転車で出かけるのはどうだろうか。
　　　ウ　せっかくの土曜日に、どうしてお父さんと自転車で出かけなければならないのか。
　　　エ　せっかくの土曜日に、お父さんはどうして私と自転車で出かけたいのだろうか。

(4)　Except for one thing — I didn't mind being with him when he was giving me a driving lesson.
　　　ア　車の運転を教えてもらえるのであれば、お父さんと一緒に過ごすのも嫌にならなかった。
　　　イ　お父さんと過ごす時間も減ってきたので、車の運転を教えてもらう機会も少なくなったが、私は気にならなかった。
　　　ウ　車の運転を教えてもらう時以外では、お父さんとの付き合いは全くなかったが、私は気にならなかった。
　　　エ　車の運転を教えてくれる時であっても、お父さんと一緒に過ごす時間を減らしたかった。

(19) <u>How much had I hurt him when I hurled those words at him earlier in the day?</u>

　　ア　朝に私からひどい言葉を発せられたお父さんは、事故でどれほど負傷しているだろうか。

　　イ　朝の事故の知らせで、私はどれだけショックを受けただろうか。

　　ウ　事故が起きた時に、お父さんは朝の私のひどい言葉をどれだけ覚えていただろうか。

　　エ　私は朝、お父さんにどれほどひどい言葉を放ってしまったのか。

Ⅵ　下線部(5)、(15)の語の下線部と同じ音を持つものをア～エから1つ選び、その記号を書きなさい。

(5)　m<u>ea</u>nt　　　ア　m<u>ea</u>ning　　イ　Br<u>ea</u>d　　ウ　p<u>ai</u>d　　　エ　str<u>a</u>nge

(15)　t<u>ur</u>ned　　ア　h<u>ear</u>t　　　イ　h<u>ar</u>d　　　ウ　p<u>ur</u>pose　　エ　w<u>ar</u>m

Ⅶ　下線部(7)、(10)、(14)の具体的な内容を表すように、空所に最も適切な語を書きなさい。ただし、語頭の文字が与えられている場合は、それに従うこと。

(7)　<u>Want to go for a ride, today, Beck?</u>

　　= My father (　　　　) me if (　　　　) (　　　　) to go for a ride.

(10)　<u>My mother put it where I would be sure to see it.</u>

　　= My mother put the note there (s　　　　) (　　　　) I could find it easily.

(14)　<u>I burst into tears without saying a word</u>

　　= All (a　　　) (o　　　) I began to (　　　　) without saying a word.

Ⅷ　下線部(8)、(13)の【　　】内の語を文意が通るように並べかえて書きなさい。

Ⅸ　下線部(11)、(17)の語を適切な形にしなさい。

Ⅹ　下線部(18)の内容を具体的に表す英語3語を文中より抜き出して書きなさい。

Ⅺ　下線部(20)について、この時の主人公の父親の心情として適切ではないものをア～エから1つ選び、その記号を書きなさい。

　　ア　最近自分に冷たかった娘が、心配して見舞いに来てくれたので嬉しく思っている。

　　イ　事故で大怪我をしたが、なんとか生き延びて家族と再会できるようになり安心

している。

ウ　事故当日の朝のやりとりはショックだったので、自分の弱々しい姿を見せて、
娘が反省するように促している。

エ　娘たちにこれ以上心配をかけたくないので、なんとか作り笑顔をしようと振る
舞っている。

XII　次の文は、下線部(21) words have immeasurable power「言葉は計り知れない力
を持っている」について、2人の高校生が話をしている場面です。下線部に入る
Chris のセリフを自分で考えて 30 語程度の英語で書きなさい。英文は2つ以上に
なってもよい。なお、ピリオドやクエスチョンマークなどは語数に含めないものと
する。

Frank　:　Do you think that words have great power?
Chris　:　I think so. I was encouraged by my friend's words when I was in
junior high school.
Frank　:　Please tell me more about it.
Chris　:　_____

3　次の英文を読んで、設問に答えなさい。*の付いている語(句)には後に(注)があり
ます。

Over the last few years, several public libraries have closed down and many
people have argued that they should stay open. But in an age of digital downloads
and cheap books, is there really a need for libraries anymore? Do the benefits of
libraries justify the cost of keeping them open? Let's look at the arguments for
and (　1　).

One argument that a lot of people use is that it's easier to buy an e-book online
than borrow a book from a library. It's also more (2)convenient to do internet
research at home, rather than on library computers. (3)That said, libraries offer
books and internet for free. (　4　) a result, everyone can access (5)information,
including people with limited resources. In short, libraries should be kept open
because they are (6)democratic.

Another argument claims that libraries are (　7　) used for social purposes.
It says that internet forums provide an easier way to interact and exchange

information. However, libraries are important for people who feel lonely and *vulnerable since they offer a safe place for face-to-face communication. They can also provide a place for homeless people to go during the day and, therefore, play an important role in supporting communities.

In conclusion, we still have a need for libraries, and their usefulness justifies the cost. Libraries give everyone (8)opportunities to learn and interact in a safe environment, and they connect communities in a way that benefits everyone. At the moment, there are more public libraries in the USA than there are Starbucks cafes, which proves that people still value them.

(注)　*vulnerable：（感情的に）弱い

Ⅰ　空所（　1　）、（　4　）に入る最も適切なものをア～エから1つ選び、その記号を書きなさい。
（1）　ア　on　　　　　イ　so　　　　　ウ　over　　　　　エ　against
（4）　ア　As　　　　　イ　With　　　　ウ　In　　　　　エ　For

Ⅱ　下線部(2)、(5)、(8)の単語において、最も強く読む部分を1つ選び、その記号を書きなさい。
　（2）　con-ven-ient　　　　（5）　in-for-ma-tion　　　　（8）　op-por-tu-ni-ties
　　　　ア　イ　ウ　　　　　　　　ア　イ　ウ　エ　　　　　　　ア　イ　ウ　エ　オ

Ⅲ　下線部(3)の言いかえとして最も適切なものをア～エから1つ選び、その記号を書きなさい。
　ア　Therefore　　イ　In addition　　ウ　For example　　エ　Even so

Ⅳ　本文の内容を参考にして、下線部(6)の語を言いかえた時、空所に最も適切な語を書きなさい。ただし、語頭の文字が与えられている場合は、それに従うこと。
　democratic　＝　all members in a society are（ e-　　　）, no（ m-　　）（　　　　）
　　　　　　　　　　much money they have or what class they come from

Ⅴ　空所（　7　）に入る最も適切なものをア～エから1つ選び、その記号を書きなさい。
　ア　no longer　　イ　only　　ウ　freely　　エ　completely

VI 筆者の主張として最も適切なものをア～エから1つ選び、その記号を書きなさい。

ア Even now, public libraries are the best places for us to gather information.

イ In the near future, more people will go to cafes for face-to-face communication than to public libraries.

ウ Although e-books are becoming more popular today, public libraries are still valuable to our society.

エ In the age of e-books, public libraries are already out of date.

VII 次の文は、本文を読んだ2人の高校生の会話である。会話文を読んで、設問に答えなさい。

David : （ 1 ） do you think of this essay? Do you think public libraries are （ 2 ） for us?

Brian : I think so, but I hear the public library in our city will be closed next month.

David : I'm sorry to hear that. These days, more and more people read e-books. I've been reading e-books mainly on my tablet. It's good for carrying around.

Brian : Oh, I see. But I think nothing beats paper books. (3)The last week's newspaper says more than half the people still prefer paper books. Also, it is easier for us to （ 4 ） what we read in printed books.

David : That's right. When I am studying, I use paper textbooks and paper notebooks.

Brian : So do I. Besides, the library is the perfect （ 5 ） to study in. After the library is closed, it will be inconvenient. What should we do?

David : (6)_____

Brian : That's a good idea.

（ i ） 空所（ 1 ）、（ 2 ）、（ 4 ）、（ 5 ）に入る適切なものを下のア～クの中から選び、その記号を書きなさい。ただし、文頭に来るものも小文字にしてある。

ア possible イ what ウ information エ remember
オ remind カ environment キ. Necessary ク. how

（ⅱ） 下線部(3)とほぼ同じ意味になるように、空所に最も適切な語を書きなさい。

The last week's newspaper says more than half the people still prefer paper books.

＝（　　　　）（　　　　）the last week's newspaper, more than half the people still prefer paper books.

（ⅲ） 下線部(6)に入る David のセリフを自分で考えて、所定の欄におさまるように英文を完成させなさい。ただし、1文で答えること。

〔以　下　余　白〕

実践テスト 3

1 次の文を読んで後の問に答えなさい。＊の付いている語(句)には後に(注)がありま
す。

This is really my mother's love story. I asked her to tell you, but she's too
[A]. It's too good not to (1) on. It explains why my brother and I say
we *1owe our existence to [B].

When she graduated from high school (I)my mother had everything going for her
but one. She was pretty, smart, and came from a well-to-do family, but she was
*2terminally shy, especially around men. Boys didn't like to (2) her out
because she was so quiet. She went off to the same college her mother went to
and to please her mother, she agreed to *3be rushed by her mother's *4sorority.
(ア) the first rush party, she sat out of sight at one end of a room, in a corner
by a table that had snacks on it. (II)She ate a lot of peanuts out of nervousness.

She began to notice a waiter, who seemed to be as shy as she. He never said
anything, but he was taking care of her. He kept her glass (3) with
nonalcoholic punch and he kept her peanut bowl full. From time to time their eyes
met and they smiled (イ) each other.

When the dancing started and the party got *5rowdy, she walked (ウ) the
kitchen and out the back door to (4). As she was going down the *6alley,
she heard someone calling, "Wait, wait, please wait." It was the waiter, running
down the alley after her with a paper bag in his hands. They stood in awkward
silence, just smiling. Then he reached (エ) the bag, pulled out a whole can
of peanuts and offered them to her and said, "(III)I only wish these were pearls."

He ran back up the alley and into the sorority house.

Well, (IV)one thing led to another.

Twenty-five years later, on the silver wedding anniversary of my mother and
the waiter (my father), he gave her a sterling silver jar (5) "peanuts." She
thought that was the gift and was really pleased. But there was more. When she
lifted the *7lid, inside was a string of pearls.

No gift ever pleased her more. She (6) those pearls as her only jewelry
for years. When my father was (7) in a traffic accident, she put the silver
peanut can in his *8coffin with him. I've never seen her wear the pearls since. I
think I know where they are, but I'm too shy to ask.

(注) *¹owe：負う　　*²terminally：極度の　　*³be rushed：歓迎される
　　　 *⁴sorority：（女子の）社交クラブ　　*⁵rowdy：騒がしい　　*⁶alley：路地
　　　 *⁷lid：ふた　　*⁸coffin：棺桶

問1　（　1　）～（　7　）に入る最も適切な動詞を次の語群から選び、必要なら
ば形を変えて答えなさい。ただし、同じものを二度以上選んではならない。
[fill, wear, take, mark, escape, pass, kill, please, come]

問2　（　ア　）と（　イ　）、（　ウ　）と（　エ　）の各組に共通する一語をそれ
ぞれ小文字で答えなさい。

問3　 A 　に入る最も適切な一語を本文中より抜き出しなさい。

問4　 B 　に入る語を1～5から選び、番号で答えなさい。
　　1　jar　　　2　punch　　　3　boys　　　4　peanuts　　　5　pearls

問5　下線部(I)の意味を最もよく表しているものを下から一つ選び、番号で答えなさ
い。
　　1　母は何事にも恵まれていたが、一つ大きな願いがあった。
　　2　母の人生は全てが決まったレールに乗っていたが、一つだけ反抗したことが
　　　ある。
　　3　母の人生は全てうまくいっていたが、それは大きな間違いだった。
　　4　母は男性の前だと極度に緊張すること以外は、全てうまくいっていた。
　　5　当時の母はかわいく、頭もよく、生まれもよく、そしてただ一人の男性に夢
　　　中だった。

問6　下線部(II)の理由として最も適切なものを下から一つ選び、番号で答えなさい。
　　1　Though she tried to enjoy herself at the party, she liked eating peanuts
　　　best of all.
　　2　At the party she wasn't spoken to by anyone, and she got so angry that
　　　she kept eating peanuts.
　　3　She had lots of things to do at the party, but she had to look for someone.
　　4　She was so bored that she tried how many peanuts she was able to eat.
　　5　She was not able to relax at the party, so she could not but keep eating
　　　peanuts.

問７　下線部(Ⅲ)について、このときの a waiter の考えを最も適切に表しているものを下から一つ選び、番号で答えなさい。

1　真珠のネックレスがどこにあるかどうしても知りたいんだ。
2　僕が真珠のネックレスを持っていれば今ここで君にあげたのに。
3　ピーナッツが真珠のネックレスになるよう願いを込めたんだ。
4　ピーナッツと真珠なら、君はピーナッツを選ぶと思って。
5　真珠と同じくらい美しいピーナッツを君にあげられたらな。

問８　下線部(Ⅳ)を「この出来事」という書き出しで、わかりやすい日本語に直しなさい。

問９　１〜７の中で本文の内容と一致するものには〇，一致しないものは×をつけなさい。

1　作者の母は作者の祖母と同じ大学に通っていた。
2　作者の母は緊張する癖を直すためにパーティーに行った。
3　作者の母とウェイターは，お互い人見知りでパーティー会場では会話はなかった。
4　ダンスが始まったので，作者の母は会場を出ようとしたが当時ウェイターであった作者の父に残るよう言われた。
5　結婚25年目に出会った思い出の品としてピーナッツ入りの瓶を父は母にあげた。
6　作者は父が死んで以来，母が真珠のネックレスをしているのを見たことがない。
7　父が母へ送った最高のプレゼントがどこにあるか作者には見当がついている。

2　次の文を読んで後の問に答えなさい。＊の付いている語(句)には後に(注)があります。

In the beginning, people didn't have last names or family names; they just had a first name. We do not know when the custom of giving last names started.

1

In English-speaking countries, (I)most last names were connected to people's

<u>occupations, personal characteristics, and where they lived</u>. Many last names are occupations. For example, John the *smith*, which means "one who works with metal," became John Smith. Smith, by the way, is the most common last name in the English-speaking world. Many other occupations, such as cook, baker, carpenter, singer, and miller are last names too.

2

Other people took the names of a place or a landmark near their homes. Roger, who lives near the rivers, would become Roger Rivers. Other landmarks became last names such as Woods, Hill, Stone, Field, and Lane.

3

Many last names end in *son*. A long time ago, if a person's name was John and his father's name was Albert, people would call him John, Albert's son. As time passed, people shortened the name to John Albertson.

4

In Scotland and Ireland, the word *Mac* or its *1abbreviation *Mc* is the word for *son*. For example, the last name MacDonald would be the (ア) of Donald.

5

But in some Asian countries like China, Japan, Korea, and Vietnam, the family name comes first, so your name is Smith John and not John Smith. In Spain and Spanish-speaking countries, most people have two family names, although in some situations they use only the first one. The first family name is the father's family name, and the second family name is the mother's family name.

6

In English-speaking countries like Australia, Canada, England, and the United States, as well as some countries like Vietnam in Southeast Asia, many people have middle names. The reason for a middle name may be to *2honor a relative. It may be the name of the grandfather or grandmother, or one's parents may have liked this name for their child as well. Most people abbreviate their middle name and just write the initial. Some people like their middle name more than their first name. If this is the case, they abbreviate their first name with an initial and use their middle name, or they may not use their first name at all.

7

People can, of course, change their names, but they have to complete a lot of paperwork. There are some rules for this; for example, you can't change your name to a famous person's name or a *3trademark. One man, however who was named Winfred Holley and had a white beard — (イ) his name to Santa Claus. Another man from Hawaii had one of the longest last names, Kikahiolanikonoikaouiaulani, and complained that he spent half his life spelling his name.

8

(注) *1abbreviation：略語　*2honor：尊敬する　*3trademark：商標

問1　文中の　1　～　8　に入る最も適切なものをア～クから選び、記号で答えなさい。ただし、同じものを2度以上用いてはならない。

ア　Last names of this type include Johnson, Peterson, Robertson, and Davidson.

イ　For example, James Paul McCartney uses his middle name and last name, Paul McCartney.

ウ　He did not change it, however.

エ　This is also true of German names. The name Müller, for example, is German for *miller*, meaning "a person who crushes grain for bread."

オ　In the West, it is the custom to put your family name last.

カ　People's personal characteristics also turned into names. Last names such as Small, Long, Strong, Moody, and Wild all come from people's characteristics.

キ　Different areas and cultures started to use them at different times. But even today, Icelanders, Tibetans, and Burmese do not use last names.

ク　For example, in the name Marco Perez Martinez, Perez is the father's name and Martinez is the mother's name.

問2　下線部(I)が表す内容として最も適当なものを選択肢の中から選び、記号で答えなさい。

　　ア　たいていの名字はその人が好きなもの、性格、そして住んでいるところと結びつきがありました。

　　イ　たいていの名字は人の職業と性格、そして出身地と結びつきがありました。

　　ウ　たいていの名字はその人のなりたい職業、性格、そして住んでいるところと関係がありました。

　　エ　たいていの名字は人の職業、個人的な特徴と住んでいるところと関係がありました。

問3　文中の（　ア　）、（　イ　）に当てはまる1語をそれぞれ答えなさい。

3　次の文を読んで後の問に答えなさい．＊の付いている語（句）には後に（注）があります。

Five years ago, a fisherman named Abeidalla Mekiten [*1]spotted a big, gray animal swimming near his fishing boat. It was a [*2]bottlenose dolphin.

Over the next few days, Mekiten, who lives in Nuweiba, Egypt, watched the dolphin (I)patiently. He decided to dive into the water for a closer look. To Mekiten's surprise the dolphin didn't swim away. Instead she looked at him [*3]cautiously. Day after day the two swam together. Mekiten (　1　) the dolphin Olin. Then one morning, Olin let the fisherman (　2　) her. A long friendship began between the wild, free dolphin and the young man.

Dolphins do not like to be alone. They are (　ア　) animals that like to live with others. Most dolphins live in family groups of up to twelve members. The groups are called pods. Often, many pods swim together to form larger groups of hundreds of dolphins. Occasionally one dolphin is forced out of its pod by the other dolphins in the pod. "(II)Those that are thrown out may not want to be alone," says Oz Goffman, a marine biologist (a scientist who (　3　) animals that live in the water) at the University of Haifa in Israel. He studies the friendship between Mekiten and Olin. A single dolphin may be (III)lonely. It might "replace the [*4]companionship of the pod with that of human beings." Such behavior may explain (IV)why Olin, completely free to swim away, has stayed near Nuweiba. Once in a while, Olin joins a passing dolphin pod for a few days, but she always returns to the waters off Nuweiba.

During a visit with other dolphins, Olin became *⁵pregnant. A year later she (4) birth to a male *⁶calf. Now Mekiten plays with mother and baby. Says Goffman, "Human-dolphin friendships are rare, but this is obviously a friendship Olin wants, or she would (5)." So far Olin seems content to stay.

Tourists from all over the world now visit Nuweiba for a chance to (6) alongside the wild dolphin. They must be careful not to get too close, (ᵥ)because Olin [Mekiten / with / with / is / is / always / she / as / as / friendly / strangers / not].

(注)　*¹spot：気づく　　*²bottlenose dolphin：バンドウイルカ　　*³cautiously：用心深く
　　　*⁴companionship：仲間づきあい　　*⁵pregnant：妊娠している
　　　*⁶calf：（大型の哺乳動物の）子ども

問1　下線部(I)、(Ⅲ)の語の最も強く読まれる部分の発音と同じ発音を含む語を1〜4からそれぞれ一つずつ選び、番号で答えなさい。
　　(I)　patiently　：　1　said　　　2　party　　　3　bathe　　　4　equal
　　(Ⅲ)　lonely　　：　1　only　　　2　law　　　3　abroad　　　4　bought

問2　(1)〜(6)に入る最も適切な動詞を【　】内から選び、必要ならば形を変えて答えなさい。ただし、同じものを2度以上選んではならない。
　　【 study / name / give / leave / swim / touch 】

問3　(ア)と下の英文の(　　)には共通する語が入ります。最も適切な1語を答えなさい。
　　Now a lot of young people post the pictures they want to share on (　　) media.

問4　下線部(Ⅱ)をわかりやすい日本語に直しなさい。

問5　下線部(Ⅳ)の理由として最も適当なものを選択肢の中から選び、記号で答えなさい。
　　ア　仲間づきあいよりも、自由に泳ぎ回れるので1人でいる方が好きだから。
　　イ　Olin は仲間と過ごしたかったが、それよりもヌウェイバがとても気に入っているから。
　　ウ　イルカは本来仲間と暮らす生き物だが、人間と暮らすことがその代わりになりうるから。
　　エ　イルカたちと暮らすより人間達と暮らした方が便利だと感じているから。

問6　下線部(V)が以下の日本文の意味を表すように、[　　]内の語を並べかえなさい。

「というのも、Olin は Mekiten に対してほど、知らない人に好意的とはかぎらないからです」

問7　次の各文が二つとも本文の内容に合っている場合には○、二つとも間違っている場合には×で答えなさい。また、どちらか一つが合っている場合にはその文の記号を答えなさい。

1　ア　When Mekiten, who was a marine biologist, saw Olin, he was very interested in her.

　　イ　Mekiten was surprised that Olin didn't swim away when he got close to her.

2　ア　Dolphins usually live in family groups, but they swim separately.

　　イ　A pod is a group of dolphins that live together. It sometimes consists of hundreds of dolphins.

3　ア　Goffman thinks Olin stays near Nuweiba because the place has a lot of food.

　　イ　Goffman says it is uncommon for dolphins to long for a friendship with humans.

4　次の各組の英文の(　　)に、共通する最も適切な1語を答えなさい。ただし、文頭に来る語もすべて小文字で書き始めて答えること。

1　(a)　I don't like the (　　　) he talks.

　　(b)　My friend came all the (　　　) to Tokyo to see me.

　　(c)　I'm sorry I'm late. This is my first visit to Yokohama, so I lost my (　　　).

2　(a)　Martin Luther King Jr. is a person that spent his life solving the (　　　) problem.

　　(b)　I practiced a lot, so I won the (　　　).

　　(c)　Cancer is one of the biggest health problems that the human (　　　) faces.

3　(a)　I am (　　　) as a bee. I have to finish this task by tomorrow.

　　(b)　The street was (　　　) because it was a holiday.

　　(c)　"Hello, this is Tim. Is Bob in?" — "Sorry, the line is (　　　). Could you call back later?"

4 (a) "I can't do this by myself." — "Do you have anyone to (   ) you out?"

  (b) (   ) yourself to some cake.

  (c) I can't (   ) crying every time I see this movie.

5 (a) (   ) out! There is a wasp on your shoulder.

  (b) Do you have the time? I forgot my (   ).

  (c) Could you (   ) my son for me? I'm going to the bathroom. I'll be right back.

6 (a) Why don't we have a (   ) for tea?

  (b) You will be performing on the stage tomorrow. (   ) a leg! I'm sure you'll do great.

  (c) Bob doesn't (   ) his word.

5 次の1～6の各組の英文が二つとも正しい場合には○、二つとも間違っている場合には×で答えなさい。また、どちらか一つが正しい場合にはその英文の記号を答えなさい。

1 ア Don't leave the door opening when you go out.
  イ Saying is one thing and doing is others.

2 ア I have moved to a new house, so there are not many furnitures in my room.
  イ I'll give you a call as soon as I will know the schedule.

3 ア I make it a point to write to my mother as often as possible.
  イ All of a sudden the train stopped, so some of the passengers got injured.

4 ア I saw someone to enter the store at around two in the morning.
  イ This book is worth reading it.

5 ア Wheat is made into flour.
  イ I know a lot about Australia because I have lived there ten years ago.

6 ア Tim and I looked each other and said nothing.
  イ I went fishing to the lake, but I caught nothing.

1 これから、リスニングテストを行います。男性と女性の会話が(あ)から(け)まで2回ずつ放送されます。それぞれの対話に続いて質問が2回ずつ放送されます。質問に対する答えとして最も適切なものを、それぞれ①から④より1つずつ選び、その番号を書きなさい。放送を聞きながら問題用紙にメモを取ってもかまいません。

(あ) ① She will study French grammar.
　　② She doesn't want to study English.
　　③ She wants to know what Tom is studying.
　　④ She wants to know if Tom is studying English.

(い) ① 7:20 train.　　② 7:35 train.
　　③ 7:45 train.　　④ 8:00 train.

(う) ① In the classroom.
　　② At the library checkout desk.
　　③ In the history professor's office.
　　④ At the school cafeteria.

(え) ① She doesn't think she is good at cooking.
　　② She thinks she is good at cooking.
　　③ She doesn't think she is kind.
　　④ She thinks she is kind.

(お) ① He is satisfied.　　② He is disappointed.
　　③ He is interested.　　④ He is excited.

(か) ① It is 8:00 in the morning.
　　② It is 11:00 in the morning.
　　③ It is 6:00 in the morning.
　　④ It is 7:00 in the morning.

(き) ① Four.　　② Three.
　　③ Two.　　④ One.

(く) ① The system will back up the man's data.

② The computer will be sent for repairs.

③ The man will get angry with the woman.

④ The woman will search for the file.

(け) ① She's taking cold medicine.

② Few of her friends have a cold.

③ Her voice sounds strange.

④ She doesn't have a cold.

2 メキシコを旅行中の2人のやりとりから始まる会話文を読んで、設問に答えなさい。

Kumi : Hi, Hana. It seems to be pretty hot today.

Hana : Hi, Kumi. The sun's very strong today. We should remember to wear hats and sunscreen when we go outside.

Kumi : Yes. By the way, did you call a taxi to the airport?

Hana : Not yet. I don't think we need to take a taxi. We can walk all the way.

Kumi : You're kidding! The airport is three hours away on foot. I can't [ア].

Hana : Well... but walking is good for the health, and I love to walk...

Kumi : That's news to me. I didn't know you loved to walk so much.

Hana : And... this can be a good help for you to (あ) weight. To be honest, you had better go on a diet, Kumi. Why don't you [イ]? You've been eating too much recently.

Kumi : Mind your own business!

Hana : Well, I'm sorry. The fact is that I shopped too much yesterday, so I have to save money.

Kumi : It figures. So, what did you buy?

Hana : Mexican cloth. Look! I'm planning to make curtains of this. They will [ウ]. And in the future I want to have my own house in a Mexican style.

Kumi : What do you want to have your house be like?

Hana : Well, I want the walls painted in bright colors such as yellow, orange, red and blue. And I'll use a different color for each room. If the living room has the color of sunrise, then the bedroom may offer the ocean blues...

Kumi : It sounds too loud for me, but it will suit you, I think. By the way, we must decide how to get to the airport. Why don't we take a subway?

Hana : Let's not.

Kumi : Why not?

Hana : It can be difficult to travel on the subway with large baggage, especially at peak time. How about a bus? There are many buses running on the street.

Kumi : I was just thinking so. But where is the bus stop?

Hana : Let's ask the man over there. Excuse me, but could you tell us where the bus stop is?

A Man : There are no bus stops around here. We just (い) to the bus, and it'll stop.

Hana : Wow, it's interesting!

A Man : Is it? Each bus displays a board on the front window indicating the route and the number. We locals can easily recognize it from a distance, but for you tourists it can be difficult to make out the route description quickly enough to wave to the right bus. So [A]. Where do you want to go?

Hana : To the airport. Thank you. And what should we do when we get off? Is there any bell to [エ]?

A Man : No. You have only to say "Bajan."

Hana : What does it mean?

A Man : It means "I want to get off." ... Oh, I nearly forgot about an important thing. [B]. They often listen to music when they drive.

Hana : Okay, we'll be careful.

A Man : And don't forget to give a big smile to the driver.

Hana : No, we won't.

問1 [ア]～[エ]を補うのに、最も適切なものを次より選び、番号で答えなさい。ただし、同じ番号を2度以上選ばないこと。

① accept the fact that you are a little overweight

② remind me of the happy time here

③ wait to walk all the way to the airport

④ go to Mexico on business

⑤ let the driver know when to make a stop

⑥ bear to walk so long in this strong sun

⑦ drive to the airport

⑧ push in case of an emergency

問2 (あ)、(い)に最も適切な1語を補いなさい。

問3 下線部を日本語に直しなさい。ただし、"It" が指すものを明確にすること。

問4 [A]、[B]を補うように、次の語(句)を並べかえて書きなさい。ただし、文頭に来る語も小文字になっている。

[A]に用いる語(句)：

take, you, one, destination, the, help, I'll, your, for

[B]に用いる語(句)：

in, voice, that, hear, so, should, you, you, say, a, drivers, it, loud, the, can

3 次の文章を読んで設問に答えなさい。なお、*の付いている語(句)は後に(注)があります。

Many people are now beginning to think more carefully about their food. They are becoming concerned about the amount of chemicals they might be eating at every meal. [　A　] Animals that are farmed intensively are not allowed to live in a natural way and they suffer great stress as a result.

Pigs often spend their entire lives indoors in cramped conditions. (1)新鮮な空気もなく、運動もできないので、彼らはより病気になりやすい。 This means antibiotics have to be used to cure their illnesses, along with other chemicals to increase their weight. When the sows (female pigs) give birth, they are put in a special narrow pen with the piglets just outside. The piglets can reach the sow to feed on her milk, but the sow is kept a prisoner in case she rolls on the piglets and crushes them to death.

As for chickens, they are packed into tiny cages. Their wings and beaks are clipped so that they cannot attempt to fly or peck each other. They are often fed on their own waste and the remains of other chickens. With no exercise or healthy food, their meat has less taste. And because some of the chicken waste they eat is infected with salmonella, the disease can spread throughout the whole flock.

However, some people claim chickens kept in this way are healthier. A spokeswoman for the National Farmers' Union has said that hens kept in battery cages are less diseased. This is partly because they do not stand in their own droppings and partly because they don't pick up so many parasites. The idea is that because they are kept under shelter with carefully controlled temperature and lighting, they should actually be healthier than free-range chickens. And because of the huge scale on which they can be farmed and because the eggs are easier to collect, poultry and eggs are cheaper to buy.

Many people think that the way farm animals are managed today is quite wrong. They are kept in unnatural and uncomfortable conditions, then sent crammed together in lorries to slaughterhouses where they are killed. Sometimes they travel long distances without food or water.

Taking into account all these facts, many people have decided to become vegetarians. Linda McCartney, for example, thinks that killing any animal for food is wrong. 'I don't believe in murdering animals,' she says. 'When you're eating a spare rib, it's not a "spare" rib. It's an animal's rib. It's not beef, it's a dead cow. If abattoirs had glass walls, people would be vegetarian.'

Other people think that if the farm animals are allowed ₍₂₎a natural life, it is all right to eat meat. It is possible to buy meat that has come from animals that were not treated with chemicals, were allowed to wander freely outdoors and were humanely slaughtered. However, such meat is expensive and some people feel that the farmers' duty is to produce food that everyone can afford, not just wealthier people. In this way, they justify the suffering of the animals.

So what can we do if we don't want to support intensive farming, but can't afford free-range meat and eggs? The simple answer is that we can eat less meat. We don't need it to be healthy — in fact, nutritionists say that too much meat is bad for us. We can eat more vegetarian food and, when we do eat meat and eggs, we can make sure that they have been produced as humanely as possible.

(注) intensively：集中的に　　cramped：閉じ込められて　　pen：(小さな)おり
piglet(s)：子豚　　feed on her milk：ミルクを飲む　　prisoner：囚人
crush：踏みつぶす　　beak(s)：くちばし　　attempt to ～：～しようとする
peck：つつく　　waste droppings：フン　　infected：感染している
salmonella：サルモネラ菌　　flock：群れ　　parasite(s)：寄生虫
free-range：放し飼いの　　scale：規模　　poultry：ニワトリなど
slaughterhouse(s)：食肉処理場　　taking into account ～：～を考慮に入れて
lorry：トラック　　rib：あばら肉　　abattoir：食肉処理場
wander：歩き回る　　humanely：苦痛なく　　justify：正当化する
intensive：集中的な　　nutritionist(s)：栄養士

問1　[　A　]を補うのに，次の①〜⑥を文脈に合うように並べかえ，番号で答えなさい。ただし，4番目には⑥がくる。

①　When we eat meat produced in this way, we take all these chemicals into our own bodies.

②　They have also begun to realize that food produced in the modern technological way simply doesn't taste very good. The meat we eat today isn't like the meat of the past.

③　Because people no longer want to eat fat, the animals are specially bred to carry little fat and more lean meat.

④　They are fed on artificial foodstuffs and they are given hormones to make them grow, as well as antibiotics and other chemicals.

⑤　People are beginning to question, too, whether they want animals to be treated like this so that meat is cheaper to buy.

⑥　Many are artificially bred too. For example, sheep are given hormones so that most of them give birth to twin lambs instead of just one.

（注）　bred：飼育されて　　　artificial：人工的な　　　hormone(s)：ホルモン
antibiotic(s)：抗生物質

問2　下線部(1)を英語に直しなさい。

問3　下線部(2)が指す内容を，「生き方」につながるように50字以内の日本語で本文
に則して具体的に説明しなさい。

問4　次の各文の中から本文の内容に合っているものを3つ選び，その番号を書きな
さい。

① People have never been more worried about their food than today.

② Not only hormones but also antibiotics are useful in curing animals' illness.

③ There is a possibility of the pigs killing each other when they are kept in
one cage.

④ However carefully we clip their wings, chickens fly away.

⑤ Chickens kept in cages are sold expensive because it costs much to control
temperature and lighting there.

⑥ One of the reasons that people make up their minds not to eat meat any
more is that they know how terribly the farm animals are treated.

⑦ We should know what's been done in the slaughterhouse through its see-
through walls.

⑧ Some people think one of the farmers' main duties is to grow animals which
are cheap enough for anyone to buy.

⑨ It's not too much to say that the progress of technology always makes the
happiness for people.

4 次の文章を読んで設問に答えなさい。なお、*の付いている語(句)は後に(注)があります。

Once upon a time there was a *genie, of the type who [　I　]. Unfortunately, this particular genie was famous for *botching things up. Whenever someone *rubbed the magic lamp, [　A　] Then a great cloud of smoke would appear and hundreds of things would fly through the air. When people stated their wishes, the object of their *desire would appear in a cloud of dirt, covered in dust.

(1)So many, and so *embarrassing were his *botches that no one wanted him. His lamp ended up being used only to throw at people, just like a common old box; and the genie didn't come out of it for years, and became (ア：s —) and *depressed.

That was, until a lonely boy found the lamp, and could hear the sad cries of the genie inside. So the boy decided to try to become the genie's friend, and the wish he asked to be granted was to be able to (イ：e —) and leave the lamp, just like the genie could, so they could spend time together. The genie was happy to grant this wish, and (2)男の子はランプに入ると同時に、その魔神の抱えている問題が何であるかわかったのです。 It wasn't that he was a bad genie. [　B　] In the lamp everything was thrown all over the place, whether it be jewelry, books, boats or camels. It was *obvious that the place hadn't seen a *duster for years. Being a genie, he had all sorts of stuff in there, and as the lamp was small, everything was *crammed in together, so whenever the genie tried to get something, a cloud of dust would fly up.

The boy held his head in his hands, and the genie *apologized, saying that a genie's job was very important and he hadn't had time for (ウ：c —). But the boy remembered his mother's advice, and told the genie that the more important his job was, [　Ⅱ　] in order. And [　C　]

It took them quite a few days, but when they finished, everything was *gleaming and in its correct place. Now it was dead easy to find whatever gift was asked for, and to *retrieve it without breaking anything.

And [　D　] He learned that nothing great can be *achieved (エ：w —) order and cleanliness in all things.

(注)　genie：魔神　　botch up：だめにする　　rub：こする　　desire：望み
　　　　embarrassing：やっかいな　　botch：下手な仕事　　depressed：落ち込んでいる
　　　　obvious：明らかな　　duster：掃除をする人　　cram：ぎっしりつめる
　　　　apologize：謝る　　gleam：輝く　　retrieve：持ってくる　　achieve：達成する

問1　[　Ⅰ　]、[　Ⅱ　]を補うように、次の語(句)を並べかえて書きなさい。

[　Ⅰ　]に用いる語(句)：

and, the magic lamp, wishes, came, come, made, true, out of

[　Ⅱ　]に用いる語(句)：

he, the, it, was, kept, important, all his things, more, that

問2　[　A　]〜[　D　]を補うのに、最も適切なものを次より選び、番号で答えなさい。ただし、同じ番号を2度以上選ばないこと。なお文頭に来る語も小文字で始められている。

①　it was just that he couldn't have been less tidy!

②　together they decided to give the place a good clean.

③　so it was that the genie began to be respected and admired once more.

④　he would come out and say, "What is your wish?"

問3　下線部⑴を日本語に直しなさい。

問4　(　ア　)〜(　エ　)に最も適切な1語を正しい形で補いなさい。ただし、指定された文字で書き始めること。

問5　下線部⑵を英語に直しなさい。

5　Suppose the Japanese Government will raise the taxes again. Do you think this is a good idea or not? Give two or three reasons. Write in English and use about 40 words. Please write the number of words in the space (　　　　) at the bottom of the answer sheet.

英語を意味ごとに短くスラッシュ（/）で区切りながら読み進める「スラッシュリーディング」。これを行うことにより、英文構造の理解が深まり、様々な効果が期待できます。

> ──── スラッシュリーディングの効果 ────
> ◆長文の理解が楽になる
> ◆英文を読むスピードが上がる
> ◆文構造を正確に理解できる
> ◆リスニング問題に強くなる

では、スラッシュを入れる位置について、いくつか例を見ていきましょう。スラッシュの数は英語の習熟度により変わりますので、英文に慣れるにしたがって徐々に減らしていくのがポイントです。

▌カンマの後、接続詞の前

I was tired then, / so I went to bed early.
私はそのとき疲れていた / だから早く寝た 。

I was playing a video game / when my father opened the door.
私はビデオゲームをしていた / 父がそのドアを開けたとき 。

▌前置詞の前、準動詞（不定詞・動名詞・分詞）の前

He learned French and art / during his stay in Paris.
彼はフランス語と芸術を学んだ / パリに滞在中に 。

My sister is making a great effort / to be a diplomat.
妹は大変な努力をしている / 外交官になるために 。

The old man / with glasses on / was reading a book / written in French.
その老人は / 眼鏡をかけている / 本を読んでいた / フランス語で書かれた 。

▌長い主語と動詞の間

The car in front of my house / has been there / for more than eight hours.
私の家の前の車は / そこにずっとある / 8時間以上も 。

The letter / written by the famous writer / was sold / for two million dollars.
その手紙は / その有名な作家に書かれた / 売られた / 200万ドルで 。

The little girl / who broke the vase / began to cry.
その小さな女の子は / その花びんを割った / 泣き出した 。

スラッシュリーディングのやり方が理解できたら、これを利用して読解編や実践テストの長文をもう一度読み直してみましょう。以前より読むスピードが上がり、さらに内容も把握しやすくなってくると思います。

SAPIX 中学部

1989年創立以来、有名国・私立高校受験で抜群の合格実績を誇る進学塾。生徒と講師による対話形式で進行する双方向授業により、暗記に頼らない思考力と表現力、主体的な学習姿勢を身につけることに力を注ぐ。すべてのテキストは、授業を担当している講師陣が作成し、その日に使用する内容だけを授業当日に配付。年々変化する入試問題の出題傾向を徹底的に分析し、難関高校受験に最適なカリキュラムを作り出している。年間を通して、国・私・都立向け模試「サピックスオープン」のほか、「慶應義塾高入試プレ」「慶應女子高入試プレ」をはじめとする各種の学校別模試を実施。● SAPIX 中学部（https://www.sapix.co.jp）

＜ DTP ＞アールジービー株式会社
＜表紙デザイン＞中村　洋

［改訂版］
早慶への英語　出題形式別演習

2016年7月1日　初版発行
2023年3月1日　改訂版発行

編　　者　SAPIX 中学部
発 行 者　髙宮英郎
発 行 所　株式会社日本入試センター
　　　　　〒151-0553　東京都渋谷区代々木1-38-9
印刷製本　三松堂印刷株式会社

●落丁・乱丁本については送料小社負担にてお取り替えいたします。
☎ 03-3370-7409（代々木ライブラリー営業部）

目 次

Ⅰ 知識編

Ⅰ-1 語彙

(1) one more than fifteen 「15 より 1 多い」

Lincoln is the (**sixteenth**) President of the United States of America, who was against slavery.

「リンカーンはアメリカ合衆国 16 代大統領であり、奴隷制度に反対した」

▶〈more than 〜〉は「〜より多い」という意味。また、比較級の前の数字は「差」を表すので、one more than fifteen は「15 より 1 多い」sixteen である。ここでは 16 代目と説明したいので「〜番目」を表す序数を用いる。よって **sixteenth** が正解。

(2) to make a ball or a stone move quickly through the air by using an arm

「腕を使ってボールや石をすばやく空中で移動させること」

Bob (**threw**) a dart and it hit the bull's-eye.

「ボブはダーツを投げ、的の中心に当てた」

▶〈make + O + 動詞の原形〉は「O に〜させる」、〈by 〜 ing〉は「〜することによって」(手段)という意味。また、語の定義の問題で〈to 〜〉と表現されている場合は、動詞を表すということも知っておくこと。以上から単語は throw「投げる」だとわかる。例文を見ると hit に三単現の s がついていないため、過去形だと考える。よって throw の過去形 **threw** が正解。

(3) a person whose job is to treat sick people 「病気の人々を治療することが仕事の人」

There are a lot of (**doctors**) in this country.「この国にはたくさんの医者がいる」

▶〈treat 〜〉は「〜を治療する」という意味。病気の人々を治療する人は doctor「医者」だとわかる。〈a lot of 〜〉「たくさんの」があるため複数形にすることを忘れずに。よって **doctors** が正解。

(4) a small container, usually with a handle, which you use to drink coffee, tea, etc.

「小さな入れ物で、通常は取っ手がついており、コーヒーや紅茶などを飲むときに使用するもの」

When Nancy came back from Australia, she gave me a red (**cup**) as a souvenir.

「ナンシーがオーストラリアから戻ってきたとき、彼女はお土産として私に赤いカップをくれた」

▶ container は「入れ物、(貨物用の)コンテナ」のことであり、contain「含む」という動詞の名詞形である。handle は車のハンドルではなく、「取っ手」のこと。車のハンドルは steering wheel という。コーヒーや紅茶を飲むときに使う「入れ物」であり「取っ手」がついているものなので、単語は cup「カップ」だとわかる。直前に a がついていることから単数形のままでよい。よって **cup** が正解。

(5) to not remember anything that has happened in the past

「過去に起こったことを覚えていないこと」

Three years ago, I (**forgot**) my wife's birthday and she got very angry.

「3年前、私は妻の誕生日を忘れてしまい、妻はとても怒った」

▶ to not remember anything より、単語は forget「忘れる」だとわかる。〈in the past〉は「過去に」という意味。例文に Three years ago「3年前」があるため過去形にする。よって **forgot** が正解。

I - 2 共通語

(1) I can't (**help**) you because I'm very busy.

「私はとてもいそがしいので、あなたのことを手伝うことができない」

Please (**help**) yourself to the salad.

「どうぞサラダをご自分で自由に取って食べてください」

▶共通語補充では、文によって複数解答が考えられる文と答えが1つに絞れる文に分かれていることがよくある。今回は下の文の中に〈help oneself to 〜〉「〜を自分で自由に取って食べる」という熟語があり、上の文も意味が通じるので、help が正解。

(2) You can carry this suitcase because it's very (**light**).

「このスーツケースはとても軽いので、あなたはそれを運ぶことができる」

The (**light**) is too bright. I can't open my eyes.

「光がまぶしすぎる。私は目が開けられない」

▶下の文で、「(　　)がまぶしすぎて、目を開けることができない」という意味になると考えればよい。空所に light「光」が入るとわかる。light には「軽い」という意味があることを思い出そう。

(3) It took us (**over**) ten years to finish the project.

「私たちがその計画を終えるのに、10年以上かかった」

When the game was (**over**), all the players shook hands.

「その試合が終わった時、すべての選手は握手した」

▶まず下の文で、空所の前後を「その試合が(　　)時に、すべての選手は握手した」と訳すことができれば、空所には「試合が終わった」という内容が入ると推測できる。「〜が終わった」は〈〜 be over〉で表すことができるので over が答えだと考えることができる。続いて上の文でも〈it takes + 人 + 時間 + to 〜〉は「 人 が〜するのに 時間 かかる」という構文が使われていることに注目する。〈over 〜〉は「〜以上」という意味があるので〈over ten years〉で「10年以上」とする。

(4) The woman is very (**pretty**), so everyone always looks at her.

「その女性はとてもかわいいので、皆がいつも彼女のことを見る」

It's (**pretty**) cold this morning. I have to wear warm clothes.

「今朝はかなり寒い。私は暖かい服を着なければいけない」

▶上の文だと、beautiful や cute など複数の解答が考えられるので、下の文で判断する。暖かい服を着なければいけないということは、かなり寒いと考えることができる。ここでは

pretty が正解となる。pretty には「かわいい」という意味以外に、副詞で「かなり」という意味もある。

(5) I (**used**) the key to open the door.
「私はそのドアを開けるためにその鍵を使った」

There (**used**) to be many people in the city, but no one lives there now.
「以前その街にはたくさんの人がいたが、今は誰も住んでいない」

▶上の文で「私はそのドアを開けるためにその鍵を（　　）」という訳を考えた場合、空所に入る単語は used 以外にもありえる。しかし、下の文では、but 以降で「今は誰も住んでいない」とあるので、but 以前の内容は、「以前は〜だった」とすればよいと考えることができ、〈used to 〜〉を用いればよい。

Ⅰ-3　同音異義語

(1) (a) This piano is the (**one**) he was playing at the concert.
「このピアノは彼がコンサートのときに弾いていたものだ」

(b) Japan (**won**) fifteen gold medals in the Olympic Games.
「日本はオリンピックで 15 個の金メダルを獲得した」

▶どちらも［wʌ́n］と発音する。(a)の one は一度出てきた piano を表す代名詞。(b)の won は「勝ち取る」という意味の win の過去形である。

(2) (a) A (**red**) light means you must not cross the road.
「赤信号は道を渡ってはいけないという意味です」

(b) Bob (**read**) a lot of books when he was a high school student.
「ボブは高校生の頃、たくさん本を読んだ」

▶どちらも［réd］と発音する。(a)の red は「赤い」という意味。(b)の read は read「読む」の過去形で red「赤い」と同じ発音をする。

(3) (a) His dog has a good (**nose**).
「彼の犬は鼻がよくきく」

(b) Nancy (**knows**) nothing about the news.
「ナンシーはその知らせについて何も知らない」

▶どちらも［nóuz］と発音する。(a)は nose「鼻」、(b)は know に三単現の s をつけたものを入れればよい。

(4) (a) I can hardly (**wait**) to meet the actress at the event.
「私はそのイベントでその女優に会うのが待ち切れない」

(b) If you want to lose (**weight**), you should start jogging.
「もし痩せたいのなら、ジョギングを始めるべきです」

▶どちらも［wéit］と発音する。(a)の hardly は準否定語で「ほとんど〜ない」という意味。そのため〈can hardly wait 〜〉は「〜を待ちきれない」という表現になる。(b)はジョギングを始めるべきということから、「痩せる」＝「体重を減らす」〈lose weight〉の weight を入れ

ればよい。

(5)　(a)　There was a beautiful (**flower**) in the vase.

　　　　「花瓶には一輪の美しい花が入っていた」

　　(b)　Bread is made from (**flour**).

　　　　「パンは小麦粉から作られる」

　　▶どちらも [fláuər] と発音する。(a)は vase「花瓶」から flower「花」を推測する。(b)は「パンは（　　　）から作られる」とあることから、flour「小麦粉」が正解。

Ⅰ-4　同意文完成

(1)　Tom worked hard to bring up his little brothers.

　　Tom worked hard (**so**) (**that**) he could bring up his little brothers.

　　「トムは幼い弟たちを育てるために、一生懸命働いた」

　　▶「〜するために」という意味を表す不定詞の副詞的用法の書きかえ。空欄の後ろに〈主語＋動詞〜〉という文が続いていることを考えると、正答が導ける。that 節内には通常 can や may といった助動詞が入ることも確認しておこう。

(2)　When the teacher entered the classroom, all the students stopped talking right away.

　　All the students stopped talking as (**soon**) (**as**) the teacher entered the classroom.

　　「先生が教室に入ってくるとすぐに、生徒は全員話すのをやめた」

　　▶元の文にあった接続詞 when「〜とき」と熟語の right away「すぐに」がないことから、〈as soon as…〉「…するとすぐに」という接続表現が必要だとわかる。

(3)　Do you want me to clean your room?

　　(**Shall**) (**I**) clean your room?

　　「あなたの部屋を掃除しましょうか」

　　▶元の文を直訳すれば「あなたの部屋を私に掃除してほしいですか」になるが、これは相手への提案を意味している。頻出の書きかえ問題なので、正確に理解しておこう。

(4)　I'm sure that man is her father.

　　That man (**must**) (**be**) her father.

　　「あの男性は彼女のお父さんに違いない」

　　▶ sure は「確信している」ことを表す形容詞なので、「私は、あの男性が彼女のお父さんだと確信している→絶対に彼女のお父さんだ→彼女のお父さんに違いない」という日本語の言いかえができるかがポイント。この must の否定は can't 〜「〜なはずがない」になるので、合わせて覚えておこう。

(5)　I have never been here before.

　　This is my (**first**) (**visit**) here.

　　「私はここに初めて来ました」

　　▶元の文を直訳すれば「私は以前ここに来たことがない」となる。そして、空欄の前には人称代名詞の所有格 my があるので、名詞を用いた書きかえが必要だとわかる。そこで「以

前来たことがない」ということは「これが初めての訪問である」と考えられるので、my first visit という表現が正解。visit は動詞と名詞で用法が違うので注意が必要だが、ここは後ろに副詞 here が来ているので、前置詞 to は不要である。

Ⅰ-5　同意文完成

(1) (a) I bought Tom a watch as he became twenty years old.
　　　　「私はトムが 20 歳になったので時計を買ってあげた」

　　(b) I bought a watch (**for**) Tom (**for** [**on**]) his twentieth birthday.
　　　　「私はトムの 20 歳の誕生日に時計を買ってあげた」

　▶「人に物を買ってあげる」は〈buy ＋人＋物〉もしくは〈buy ＋物＋for ＋人〉を用いる。to とforの区別は、「物」が「人」に「到達している」かどうかを基準に判断し、到達している場合は to を、到達しているかどうかわからない場合は for を用いればよい。
　　例：I gave a book <u>to</u> him.「私は彼に本をあげた」
　　　　本が彼に到達しているとわかる。よって「方向＋到達」を表す to を用いる。
　　　　She made a cake <u>for</u> him.「彼女は彼にケーキを作った」
　　　　ケーキが彼に到達しているかどうかはわからない（まだ彼女は彼にケーキを渡していないかもしれない）。よって「方向のみ」を表す for を用いる。
　　for his twentieth birthday の for は「（行事など）の機会に」という意味。この場合「特定の日にち」を表す on でもよい。

(2) (a) Bob went to Japan three years ago and he is still there.
　　　　「ボブは 3 年前に日本に行き、まだそこにいる」

　　(b) Bob has (**been**) (**in**) Japan for three years.
　　　　「ボブは 3 年間日本にいる」

　▶過去から現在までの内容を表しているので現在完了を用いる。〈have been in ～〉は「～に（ずっと）いる」という「継続」を表す。〈have gone to ～〉「～に行ってしまった」を用いた人もいるかもしれないが、これは「結果」を表す。for three years「3 年間」のような「継続」の表現と共に用いることはできないので注意すること。

(3) (a) Not all students like Mrs. Yamakawa.
　　　　「生徒みんなが山川先生のことを好きというわけではない」

　　(b) (**Some**) students like Mrs. Yamakawa and (**others**) don't.
　　　　「山川先生のことが好きな生徒もいれば、そうでない生徒もいる」

　▶〈not all ～〉のように all の前に not を置くと部分否定になり、「すべてが～というわけではない」と表す。〈some ～,(and) others…〉は「～する者もいれば、…する者もいる」という意味になる。

(4) (a) Look at the house that has a red roof.
　　　　「赤い屋根の家を見なさい」

　　(b) Look at the house (**whose**) roof (**is**) red.

「赤い屋根の家を見なさい」

▶ Look at the house. と Its roof is red. という 2 つの文をつなげる。Its は所有格であることから、関係代名詞の whose を用いて書きかえることができる。

(5) (a) How old is this temple?

「このお寺は築何年ですか」

(b) (**When**) was this temple (**built**)?

「このお寺はいつ建てられましたか」

▶建築物の築年数を尋ねる場合は〈How old ～ ?〉を用いる。よって「いつ建てられたか」と解釈し、When was this temple built? とする。

Ⅰ-6 同意文完成

(1) (a) I'll find you a good hotel if you call at my city.

「私の街を訪れるなら、あなたに良いホテルを見つけてあげよう」

(b) I'll find a good hotel (**for**) you if you (**visit**) my city.

▶〈find O₁ O₂〉「O₁ に O₂ を見つけてあげる」を、〈find O₂ for O₁〉の形に書きかえる。call at は visit に書きかえる。

(2) (a) Shall I open the window?

「窓を開けましょうか」

(b) Would you (**like**) (**me**) to open the window?

▶「私に窓を開けてほしいですか」と書きかえる。〈want O to do〉「O に do してほしい」は want を would like に書きかえる。

(3) (a) Thanks to his height, he can reach the top shelf.

「身長のおかげで彼は一番上の棚に手が届く」

(b) He is tall (**enough**) (**to**) (**reach**) the top shelf.

▶ height は名詞で「高さ」という意味。his height は「彼の身長」と考える。「一番上の棚に手が届く」とあるため、彼は背が高いことがわかる。よって、「彼は一番上の棚に手が届くには十分背が高い」と書きかえる。

(4) (a) The letter from her pleased me.

「彼女からの手紙は私を喜ばせた」

(b) I was pleased (**to**) (**hear**) from her.

▶「彼女から便りがあって嬉しかった」と書きかえる。不定詞には「感情の原因」を表す副詞的用法がある。

(5) (a) Unbelievably, I was chosen captain of the team.

「信じられないことに、私はチームのキャプテンに選ばれた」

(b) I was chosen captain of the team, (**which**) was (**unbelievable**).

▶「私はチームのキャプテンに選ばれた。そしてそれは信じられないことであった」と書きかえると、I was chosen captain of the team, (and it) was (unbelievable). となるが、

「and it」の部分を 1 語で表現する必要がある。接続詞＋代名詞＝関係代名詞であるので、前文の内容を先行詞にとる関係代名詞は which である。

(6) (a) The teachers talked about the matter which was worrying the student.
「先生たちはその生徒を悩ませている問題について話し合った」

(b) The matter（**talked**）（**about**）（**by**）the teachers was worrying the student.

▶「先生たちによって話し合われた問題はその生徒を悩ませていた」と書きかえるので、The matter を分詞を用いて後置修飾する。

(7) (a) Your brother as well as you must go there.
「あなた同様にあなたの兄(弟)もそこに行かなければならない」

(b)（**Not**）（**only**）（**you**）（**but**）your brother has to go there.

▶〈A as well as B〉「B 同様に A」を、〈not only B but (also) A〉「B だけでなく A」を用いて書きかえる。also は省略できる。

(8) (a) It was impossible for Jim to catch the last train.
「ジムが終電に間に合うことは不可能だった」

(b) Jim（**wasn't**）（**able**）（**to**）（**be**）in time for the last train.

▶ couldn't を用いると語数が合わないため、wasn't able to〔was unable to〕を用いて書きかえる。catch ～は「～に間に合う」の意味であれば、〈be in time for ～〉で書きかえられる。

(9) (a) Tony said to me, "How are you?"
「トニーは私に『元気ですか』と言った」

(b) Tony（**asked**）me（**how**）（**I**）（**was**）.

▶直接話法から間接話法へ書きかえる問題。(a)のセリフが疑問文なので、(b)では動詞に ask を用いる。疑問詞 how はそのまま用い、間接疑問文なので疑問詞＋S＋V の順にする。時制の一致に注意すること。

(10) (a) My father is 50 years old, and I am 25.
「父は 50 歳で、私は 25 歳だ」

(b) I am（**half**）as（**old**）（**as**）my father.

▶私の年齢が父の年齢の半分なので、half を用いる。

Ⅰ-7 同意文完成

(1) (a) The girl will get well soon.
「その女の子はすぐによくなるだろう」

(b) It won't be（**long**）（**before**）the girl gets well.

▶「すぐによくなるだろう」を「よくなるまでに、長い時間はかからないだろう」と書きかえればよい。また、時・条件を表す副詞節は、未来の内容であっても現在形で表すことを確認しておこう。

(2) (a) What a good soccer player you are!
「あなたは何て上手なサッカー選手なんだ」

(b) (**How**)(**good**) you are at playing soccer!

▶感嘆文の問題は、まず元の文を作ってみよう。What a good soccer player you are! の元の文は、You are a very good soccer player. である。同様に(b)の元の文を考えると、「上手なサッカー選手」を「サッカーをすることが得意」と書きかえればよいので、You are very good at playing soccer. となる。good は形容詞なので How good から始まる感嘆文にする。

(3) (a) My uncle doesn't live here any longer.
　　「私のおじはもうここには住んでいない」

(b) My uncle (**used**)(**to**) live here.

▶「もうここには住んでいない」を「かつてここに住んでいた」と書きかえる。live は状態動詞なので、用いる助動詞は would often ではなく used to が正解。また、no longer ～「もはや～ない」は副詞であり、live に三単現の s がついていないため正解にはならない。

(4) (a) Get ready right now, or you'll miss the bus.
　　「今すぐ準備しなさい。さもないとバスに遅れるよ」

(b) Get ready right now, and you'll be (**in**)(**time**) for the bus.

▶(b)では接続詞に and が用いられていることに注目する。「命令文, and …」で「～しなさい、そうすれば…」となる。よって、(b)は主節の内容を「バスに間に合う」とすればよい。一般動詞なら catch を用いればよいが、今回は be 動詞を用いた表現なので、〈be in time for ～〉「～に間に合う」を用いる。

(5) (a) I want my treasure not to be touched.
　　「私の宝物に触れないでほしい」

(b) I want (**nobody**)(**to**) touch my treasure.

▶ want の用法では、want O「O がほしい」、want to ～「～したい」、want O to ～「O に～してほしい」のいずれかが用いられることが多い。今回は touch するのは自分ではなく他者なので、want O to ～を用いる。ただし、「(誰にも) 触れないでほしい」としなくてはならないので、O には nobody が入る。

(6) (a) I was shocked to hear that she died suddenly.
　　「私は彼女が突然死んだと聞いてショックを受けた」

(b) Her (**sudden**)(**death**) shocked me.

▶ shock O は「O にショックを与える」という意味の他動詞なので、(b)の shocked me は「私にショックを与えた」。よって、主語は「彼女の突然の死」となる。death (名詞) を修飾するため、suddenly (副詞) を sudden (形容詞) に変化させる必要がある。

(7) (a) You're the prettiest girl I've ever seen.
　　「あなたは私が今まで出会った中で最もかわいい女の子だ」

(b) I've never seen (**such**) a pretty girl (**as**) you.

▶「あなたのようなこんなにかわいい女の子に今まで出会ったことがない」と書きかえ、such を用いる。また、a pretty girl ＝ you が成り立つので、you の前には「＝」を表す前置詞 as が入る。

(8) (a) I don't know why she is crying.

「私はなぜ彼女が泣いているのかわからない」

(b) I have (**no**) (**idea**) why she is crying.

▶ I don't know は I have no idea と書きかえられることを確認しておこう。

(9) (a) Did anyone come in my absence?

「私の留守中に誰か来ましたか」

(b) Did anyone come (**while**) I (**was**) out?

▶(a)の absence は absent の名詞形で「不在」という意味。in my absence で「私の留守中に」となる。(b)は I の後ろに動詞が来て文の形になっているので、I の前の空所には接続詞が入ると予想できる。よって「私の留守中に」＝「私が（家の）外にいる間」と書きかえ、接続詞は while、動詞は状態を表す be 動詞を用いる。「私の留守中に」は、他の表現として、while I am away や while I am not（at）home もおさえておこう。また、while と共に動作動詞を用いる場合は原則進行形にしなくてはならないため、while I went out は正解にはならない。

(10) (a) Mike said to George, "Won't you please be quiet for a while?"

「マイクはジョージに『少しの間静かにしてくれませんか』と言った」

(b) George was (**asked**) (**to**) be quiet for a while by Mike.

▶直接話法から間接話法へ書きかえる問題。まず(a)のセリフは Won't you please という「依頼」の内容なので、(b)の間接話法の動詞は「頼む」という意味を持つ ask を用いる。ただし(b)は George が文頭にあるので、ask O to ～「O に～するよう頼む」の文を受動態にする必要がある。

Ⅰ-8 同意文完成

(1) Hardly had he arrived at the hotel when he went to bed.

「彼はホテルに着くとすぐに寝た」

= (**ウ On**) arriving at the hotel, he went to bed.

▶「～するとすぐに…」という表現は数種類あるので、それぞれを正確に書けるようにしておきたい。この問題の文を他の表現で書くと以下のようなものがある。

・As soon as he arrived at the hotel, he went to bed.

・The moment[instant] he arrived at the hotel, he went to bed.

・He had no sooner arrived at the hotel than he went to bed.

→ No sooner had he arrived at the hotel than he went to bed.

・He had hardly[scarcely] arrived at the hotel when[before] he went to bed.

→ Hardly[Scarcely] had he arrived at the hotel when[before] he went to bed.

(2) According to today's newspaper, there was a traffic accident in front of the hospital.

「今日の新聞によると、病院の前で交通事故があったようだ」

= Today's newspaper (**イ says**) there was a traffic accident in front of the hospital.

▶〈according to 〜〉「〜によると」という表現はまず覚えておきたい。そしてその書きかえは、後ろに入る新聞やテレビのニュースなどの情報媒体を主語にする形があるが、その際に用いる動詞は、say もしくは report である。

(3) I think we need to have this house repaired.

「この家は修理が必要だと思う」

= I think this house needs (**ウ　repairing**).

▶動詞 need には、後ろに〜 ing 形をとると能動態でも「〜される」という受け身の意味になる用法がある。したがって、この問題では「修理される」という意味になる。他にこのような用法をとる動詞に want、require がある。また、need と want に関しては、〈need [want] to be + 過去分詞〉という形でも同様の意味を表すことができると理解しておこう。さらに、前置詞 worth を用いた〈be worth 〜 ing〉「〜される価値がある」という表現も重要である。

(4) As it was very cold, we didn't go out yesterday.

「とても寒かったので、私たちは昨日外出しなかった」

= (**エ　It being**) very cold, we didn't go out yesterday.

▶分詞構文の問題である。分詞構文を作るには以下の3つの手順が必要である。

①接続詞を省略。この問題では As を省略する。

②2つの節の主語を比べ、同じであれば従属節の主語を省略、違う場合は残す。

　この問題は it と we で主語が違うので、it は残す。

③2つの節の時制を比べ、同じであれば従属節の動詞を〜 ing 形に、違う場合は having + 過去分詞の形にする。この問題は同じ過去時制なので、動詞 was を being にする。

(5) He behaves as if he were a rich man.

「彼は金持ちであるかのように振舞う」

= He pretends (**ア　to be**) a rich man.

▶まず〈as if S 過去形〉「まるで〜のように」という仮定法の構文を理解しておきたい。また pretend は「〜のふりをする」という意味の動詞だが、後ろに to 不定詞をとることは必ずおさえておこう。

(6) John said, "Let's go."

「ジョンは『行きましょう』と言った」

= John suggested that we (**ア　go**).

▶直接話法から間接話法への書きかえの問題だが、被伝達部分の内容や形(疑問文・否定文など)によって伝達動詞を変える必要がある。相手を勧誘する表現である〈Let's 〜〉の場合は、「提案する」という意味を持つ suggest を用いる。suggest は〈suggest 〜 ing〉という形のほか、他の提案や命令の意味を持つ動詞と同様に、〈suggest that we 動詞の原形〉という形もとれる。さらにこの構文は、〈suggest that we should 動詞の原形〉とすることもできる。

(1)　A＝**ran**　B＝**soon**

「私のことを見るとすぐに彼は逃げた」

He **ran** away as **soon** as he saw（me.）

▶まず括弧内の語の中に〈as soon as＋主語＋動詞〉「〜するとすぐに」という表現があることに気づきたい。括弧の外にある me に注目して as soon as he saw me というまとまりを作る。次に〈run away〉「逃げる」という熟語の知識があれば ran away がまとまり、「彼は逃げた」という日本語訳から he ran away がまとまる。これらをつなげれば正解を導くことができる。

(2)　A＝**well**　B＝**a**

「彼はなんて上手に絵を描くのだろう」

How **well** he draws **a** picture（!）

▶「なんて〜なのだろう」を表現する場合は感嘆文を使う。感嘆文は
〈How＋形容詞/副詞＋主語＋動詞!〉または〈What＋（a/an）＋形容詞＋名詞＋主語＋動詞!〉の形にすればよい。感嘆文は文末が感嘆符になることも注意しよう。

(3)　A＝**Nothing**　B＝**as**

「健康こそ我々の人生において最も大切なものだ」

Nothing is so important in life **as**（health.）

Nothing in life is so important **as**（health.）

▶まず最初に日本語訳を見ると、「最も〜」から最上級のように見えるが、選択肢に so と as があり、さらに nothing もあるので、「健康ほど大切なものは、人生において他に何もない」と言いかえることができると考える。〈nothing is as（so）形容詞/副詞 as 〜〉「〜ほど形容詞/副詞なものは他に何もない」という表現を知っていれば、nothing is so important as health とまとめることができる。残った in と life は in life の語順でまとめれば「人生において」という意味になるので、これを important の直後、または nothing の直後に置けばよい。

(4)　A＝**time**　B＝**to**

「あなたが家に帰る時間です」

It is **time** for you **to** go（home.）

▶まず「あなた」から始まっているからというだけで、you から始めてはいけない。時間について表している英文なので、時を表す it から始まる英文の可能性を考える。it is time というまとまりで「時間です」という意味を表すことができ、次に不定詞の意味上の主語を for you「あなたが」という形でまとめて、最後に不定詞の形容詞的用法を使って、to go home「家に帰るべき」というまとまりをつくる。for you は to go home の前に置けばよい。

I-10　整序英作文

(1) (a)　こんな大きな犬は今まで見たことがありません。

　(b)　(**This**) (is) (the) (biggest) dog (I) (have) **ever** (seen).

　　　A：6　B：5　（不要な語：2. never）

▶「こんな〜を今まで見たことがない」の表現は、この問題のように〈最上級 ever〉を用いる構文と、〈I have never seen such 〜〉を用いる構文があることを正確に理解しておこう。

(2) (a)　この本がいくらか知りたいのですが。

　(b)　I (would) (like) (to) (know) **what** (the price) (of) (this book) (**is**).

　　　C：4　D：1　（不要な語：3. how）

▶物の値段を尋ねる表現として、〈how much is 〜 ?〉と〈what is the price of 〜 ?〉の2種類は正確に使えるようにしておくこと。また、間接疑問文の語順も間違えやすいので注意が必要である。

(3) (a)　彼女が母親に似ていることは、誰もが知っています。

　(b)　The (fact) (**that**) she (takes) (after) (her mother) (**is**) (known) (to) everyone.

　　　E：3　F：8　（不要な語：1. looks）

▶文頭に The があることから、その後に置く名詞を考えると fact しかない。〈The fact that 〜〉は「〜という事実」というように訳さない場合も多いので、注意が必要である。後は〈take after 〜〉「〜に似ている」、〈be known to 〜〉「〜に知られている」という熟語を用いればよい。〈look after 〜〉は「〜の世話をする」という意味なので、区別しておくこと。

(4) (a)　もし彼が会議に遅れたら教えてください。

　(b)　Please (let) (me) (**know**) (**if**) (he) (is) (late for) the meeting.

　　　G：5　H：2　（不要な語：4. tell）

▶「教えてください」という表現で最初に浮かぶのは〈will you tell me 〜 ?〉かもしれないが、この問題では語が不足していて使えない。そこで使役動詞の let を用いた表現を考える。〈let me 動詞の原形〉は基本的に「〜させてください」という表現だが、動詞に know が入る場合は、「教えてください」「知らせてください」という訳で考える習慣を身につけたい。

(5) (a)　ジョンがなぜそんなことをしたのかはわからない。

　(b)　(**There**) (is) (**no**) (knowing) why John (did) (such) (a thing).

　　　I：5　J：6　（不要な語：2. idea）

▶「わからない」という表現は〈I don't know 〜〉や〈I have no idea 〜〉などが一般的であるが、いずれもこの問題では使えない。そこで別の表現を考えると、〈there is no 〜 ing〉「〜できない」の構文を利用できることに気づく。動詞に know を入れると、「知ることができない」→「わからない」の文意になる。また、似た形の構文〈it is no use 〜 ing〉「〜しても無駄である」との明確な区別も必要である。

(6) (a)　そのドアを修理してもらうように大家さんに頼んでおいてよ。

　(b)　(Will) (you) (ask) the landlord (to) **have** (the door) (**fixed**)?

K：**7**　L：**8**　（不要な語：2. repair）

▶まず語尾にクエスチョンマークがあるので〈Will you ～ ?〉から文を始めること、また「～するように頼む」という日本語から〈ask 人 to ～〉の構文を用いることがわかる。後は「修理する」という部分の repair と fixed の選択だが、have が残っていることから、have the door fixed という使役動詞の構文を用いると判断する。

Ⅰ-11　整序英作文

(1) まもなく彼女の体調はよくなりますよ。

It (won't)(**be**)(long)(**before**)(she)(gets) well.

ア：**6**　イ：**1**

▶「まもなく～だ」は〈It won't be long before ～〉で表せる。直訳すれば「～の前は長くはない」だが、そこから「まもなく～だ」という意味になる。

(2) その歌手は日本だけでなく韓国でもよく知られています。

The singer is well known (not)(**only**)(in)(**Japan**)(but)(in)(**Korea**).

ア：**5**　イ：**1**

▶「～だけではなく…も」は〈not only ～ but (also) …〉で表せる。also は省略できることを知っておこう。今回は「日本国内で」と「韓国国内で」を並列させていることから、in Japan と in Korea を並べて書く必要がある。

(3) この写真を見るとアメリカで過ごした日々を思い出します。

This picture (**reminds**)(**me**)(of)(the days)(Ⅰ)(**spent**) in America.

ア：**3**　イ：**1**

▶〈remind ～ of…〉は「～に…を思い出させる」という意味。よって「この写真は私にアメリカで過ごした日々を思い出させる」という文にすればよい。the days とⅠの間には、関係代名詞の目的格である which[that]が省略されている。

(4) この学校の生徒で中村先生を知らない生徒はほとんどいません。

(There)(are)(**few**)(students) at this school (**who**)(don't)(know) Mr. Nakamura.

ア：**2**　イ：**3**

▶選択肢に there があることから There 構文を使って表現する。また「～がほとんどいない」は〈few ～〉を用いればよい。who は関係代名詞の主格で、先行詞 students を説明している。

(5) 忙しそうなのでお風呂を洗っておきましょうか。

Do you (want)(**me**)(to)(**clean**)(the bathroom)(as) you look busy?

ア：**4**　イ：**3**

▶自分からの提案を示す場合、〈Do you want me to ～ ?〉「あなたは私に～してほしいですか」＝「～しましょうか」を用いる。as は接続詞で「理由」を表す。

(6) あんなに美しい女性に会ったことがありません。

That is (the)(most)(beautiful)(lady)(that)(Ⅰ) have ever seen.

ア：**1**　イ：**3**

▶「あちらは私が今まで会った女性で一番美しい女性だ」と考える。形容詞の最上級の前には the を置くことを忘れないように。

(7) 彼が目を覚ますと彼は椅子に縛られていました。

He woke (up) (to) (**find**) (himself) (**tied**) (to) the chair.

ア：**1**　イ：**2**

▶ to 以下の内容が「結果」を表すケースで、「目が覚めた」→その結果→「彼は椅子に縛られていることに気付いた」と考える。また〈find O C〉「O が C であることに気付く」を用いて、「彼は」himself ＋「縛られている」tied という順番にする。tie は「縛る」という意味。

I -12 正誤問題

(1) These two books were so hard that Tom wasn't able to read through **it** the other day.

　(ウ)　**them**

「この 2 冊の本はとても難しかったので、先日トムは読み通すことができなかった」

▶〈read through 〜〉は「〜を読み通す」。through には「初めから終わりまで」という意味がある。トムが読んだのは these two books なので、it ではなく them にする必要がある。

(2) I was surprised to hear Nancy **shouted** during the class. I turned around and found something black moving at her feet.

　(イ)　**shout**［shouting］

「私はナンシーが授業中、叫ぶのを聞いて驚いた。私が振り返ると、何か黒い物が彼女の足もとで動いているのがわかった」

▶〈hear (that) S＋V〉は「S が V するということを(噂で) 聞く」という意味。このままでは「ナンシーが授業中、叫んだという噂を聞いた」という意味になり、後ろの文とつながらなくなってしまう。よって、〈hear＋目的語＋原形〉「…が〜するのを聞く」、もしくは〈hear＋目的語＋〜 ing〉で「…が〜しているのを聞く」という表現にしなくてはいけない。したがって、shouted を shout［shouting］にする。

(3) My father had breakfast this morning. He had some **eggs** on his tie but nobody said about it.

　(イ)　**egg**

「私の父は今朝、朝食を食べました。父はネクタイに卵をつけていましたが、誰もそのことについて言いませんでした」

▶ eggs に注目する。「ネクタイに卵がついている」という意味で考えた場合、eggs のままでは殻がついた丸い卵が数個、ネクタイにくっついていることになる。料理した卵の一部は数えられないので、eggs を egg にする必要がある。

(4) My mother told me that she would be back **till** ten, but she didn't.

　(ウ)　**by**［before］

「私の母は私に 10 時までに戻ると言いましたが、戻って来ませんでした」

▶〈till ～〉は「～までずっと」という意味で、「継続」を表す。ここでは「10 時までに戻る」という意味にしたいので、「期限」を表す by、もしくは「～より前に」を表す before にする。

(5) Few people know that the third **expensive** car in the world is built in this factory.

（イ）　**most expensive**

「世界で 3 番目に値段が高い車がこの工場で作られていることを知っている人は、ほとんどいない」

▶「世界で 3 番目に値段が高い車」を表現するには、〈the ＋序数＋最上級〉を用いる。よって expensive を最上級に変え、most expensive にする必要がある。

例：The Amazon is the second longest river in the world.

「アマゾン川は世界で 2 番目に長い川だ」

Ⅰ-13　正誤問題

(1) I was very surprised that he came the party last night.（×）

→ I was very surprised that he came **to** the party last night.

「私は彼が昨夜パーティーに来たことにとても驚いた」

(2) **If you see him at school tomorrow, please say hello for me.**（○）

「もし明日学校で彼に会ったら、よろしく言っておいてください」

(3) There was few people I knew at the meeting.（×）

→ There **were** few people I knew at the meeting.

「会議に私が知っている人はほとんどいなかった」

▶ few は「ほとんど～がない」という準否定語だが、後ろには必ず名詞の複数形が来ることに注意する。

(4) Neither you nor I are right about the decision.（×）

→ Neither you nor I **am** right about the decision.

「その決断に関しては、あなたも私も正しくはない」

▶〈neither A nor B〉は後ろの名詞が主語になる。〈either A or B〉も同様に後ろの名詞が主語になるが、〈both A and B〉は複数形の主語となることも確認しておこう。

(5) **Just in case, bring your umbrella with you.**（○）

「念のため、傘を持っていきなさい」

(6) As far as I live, I will never forget the things I learned in this school.（×）

→ As **long** as I live, I will never forget the things I learned in this school.

「生きている限り、私はこの学校で学んだことを決して忘れないでしょう」

▶〈as far as ～〉と〈as long as ～〉は訳すとどちらも「～する限り」となるが、前者は制限や範囲、後者は時や条件を示すのに用いるという区別が必要である。

(7) Do you know how good they can sing?（×）

→ Do you know how **well** they can sing?

「彼らがどんなに上手に歌えるか知っていますか」

▶感嘆文における形容詞と副詞の区別には注意が必要である。もし明確でない場合は、平叙文に書きかえて判断すること。

⑻ **This is the very watch I have been looking for.**（○）
「これはまさに私が探していた時計です」

⑼ **All you have to do is to go there every other day.**（○）
「あなたは一日おきにそこに行きさえすればよい」

⑽ Yesterday I saw Ken at the first time in ten years.（×）
→ Yesterday I saw Ken **for** the first time in ten years.
「昨日私は 10 年ぶりにケンに会った」

Ⅰ-14 正誤問題

⑴ The kindness he has **made** him the most popular boy at this school.
「彼は優しいので、この学校で最も人気がある少年だ」

記号：B　正しい形：makes

▶ The kindness he has「彼が持つ優しさ」が主語で、kindness と he の間には関係代名詞の which が省略されている。現在彼が持つ優しさが、現在彼を最も人気がある少年にしているため、時制を現在形にする。

⑵ Mr. Jones is proud of his daughter **to be** an actress, so he is always talking about her.
「ジョーンズさんは娘さんが女優であることを誇りに思っているので、娘さんのことを話してばかりいる」

記号：B　正しい形：being

▶以下の 2 点を確認しておくこと。
　①前置詞の目的語は、不定詞ではなく動名詞を用いる。
　例：「私は医者であることを誇りに思っている」
　　　I am proud of being a doctor.
　②動名詞の主語が文の主語と異なる場合、動名詞の主語を所有格もしくは目的格の形で動名詞の前に置く。
　例：「私は彼が医者であることを誇りに思っている」
　　　I am proud of his［him］being a doctor.

⑶ I am afraid that Tom won't **marry with** Nancy, for he often complains about her.
「残念ながらトムはナンシーと結婚しないと思うよ。というのも、彼はよく彼女に対する不満を口にするからね」

記号：C　正しい形：marry

▶ marry は他動詞で、前置詞を伴わず目的語を置く。対照的に complain は自動詞で、直後に名詞を置く場合は前置詞の about や of が必要である。

⑷ There **is** a beautiful picture in the museum which I would visit, but now it isn't there.
「私がよく訪れた美術館には美しい絵があったが、今はその絵はそこにない」

記号：A　正しい形：was

▶ but now it isn't there の it は a beautiful picture を、there は in the museum を指し、「しかし今はその絵はそこにない」とあるため、美しい絵が美術館にあったのは過去のことだとわかる。また、would は過去の習慣を表し、the museum which I would visit で「私が（過去に）よく訪れた美術館」となる。

(5) In my youth, my uncle bought me many science books. That is why I became **interesting** in science.

「若いとき、おじがたくさん科学の本を買ってくれた。そういうわけで、私は科学に興味を持った」

記号：D　正しい形：interested

▶ interesting は「興味を持たせる」という意味の形容詞、interested は「興味を持っている」という意味の形容詞である。become ＋形容詞で「形容詞の状態になる」と表すので、「興味を持っている状態になる（＝興味を持つ）」という意味にするために、interested を当てはめる。

(6) All **what** I want you to do is to make a phone call to me before you leave Japan.
「日本を出発する前に私に電話だけしてほしい」
記号：A　正しい形：that

▶先行詞が all なので、先行詞を含む関係代名詞 what（the thing(s) which）は用いられない。all は強意語なので関係代名詞は that を用いる。

(7) My father says the children of the present don't play outside so often as **that** of the past.
「父は、今の子どもは昔の子どもほど外で遊ばないと言う」
記号：D　正しい形：those

▶比較の文は、比較する部分を対等に表記する必要がある。今回は、the children of the present と the children of the past を比較する文で、the children の反復を避けるため代用語を置くのだが、children は複数形なので、that ではなく those を用いる。

Ⅰ-15　正誤問題

(1) I'm very nervous, for I'm not used **to speak** in public. Please give me some pieces of advice.

「私はとても緊張している。というのも、人前で話すことに慣れていないからだ。いくつかアドバイスをください」

記号：B　正しい形：to speaking

▶〈be used to ～〉「～に慣れている」の to は前置詞なので、直後に動詞を置く場合は動名詞にしなければならない。また、advice は不可算名詞であることもおさえておこう。

(2) I'm sorry to have kept you **waited** so long. The train was almost an hour behind schedule.

「長い間お待たせしてすみません。電車が1時間近く遅れてしまって」

記号：B　正しい形：**waiting**

▶ I'm sorry to have kept you waiting. 「お待たせしてすみません」は重要表現なので覚えておこう。また、behind schedule は「予定(定刻)より遅れて」を意味し、late と同意の表現である。

(3) At the shop, various kinds of clothes are ordered **to abroad** and sold at reasonable prices.
「その店では、多種多様な服が外国から注文され、手頃な価格で売られている」

記号：B　正しい形：**from abroad**

▶ 訂正する箇所の前を能動態に書きかえると、they order various kinds of clothes となり、「(店が)多種多様な服を注文している」となる。various kinds of clothes を abroad から取り寄せているという意味になるように、「〜から」を意味する前置詞 from を用いる。

(4) The picture Tom had taken by her was beautiful enough for me **to be touching**.
「トムが彼女に撮ってもらった写真はとてもきれいだったので、私は感動した」

記号：D　正しい形：**to be touched**

▶ touch は「〜を感動させる」という意味の他動詞なので、be touched で「感動する」となる。また、The picture Tom had taken by her の had は使役動詞であり、問題文を2文にすると、The picture was beautiful enough for me to be touched. と Tom had it taken by her. となる。

(5) Between **you and I**, it is said that there's a hidden treasure in the heart of the forest.
「ここだけの話、その森の奥には秘宝があると言われている」

記号：A　正しい形：**you and me**

▶ between は前置詞なので、人称代名詞は目的格を用いる。〈in the heart of 〜〉は「〜の奥(中心)に」という意味である。

(6) I'd like you to come to the party which is going to be given **after a week**.
「私はあなたに1週間後に開かれるパーティーに来てほしい」

記号：D　正しい形：**in a week**

▶ パーティーが開かれるのは「今から」1週間後であり、「(今から)〜後」を意味する前置詞は in である。after は「(今以外から)〜後」を意味する。
　　例：I caught cold. After a week, I got well.
　　　　「私は風邪をひいた。(風邪をひいたときから)1週間後、良くなった」

(7) She isn't so honest **that** we expected. It would be better not to trust her.
「彼女は私たちが思っていたほど正直ではない。彼女を信用しないほうがいい」

記号：A　正しい形：**as**

▶ 2文目で「彼女を信用しないほうがいい」とあるので、1文目はその理由が書かれていると予想し、「彼女は私たちが思っていたほど正直ではない」とすればよい。ここでは、〈not as (so) 〜 as …〉「…ほど〜ではない」の as を用いる。接続詞 that は後ろに完全な文が続くため、ここでは用いることができない。

Ⅱ-1 対話文

〔全訳〕

　駅前に2人の少年が立ち、誰かを待っている。

A ： ジムはどうしたんだ。

B ： わからないよ。妙だな。彼はいつもとても時間に正確なのに。

A ： 事故にでも遭ったんじゃないよな。

B ： そんなこと言うなよ。寝坊したか、乗る電車を間違えたんだと思うよ。

A ： そんなことありえないよ。彼がどんな人間か君が言ったばかりじゃないか。彼はいつも最
　　　初に学校に着く男だぞ。しかもここには何回か来たことがあると彼は言っていたんだ。

B ： 確かにそうだね。心配になってきたよ。彼に電話してみたらどうだい。僕は彼の番号を知
　　　らないんだ。

A ： 僕も知らないよ。実のところ、彼は携帯電話を持っていないよ。

B ： 本当かい。知らなかったな。

A ： 母親に携帯電話を持たせてもらえるように頼んでいるけど、絶対にいいと言ってくれない
　　　らしいよ。彼女は、携帯電話は勉強の邪魔になるだけだから高校生には必要ないと、強く
　　　思っているんだって。

B ： 一理あるね。でも、すごく役にも立つと思うけど。

A ： たとえば、もしジムが携帯電話を持っていたら、彼に電話して何をしているのか聞くこと
　　　ができるよね。

B ： その通り。彼がここに来たら教えてあげた方がいいね。携帯電話を買ってもらういい理由
　　　になるよ。

A ： そうはならないよ。君は彼の母親がどういう人かわかっていないよ。彼女はこんなことを
　　　言うだろうね。「ジム、ということは、遅れない限り携帯電話は必要ないということよね」

B ： 彼の母親は本当に厳しそうだね。あ、彼が来たぞ。

　　　ジムが息を切らして、2人の元に走ってくる。

C ： ごめん、遅れて。家の近くのバス停でバスを待っているとき部屋に財布を忘れてきたこと
　　　に気が付いて、家に戻らなければならなかったんだ。もう一度バス停に戻ったとき、バス
　　　はもう行ってしまったんだ。その結果、もう30分待たなきゃいけなかったんだ。

A ： 30分だって。

C ： そう。僕が住んでいる地域ではそんなものだよ。とにかく本当にごめん。さあ、コンサー
　　　トに行こうよ。

B ： そうだね。急いだ方がいいな。そうしないと遅れてしまうよ。

C ： 待った。行く前に携帯電話で電車の時刻表を調べておこうよ。

　　　ジムはポケットから携帯電話を取り出す。

A　：え、何それ。携帯電話は持ってなかったよね。

C　：ああ、何とかお母さんを説得して、3日前に手に入れたんだ。心配するなよ。2人の番号はもうこれに登録してあるから。

A　：じゃあ、何で僕たちに電話をして、遅れることを言わなかったんだよ。君の携帯電話は何のためにあるんだよ。

　　対話文中の適文補充の問題は、まず選択肢それぞれの意味を確認しておくことが大切だ。当然本文を読まないと正確な意味はつかめないが、よく使われる表現や大まかな意味を確認するだけでも、正答を導きやすくなるはずである。

| 1 | ク | He didn't have an accident or something, did he?

「事故にでも遭ったんじゃないよな」

▶ A と B の 2 人の少年が Jim を待っているときに、A が言った台詞である。直後に B が Don't say such a thing.「そんなこと言うなよ」と言っていることから、A の台詞はあまりよい内容ではないことがわかる。

| 2 | カ | I think he just got up late or took the wrong train.

「寝坊したか、乗る電車を間違えたんだと思うよ」

| 3 | イ | That's impossible.

「そんなことありえないよ」

▶　2　と　3　は続いているので、一緒に考えてみよう。B は、Jim が遅れている理由を事故ではないかと言った A をすでに否定しているので、　2　には何か違う理由、そして　3　にはそれに対する A の意見が入ると予想できる。まず別の遅刻の理由として意味が通じるのはカだけである。それに対する意見だが、これはその後の流れを考慮すべきだ。A は Jim が時間に正確で、その場所に来た経験もあると述べているので、B の予想であるカを否定している。そう考えると残るのはイかコ That is not going to happen. だが、すでに遅れているので、〈be going to〉を用いた未来形を用いる必要はないはずである。

| 4 | ケ | I'm getting worried about him.

「心配になってきたよ」

▶寝坊や電車の乗り間違いではないという A の意見に同意した後の B の台詞。この後、B は A に Jim への電話を提案するが、その流れを作れそうな選択肢は以下の 3 つである。

エ　What is your cell phone for?「君の携帯電話は何のためにあるんだよ」

ケ　I'm getting worried about him.「心配になってきたよ」

オ　We'd better hurry, or we're going to be late.「急いだ方がいいな。そうしないと遅れてしまうよ」

3 つのいずれかを決める決定的な根拠は、この時点で見つけることはできない。よって、ここは後回しにして他の選択肢を先に考えるべきである。

| 5 | キ | She may have a point.

「一理あるね」

▶ Jim の母親の考え方を聞いた B の感想であるが、she という女性を表す人称代名詞が大きなヒントになる。また、〈have a point〉「一理ある」は頻繁に用いられる表現なので、覚えておこう。彼女の母親の意見を否定する意味でコを入れることもできるが、後ろにある接続詞 But とつながらないため不正解。

| 6 | ウ | We should tell him about it when he gets here. |

「彼がここに来たら教えてあげた方がいいね」

| 7 | コ | That is not going to happen. |

「そうはならないよ」

▶ 6 と 7 も一緒に考えた方が解答を見つけやすい。まず 6 は、A が携帯電話が役に立つ例として「待ち合わせの時間に遅れたとき」を挙げたことに、B が賛同した後の台詞である。直後の He could make it a good reason to get a cell phone. という台詞中にある it がその A の台詞の内容を指すことがわかれば、正答を導くことは難しくない。その後、A の 7 の台詞があるのだが、その直後にある台詞を見ると、A はそれで Jim の母親を説得できるとは実際思っていないことがわかる。したがって、残りの選択肢で該当するのはコしかない。

| 8 | ア | Yes, that's the way it is in my area. |

「そう。僕が住んでいる地域ではそんなものだよ」

▶ That's the way it is.「そういうものだよ」という表現は日常でも頻繁に使われるが、初めて見た人も多かったかもしれない。そのような場合も、ここまで正しい選択肢を選べていれば、A の You mean half an hour? という疑問に対する答えとして相応しいのは、Yes から始まるアだけだとわかるはずだ。入試では知らない単語や表現が出てくることもあるので、普段から対応力を磨く学習をしておくことも必要である。

| 9 | オ | We'd better hurry, or we're going to be late. |

「急いだ方がいいな。そうしないと遅れてしまうよ」

▶ この後に Jim が Wait「待った」と言っているので、その前には誰かが先に進もうとしているはずである。それを考えればオを選ぶのは難しくない。接続詞 or の意味と用法を確認しておこう。

| 10 | エ | What is your cell phone for? |

「君の携帯電話は何のためにあるんだよ」

▶ 携帯電話を持っているのに連絡をしてこなかった Jim に対しての台詞である。この場合の〈What 〜 for?〉は、理由ではなく目的を尋ねる疑問文であることに注意しよう。また、これで 4 の解答もケに絞ることができる。

Ⅱ-2 　対話文

〔全訳〕

（電話での会話）

ダニー ： やあ、おばあちゃん。元気かな。

祖母　：　あら、ダン。あなたの声が聞けてとてもうれしいわ。

ダニー　：　えーっと、大学がずっと忙しくて、今週電話ができなくてごめんね。

祖母　：　謝らなくていいのよ。電話してくれてうれしいわ。調子はどうなの。

ダニー　：　すべて順調さ。おばあちゃんはどうなの。おばあちゃんの友達のドロシーが亡くなって残念だったよ。

祖母　：　ああ、ダニー。それを思い出すととても悲しくなっちゃうわ。昔を思い出すわね。それに友達はお迎えが近いか、いろんな問題を抱えているかのどちらかが多いわね。

ダニー　：　おばあちゃんはどうなのさ。体調はどうなの。

祖母　：　私は元気よ。会社を辞めてからとても忙しいのよ。短期大学にも入って、応用パソコン講座に出ているのよ。午後はヨガの講座をとっているわ。それで時々眠れないときは夜更かししてインターネットをやってるの。

ダニー　：　おばあちゃん、休まないとだめだよ。

祖母　：　わかっているけど、時々日中だとインターネットにアクセスできないのよ。

ダニー　：　そうか。おばあちゃんから長生きの遺伝子を受け継いでいればいいんだけどな。

出典：Tina Kasloff Carver, Sandra Douglas Fotinos

A Conversation Book2:English in Everyday Life, 3rd Edition Pearson Education

問1　適語選択

（　1　）　**ク　hear**

▶直後に your voice があることから「声が聞けてとてもうれしい」という意味にすればよい。よって hear が正解。

（　2　）　**ア　take**

▶take には「（授業、試験などを）受ける」という意味がある。直前に I'm taking an advanced computer course.「応用パソコン講座に出ているのよ」と書かれており、この箇所でも take を使っている。パソコン講座と同様にヨガの授業もとっていると考えられるので、take が正解。

（　3　）　**オ　stay**

▶直前の when I can't sleep「眠れないときは」をヒントに考える。〈stay up late〉は「夜遅くまで起きている」という意味。よって stay が正解。

（　4　）　**カ　need**

▶〈get rest〉は「休息をとる」という意味で、忙しく毎日を過ごす祖母を気遣い休んだ方がよいと言っている場面である。よって〈need to ～〉「～する必要がある」という意味にする。

問2　適文補充

　Grandma の次のセリフ Don't apologize.「謝らなくていいのよ」に注目する。apologize は「謝罪する」という意味で、覚えておきたい単語である。よって空欄には謝罪しているセリフが来ることがわかるので、**4　sorry I haven't called you this week**「今週電話ができなくてごめんね」が正解。その他の選択肢の和訳は次ページの通り。

1 but I am happy to talk to you「けれどもおばあちゃんと話せてうれしいよ」

2 I missed you very much「おばあちゃんに会えなくてとてもさみしかったよ」

3 I am very satisfied「とても満足しているよ」

5 I haven't seen you for a long time「久しぶりだね」

問3 適語補充

I'm happy you（ **called** ）.

「電話してくれてうれしいわ」

▶なぜ Grandma が喜んでいるのかを考えると、本文の最初に（*telephone conversation*）と書かれていることから、Danny が電話をしてきてくれたからだとわかる。〈I'm happy that 〜〉は「〜なのでうれしい」という意味。that は接続詞で「理由」を示すが、省略されることも多い。よって c で始まるというヒントから、call「電話する」の過去形 called が正解。

問4 整序英作文

【 I was sorry your friend Dorothy passed 】away.

「おばあちゃんの友達のドロシーが亡くなって残念だったよ」

▶次の Grandma のセリフで Oh, Danny, it makes me so sad.「ああ、ダニー。それを思い出すととても悲しくなっちゃうわ」と言っていることから、設問部分は Grandma にとって辛いことだとわかる。〈pass away〉「亡くなる」があることから、your friend Dorothy passed away と〈I am sorry (that) 〜〉「〜を残念に思う」を組み合わせればよい。

問5 英文完成補充

I've（ **been** ）（ **very** ）（ **busy** ）（ **since** ）I retired.

「会社を辞めてからとても忙しいのよ」

▶会社を辞めてから今もずっと忙しいことから、過去から現在までを表す現在完了を用いる。「〜から」は since を用いればよい。

Ⅱ-3 対話文

〔全訳〕

A ： 最近君はこの授業に出ていなかったよね。どうしていたんだい。

B ： 久しぶり。昼間は寝ているんだよ。今日は何とか早起きできたんだ。

A ： そうなんだ。夜遅くまで起きているのかい。お気に入りのテレビゲームをしているのだろう。

B ： いいや。実は、アルバイトをしているんだよ。数カ月前に始めたんだ。夜遅くまで働いているから、昼夜が逆転している生活を送っているのさ。

A ： へえ、そうなんだ。どんな仕事をしているんだい。

B ： レンタルビデオショップさ。深夜は客がほとんどいないから、仕事がとても楽なんだよ。ところで、君もアルバイトをしているよね。喫茶店で働いているんだよね。

A　：　そうだよ。でも辞めるんだ。もっと稼ぎたいから、他の仕事を探していてね。いい仕事を知らないかい。

B　：　ちょうどよかった。僕のお父さんがレストランを経営しているのは知っているよね。

A　：　もちろん知っているよ。何度も行ったことがあるからね。

B　：　実は、今人手不足なんだよ。手伝ってくれる誰かいい人がいないかって、僕によく尋ねてくるんだ。

A　：　それは僕にとっていい知らせだね。でも、君はそこで働かないのかい。そこで働けば、早起きできるしこの授業にも出られる。レストランは夜遅くまで営業しないだろう。

B　：　熱心に働きたくないんだ。僕は何事も自分のペースでするのが好きでね。とにかく、君をお父さんに紹介しておくよ。

A　：　そうしてくれよ。ところで、この授業は来週テストがあるんだ。単位を取るのに必要なテストだって先生が言ってたよ。君はちゃんと勉強すべきだ。

B　：　さっき言った通り、僕は何事も自分のペースでするのが好きでね。

1

▶3行目でAがOh, have you? と言っている。これはBのセリフを受けて「そうなんだ」と言っているのだが、2行目のBのセリフに時制が現在完了のものがない。よって、選択肢から時制が現在完了のものを選んで入れればよい。該当するのはカ・ケ・シだが、Oh, have you? につながるものは、シの **I've been sleeping during the day.** である。

2

▶昼間は寝ていて、今日は何とか起きられたと言っているAに対し、夜に何をしているのか尋ねればよい。選択肢に直接それを尋ねているものはないが、**カ**の Have you stayed up late at night? ならば、直後の「（夜遅くまで起きていて）お気に入りのテレビゲームをしているのだろう」にうまくつながる。

3

▶BがAにアルバイトをしていることを伝えた直後のセリフなので、**エ**の I started it a few months ago. を入れる。it は a part-time job を指す。

4

▶直後でBが「レンタルビデオショップさ」と答えていることから、AはBに仕事の種類を尋ねたとわかる。よって、**ケ**の What kind of job have you been doing? を入れる。

5

▶直前で「君もアルバイトをしているよね」とBが言っているため、話題がBのアルバイトからAのアルバイトに移っているとわかる。よって、**サ**の You work at a coffee shop, don't you? を入れる。

6

▶直後で「何度も行ったことがあるからね」と言っていることから、AはBのお父さんがレストランを経営していることを知っているとわかる。よって、**ア**の Of course I know. を入れる。

7

▶ A がアルバイトを辞めるのはもっと稼ぎたいからであり、他の仕事を探している A にとって人手不足のレストランがあることは good news である。よって、**オ**の **That's good news to me.** が入る。

8

▶直前で「そこで働けば、早起きできるしこの授業にも出られる」と言っていることに注目する。夜遅くまでアルバイトをしなければ早起きできるため、そこ（B のお父さんが経営しているレストラン）では夜遅くまで働く必要がないとわかる。よって、**キ**の **Restaurants aren't open till late at night.** が入る。

9

▶直前で「君をお父さんに紹介しておくよ」と B が言ってくれているため、**ウ**の **Please do so.** を入れる。

10

▶ A に「君はちゃんと勉強すべきだ」と言われた B がどう返事をするか考える。B の性格は、I like to do anything at my own pace.「僕は何事も自分のペースでするのが好きでね」と A に言っているように、マイペースであるとわかる。熱心に働きたくないと言っていることから、勉強も熱心にするタイプではないと推測できるので、**ク**の **As I just said, I like to do anything at my own pace.** を入れればよい。

Ⅱ-4 対話文

〔全訳〕

ナンシー ： トム、どうしたの。悩んでいるようね。

トム ： 実際そうなんだよ。来週の月曜日にパーティーがあってね。エミリーの誕生日パーティーなんだ。

ナンシー ： それが何か問題なの。あなた彼女のこと好きなんでしょ。

トム ： もちろん好きさ。問題なのは、今お金がないことなんだ。手ぶらで行ったら、パーティーでみんなの笑いものになっちゃうよ。

ナンシー ： 変ね。この間あなたに会ったときは十分お金を持ってたじゃない。

トム ： 実は、財布をなくしたんだ。

ナンシー ： あら、そうなの。それはお気の毒さま。どこでなくしたか心当たりはあるの。

トム ： ああ、川に飛び込んだときになくしたに違いないよ。

ナンシー ： あなた気は確かなの。もう 11 月よ。何でそんなことしたの。

トム ： しょうがなかったんだ。川沿いをジョギングしてたら、溺れている犬を見つけてさ。それで……。

ナンシー ： ああ、なるほどね。それであなたは川に飛び込んで犬を助けた。でも川から上がって財布をなくしたことに気づいた。そうでしょ。

トム ： その通りさ。

ナンシー ： 実にあなたらしいわ。あなたって見て見ぬふりできないものね。ところで、その犬はどうなったの。

トム ： 彼はとても疲れて弱っていたから、家に連れて帰って世話をしたんだよ。今はもう元気さ。

ナンシー ： そう。彼の写真は持ってるの。彼がどんな感じか見てみたいわ。

トム ： 持ってるよ。どうぞ。

ナンシー ： まあかわいい。もう名前はつけたの。

トム ： もちろん。ハマーっていうんだ。

ナンシー ： 彼にぴったりね。彼はかなづち同様、泳げないってことでしょ。ああ、考えがあるわ。ハマーをエミリーの誕生日パーティーに連れて行くべきよ。彼女、彼を見て喜ぶに違いないわ。

トム ： できればそうしたいんだけどね。彼女は犬アレルギーなんだ。

1

▶直前で what's wrong? と言っていることから、続くセリフもトムを気遣う内容がくる。候補はキの You look worried. か、クの Are you OK? だが、ここではまだ決定できないためいったん保留にして読み進める。

2

▶直後で来週エミリーの誕生日パーティーがあると言っており、これはトムにとってプラスの内容かマイナスの内容かまだわからないが、その後ナンシーが Are there any problems with that?「それが何か問題なの」と言っていることから、トムは来週エミリーの誕生日パーティーがあることをマイナスととらえているとわかる。よって、 **2** には「困っているんだ」のような表現が入ると推測できる。選択肢で困っていることを直接表現するものはなさそうだが、イの Actually, I am. に注目すると、am の後ろに省略があると考えられる。ナンシーのトムを気づかうセリフ **1** が Are you OK? ならば、am の後ろに省略されているのは OK となるが、Actually, I am OK. ではトムが困っていることにならない。よって、 **1** にキの **You look worried.** を入れ、 **2** にイの **Actually, I am**(worried)**.** を入れればよいとわかる。

3

▶直前のナンシーの You like her, right? に対する返答だが、直後でお金がないことが問題だと言っており、エミリーに誕生日プレゼントを買いたい気持ちがうかがえることから、トムはエミリーのことが好きだとわかる。よって、アの **Of course I do.** が正解。do は like her の反復を避ける代動詞である。

4

▶直後でナンシーが、You had enough money with you when I saw you last.「この間あなたに会ったときは十分お金を持ってたじゃない」とトムに言っていることから、ナンシーはトムが現在お金がないことを変に思っているとわかる。よって、ケの **That sounds strange to me.** が正解。

▶財布をなくしたトムに対する慰めの言葉が入るため、**ウ**の **I'm sorry for you.** が正解。

6

▶直前でトムが川に飛び込んだと言ったこと、直後で It's already November.「もう 11 月よ」と言っていることから、トムがとった行為を異常だととらえていることがわかる。よって、**ク**の **Are you OK?** が正解。

7

▶直前でナンシーが Why did you do that? と言っているため、Because から始まる返答だと予想できる。よって、**オ**の **Because I had to.** が正解。had to の後ろには jump into the river が省略されている。

8

▶直後に You can't look the other way.「あなたって見て見ぬふりできないものね」とあり、ナンシーはトムの性格をよくわかっていることがうかがえる。よって、**エ**の **It's really like you.** が正解。ここでの like は「〜らしい」「〜にふさわしい」の意味を持つ前置詞である。

9

▶直後でエミリーが You mean he can no more swim than a hammer can, don't you?「彼はかなづち同様、泳げないってことでしょ」と言っているため、溺れていた犬にトムがつけた「ハマー」という名前は彼にぴったりだと判断できる。よって、**コ**の **It's perfect for him.** が正解。

10

▶直後でトムはエミリーが犬アレルギーであると言っており、パーティーにハマーを連れていくべきだというナンシーの提案には応えられないことがわかる。よって、**カ**の **I wish I could.**「できればそうしたいんだけどね」が正解。could の後ろには take Hammer to Emily's birthday party が省略されている。

Ⅱ-5　対話文

〔全訳〕

　　ゼルダ：　あれは興味深い調査だったわね、フォン。私たちの考える理想的な職業は全く違うのね。

　　フォン：　確かにそうだね、ゼルダ。私たちの理想の職業がずいぶん異なるのは恐らく、私たち自身がかなり異なるからだろう。

　　ゼルダ：　うん、その通りよ。さて、お互いの反応を別のペアに報告しないといけないわね。ねえ、マルコス、あなたたち 2 人が私たちと一緒に報告しあうのはどうかしら。

　マルコス：　わかったよ、ゼルダ。準備はできているよね、サマーラ。

　サマーラ：　できているわ。あなたたちから先にどうぞ、フォン。

　　フォン：　わかったよ。最初の質問は「あなたにとって職業でより大切なものは何ですか（Which are more important to you in a job?）」だったな。それで選択肢がたくさんあって、「親しみやすい同僚」「よい上司」「よい給料」などだね。ゼルダは 1 つに

決めることができなかったんだ。

ゼルダ　：　いいえ、待ってよ。そうじゃないわ、フォン。全部が私にとって大切なの。その質問に対して1つだけ解答を選ぶ必要はないわ。質問は「あなたにとって大切なのはどれか（Which are more important?）」でしょ。"Are"は1つより多いってことよ。そして、私はそれらすべてに関心があるの。

サマーラ　：　私もよ、ゼルダ。私もそれが最初の質問に対しての答えだったわ。

マルコス　：　フォンはその質問にどう答えたのかい、ゼルダ。

ゼルダ　：　「よい給料」と「出世の可能性があること」よ。

フォン　：　もちろん。それがより大切なことだよ。確かに他のものを選んでも良いと思うよ。でも、もし給料が悪くて、出世の可能性がなかったら、それはいい職業ではないと認めないとね。

マルコス　：　その通りだ。

ゼルダ　：　そうは思わないわ。

サマーラ　：　私もそうは思わないわ。

出典：Tina Kasloff Carver, Sandra Douglas Fotinos
A Conversation Book2: English in Everyday Life, 3rd Edition Pearson Education

問1　適文選択

　　A　　⑦　**They sure are**「確かにそうだね」

▶設問箇所直前のゼルダのセリフ aren't they? に注目する。ゼルダは「私たちの考える理想的な職業は全く違うのね」と同意をフォンに呼びかけているので、be 動詞に注意して解答を導けばよい。よって They sure are が正解。are の後ろには really different が省略されている。

　　B　　⑧　**We're ready, right**「準備はできているよね」

▶設問箇所の前でゼルダが一緒に報告をしないかと提案しているのに対し、マルコスがサマーラに確認をしている場面である。よって We're ready, right が正解。We're ready, right, Samara?「準備はできているよね、サマーラ」に対して、Right「できているわ」と呼応している点からも解答を導ける。

　　C　　①　**They're all important to me**「全部が私にとって重要なの」

▶設問箇所の前にあるフォンの発言に対して、ゼルダが反論していることに注目する。そこから空所には、ゼルダが職業で大切なものを1つに決められなかった理由が入ると考えられる。よって They're all important to me が正解。⑥の Both are important to me は、選択肢が2つと決まっているわけではないので不可。

　　D　　④　**Me, neither**「私もそうは思わないわ」

▶サマーラの意見を考えよう。サマーラは2回目のセリフで Me, too, Zelda. That was my answer to the first question, too.「私もよ、ゼルダ。私もそれが最初の質問に対しての答えだったわ」と言っており、ゼルダと同じ意見であることがわかる。サマーラはゼルダと同じように、職業において様々なものが大切であると考えているのだ。給料が悪くて、出世の見

込みがないのはよい職業ではないとフォンが言うのに対し、ゼルダは否定しているのだから、彼女と同様にサマーラも否定するはずである。よって Me, neither が正解。

問2　英文和訳

私たちの理想の職業がずいぶん異なるのは恐らく、私たち自身がかなり異なるからだろう。

▶ That の指す内容は、ゼルダの最初のセリフにある Our ideal jobs are really different である。pretty は「とても、かなり」という意味。*we're* がイタリック体になっているのは、*jobs are* really different と対比し、理想の職業がずいぶん異なるのは私たち自身が異なっているからだと強調するためである。

問3　適語補充

（ア）　**one**

▶ 設問箇所の後ろでゼルダが、It says "Which are more important?" "Are" means more than one.「質問は『あなたにとって大切なのはどれか (Which are more important?)』でしょ。"Are" は1つより多いってことよ」と言っている。よってゼルダは、その答えは1つではないと主張していることがわかるので、設問箇所の1行下にある one が正解。

（イ）　**job**

▶ フォンの考えるよい職業とは「給料がよい」「出世の可能性があること」である。よって、それがなければよい職業とは言えないので、2回目のフォンのセリフにある job が正解。

問4　内容一致

① Phong and Zelda think it very important to have a good boss.
「フォンとゼルダは職業でよい上司を持つことがとても大切だと考えている」（×）

▶ フォンは最後のセリフで、「よい給料」と「出世の可能性があること」が大切なことだと述べているため、正しくない。また仕事において、上記以外のことも大切だと認めてはいるが、よい上司を持つことが「とても」大切だとは言っていない。

② Marcos doesn't want to earn more money or succeed in life.
「マルコスはお金をより多く稼ぎたくないし、出世もしたくない」（×）

▶ マルコスは最後に I agree!「その通りだ」とフォンの意見に賛成している。フォンは給料を稼ぎたいし、出世もしたいと考えている。よってフォンに賛成しているマルコスも給料を稼ぎたいし、出世もしたいと考えられるので正しくない。

③ The four people are wondering what are important in their jobs.
「4人は職業において何が大切なのか、あれこれ考えている最中である」（×）

▶ フォンとマルコスにとって職業に大切なものはお金を稼ぐことと、出世をすることだと述べているので、悩んでいない。よって正しくない。

④ **Zelda thinks everyone has various views on his or her ideal job.**
「ゼルダは理想の職業についてみんな様々な意見を持っていると考えている」（○）

▶ ゼルダが最初に Our ideal jobs are really different, aren't they?「私たちの考える理想的な職業は全く違うのね」と言っている。よって正しい。

Ⅱ-6　対話文

[全訳]

　父　：　生徒会役員選挙のスピーチの後どんな気持ちだったの。

トム　：　とても疲れたよ。だって学校の生徒会長になるためにスピーチしたわけだからね。

　父　：　お前が一生懸命スピーチの練習をしたことは知っているよ。スピーチは上手くできたの。

トム　：　いや。僕はそうは思わないよ。しかも、僕だけじゃなくて、マイクも立候補者だったんだ。彼は話すのが得意だから、僕はさらに緊張したよ。

　父　：　なるほど。スピーチはどうだったの。

トム　：　それは本当に良かったよ。最初にマイクがスピーチをしたんだ。彼は話すのがとても上手かった。彼は自信があるように見えた。彼は学校にあるロッカーとサッカーボールがとても古いので、それらを取り替えることについて話したんだ。実際、彼のスピーチの後、生徒たちは拍手し始めた。ドキドキしたよ。

　父　：　それからどうなったの。

トム　：　僕の番が来たんだ。僕の脚は震えていた。僕は生徒たちの意見を聞くために目安箱を作りたいと言ったんだ。

　父　：　それは良い考えだね。

トム　：　でも僕には生徒が皆退屈していると感じたんだ。彼らは僕の意見には賛成しないと思った。だけど、僕のスピーチが終わった後、彼らは拍手してくれたんだ。僕はそのことに驚いたよ。

　父　：　良かったじゃないか。

トム　：　でもこの話には続きがあるんだ。選挙の後、僕はマイクと話したんだ。僕はマイクがとても素晴らしいスピーチをしたから、君が選挙に勝つと思ったってマイクに言ったんだ。

　父　：　マイクは何て言ったの。

トム　：　マイクは自分がとても緊張していたから、上手く話せなかったって僕に言ったんだ。マイクはすべての生徒が自分の計画に賛成するわけではないと思ったんだ。僕は驚いたよ。なぜなら、マイクも僕と同じように感じていたんだから。以前、僕はそんなにマイクのことが好きじゃなかったけれど、今は前よりも彼に親近感が湧いているんだ。

　父　：　なるほど。お前はただマイクがいつも上手く話していたから、スピーチでも緊張していなかったと思い込んでいただけだ。

トム　：　うん。彼が緊張していないと思ったけど実際は違ったんだ。「人は見かけによらない」っていうことわざを思い出したよ。

　父　：　その通りだ。大切な教訓を学んだね。ところで、いつ結果がわかるの。

トム　：　来週だよ。できるだけ早く結果が知りたいよ。

問1　適文選択

A	エ

Did you make the speech well?「スピーチは上手くできたの」

▶　A　の直後のセリフが No であり、さらに緊張したと後半に書かれていることから、スピーチが上手くできたかを聞くエが正解。

B	カ

How was the speech?「スピーチはどうだったの」

▶　B　の次のトムのセリフでマイクのスピーチについて述べていることから、スピーチの様子を聞くカが正解。

C	ア

He spoke very well.「彼は話すのがとても上手かった」

▶上から２番目のトムのセリフで、マイクは話すのが得意であると言っており、さらに、　C　の直後でマイクが自信があるように見えたと言っていることから、スピーチが上手かったと判断できる。よってアが正解。

D	ウ

I didn't think that they would agree to my plan.「彼らは僕の意見には賛成しないと思った」

▶　D　の直前でどの生徒も退屈していると感じたと書いてあることから、トムのスピーチ内容には、生徒たちが賛同していないのではないかという内容が適切。ウが正解。

E	イ

What did he say?「マイクは何て言ったの」

▶この対話文は父とトムの対話なので、ここでの he はマイクだとわかる。よって、　E　の直後でマイクが話している内容が来るとわかるので、イが正解。

F	オ

I want to know it as soon as possible.「できるだけ早く結果が知りたいよ」

▶結果がいつ出るかについて聞かれた後の返事として適切なものを選ぶ。トムは今回の選挙で最初は勝てないと思って、緊張していたが、自分のスピーチの後に拍手されたり、マイクもトム同様に緊張していたことを聞いたりしていることから、選挙に対して前向きに考えていると判断できる。よって、結果を早く知りたいという内容のオが正解。

問2　適語補充

his speech was good (**enough**) (**for**) (**him**) (**to**) win the election
「彼のスピーチは彼がその選挙で勝てるくらい十分に良かった」

▶下線部(1)の he made such a good speech that he would win the election を書き換える問題。〈such ＋ (a/an) ＋ 形容詞 ＋ 名詞 ＋ that…〉「とても〜な名詞なので…」という構文は、〈so ＋ 形容詞/副詞 ＋ that…〉「とても〜なので…」と似ている構文なので、必ず覚えておくようにしよう。この構文は that の後ろに肯定的な内容があるため、〈 形容詞/副詞 ＋ enough to ＋ 動詞の原形 〉「〜するのに十分なくらい 形容詞/副詞 」に書きかえられることに気づきたい。to win the election の意味上の主語である「彼が」は目的格 him を for のあとに付けて、〈for him〉の形で表すことができる。この〈for him〉を〈 形容詞 ＋ enough〉と〈to ＋

動詞の原形 〉の間に入れて、good enough for him to win the election とすれば、「彼が選
　　挙に勝てるくらい十分に良い」という意味を表せる。

問3　適語補充

I was surprised because he was feeling the（ **same** ）way as me.
「僕は驚いたよ。なぜなら、マイクも僕と同じように感じていたんだから」

▶上から2番目のトムのセリフで「トムがとても緊張していた」ことや上から5番目のトムの
　セリフで「生徒たちがトムの意見には賛成しないと思った」ことが書かれており、トムは最
　初、そういった感情は自分だけが抱いていると思っていた。しかし、下から3番目のトムの
　セリフでマイクが「とても緊張した」「すべての生徒が自分の計画に賛成するわけではないと
　思った」とトムと同じ気持ちを抱いていることがわかる。s から始まる「同じ」という意味の
　same が正解となる。

問4　英文解釈

イ

▶まず下線部(3)がある Tom のセリフの場面の整理をしよう。緊張して上手く話せず、聞いて
　いる生徒が自分の計画に賛成してくれないとトムだけが感じていると思っていたが、相手の
　マイクも同じことを感じていたことが書かれている。そして、下線部(3)にある closeness だ
　が、close の名詞形である。close は「閉じる」という意味の動詞以外に、「近い」や「親しい」
　という意味の形容詞もあり、closeness は「近い」や「親しい」という意味の close の名詞の
　形である。ただ、それがわからなかったとしても、下線部(3)の前にある but 以前の文で「以
　前、そんなにマイクのことが好きじゃなかった」と書いてあり、but で逆接となるので、逆
　に好きになったという意味になるだろうと推測できる。よって、親近感が湧いているという
　内容のイが正解とわかる。ちなみに close [klφUz] という発音の場合は「閉じる」の意味で、
　close [klφUs] という発音の場合は「近い」や「親しい」という意味である。

問5　英文解釈

解答例　　（人は）**見かけによらない**（ということ。）（8字）

▶下線部(4)を直訳すると、「あなたは表紙で本を判断できない」となるが、具体的な内容を答
　えなければいけないため、直訳で答えるだけでは正解とならない。本文全体を整理すると、
　トムの上から2番目のセリフでマイクが普段話すのが上手いと話していて、上から3番目の
　トムのセリフでマイクが上手くスピーチして、自信があるように見えたと書かれている。し
　かし、下から3番目のトムのセリフで意外にもマイクもトムと同じく緊張して、上手く話せ
　ていなかったと言っており、下から2番目のトムのセリフで、「彼が緊張していないと思っ
　たけど実際は違ったんだ」と言っていることから、マイクを表面的に判断していたことがわ
　かる。よって「人は」と「ということ」の間に「見かけによらない」という内容を 10 字以内で
　まとめればよい。

〔全訳〕

　ハクション！　私たちは時々くしゃみをする。くしゃみはあなたの体が自動的に行う反射運動である。つまり、あなたは自らくしゃみをしたり、一度くしゃみが始まったらそれを止めたりすることはできない。くしゃみをするとき、あなたの体は鼻の中にある、細菌のような悪いものを追い払おうとしている。風邪をひいているときは病原菌が多いため、くしゃみの回数も多くなる。こしょうの匂いがするときもまたくしゃみをするかもしれない。

　あなたの鼻の中には、小さな毛が何百本と生えている。これらの毛はあなたが吸う空気を濾過する。時々ほこりや花粉がこれらの毛を通って進み、あなたの鼻道をむずむずさせる。あなたの鼻の内側の神経が、何かがあなたの体を襲っていることを脳に伝える。

　あなたの脳、肺、鼻、口、そして上半身の筋肉は、その侵入者をくしゃみで吹き飛ばすために一斉に働く。あなたがくしゃみをするとき、病原菌はあなたの鼻から空気中に吹き飛ばされる。ティッシュを使ったり、衣服のそでにくしゃみをすることで、これらの病原菌のほとんどを捕まえる。特に、寒い季節やインフルエンザが流行る季節は、手で口を覆ってくしゃみをした後に両手を洗うことがとても重要である。

　まぶしい日光の中に歩いて入ったときにくしゃみをすることがあるだろうか。それがよく起こると言う人もいる。科学者は、太陽の紫外線が彼らの鼻の内側を刺激することでくしゃみを引き起こすと信じている。もし誰かがくしゃみをしそうになったら、「ゲズントハイト」と言うことを思い出そう。それは「ゲズーント－ハイト」と発音するおかしな言葉である。それはくしゃみをした後、その人に健康を祈るドイツの言葉である。

出典：Cynthia Sherwood *Achoo!* Super Teacher Worksheets

| 1 |

That **means** you cannot make yourself sneeze or stop one once it has started.

「つまり、あなたは自らくしゃみをしたり、一度くしゃみが始まったらそれを止めたりすることはできない」

▶ That は前文の「くしゃみはあなたの体が自動的に行う反射運動である」という内容を指す。you から started までが前文の内容を具体的に説明しているとわかれば、〈A means B〉「A は B を意味する」とつなげればよいとわかる。

| 2 |

When you sneeze, your body is trying to **get** rid of bad things in your nose, such as bacteria.

「くしゃみをするとき、あなたの体は鼻の中にある、細菌のような悪いものを追い払おうとしている」

▶ここで正解がわからなくても、第3段落で blow away the invaders with a sneeze「その侵入者をくしゃみで吹き飛ばす」とあるため、人間がくしゃみをするのは悪いものを追い払おうとするためだと考えられる。〈get rid of 〜〉で「〜を取り除く」。

| 3 |

Sometimes dust and pollen find their **way** through these hairs and bother your nasal passages.

「時々ほこりや花粉がこれらの毛を通って進み、あなたの鼻道をむずむずさせる」

▶鼻道をむずむずさせるのは、ほこりや花粉が鼻の中に入るからである。〈find one's way〉で「進む」という意味であるが、この表現を知らなくても、ほこりや花粉が鼻の中の毛を通る「道」を見つけると考えればよい。

4

The nerves in the lining of your nose tell your brain **that** something is invading your body.

「あなたの鼻の内側の神経が、何かがあなたの体を襲っていることを脳に伝える」

▶〈tell O that S＋V〉「SがVすることをOに伝える」を用いる。

5

Your brain, lungs, nose, mouth, and the muscles of your upper body work **together** to blow away the invaders with a sneeze.

「あなたの脳、肺、鼻、口、そして上半身の筋肉は、その侵入者をくしゃみで吹き飛ばすために一斉に働く」

▶鼻の内側の神経が脳に信号を送り、肺と口と上半身の筋肉を使って侵入者を吹き飛ばすのがくしゃみである。脳、肺、鼻、口、そして上半身の筋肉が「一斉に」働くので、together を入れる。

6

Using a tissue or "sneezing into your sleeve" captures most of these germs.

「ティッシュを使ったり、衣服のそでにくしゃみをすることで、これらの病原菌のほとんどを捕まえる」

▶ティッシュを「使うこと」で病原菌を捕まえると考える。主語なので動名詞にする。

7

It is very important to wash your hands after you sneeze into **them**, especially during cold and flu season.

「特に、寒い季節やインフルエンザが流行る季節は、手で口を覆ってくしゃみをした後に両手を洗うことがとても重要である」

▶手を洗うことがとても重要であると言っているが、これは手の中にくしゃみをした後に、手についている病原菌を洗い流すためである。よって your hands を代名詞 them にして入れる。

8

Scientists believe the UV rays of the **sun** irritate the nose lining of these people so they sneeze.

「科学者は、太陽の紫外線が彼らの鼻の内側を刺激することでくしゃみを引き起こすと信じている」

▶最終段落の1文目で、まぶしい「日光」の中に歩いて入ったときにくしゃみをすることがあるだろうか、と言っている。日光によってくしゃみをするのは、「太陽」の紫外線が鼻の内側を刺激するからであると考える。

9

It is the German word that wishes someone good health **after** sneezing.
「それはくしゃみをした後、その人に健康を祈るドイツの言葉である」
▶「ゲズントハイト」は健康を祈るドイツの言葉とあるため、誰かがくしゃみをした後にその人にかける言葉である。

Ⅱ-8 適語補充

［全訳］
　ほとんどの人は、映画界の中心地は、アメリカのハリウッドだと思っている。しかしながら、本当の中心地はインドのムンバイなのだ。ムンバイはかつてボンベイとして知られていた。それゆえその地の映画産業は「ボリウッド」と呼ばれている。ボリウッドは毎年、ハリウッドの２倍の数、800本以上の映画を作っている。

　ボリウッドの映画はハリウッドの映画とは大きく異なっている。一つ例を挙げると、ボリウッドの映画はほとんどのハリウッドの映画よりもかなり長い。ほとんどのボリウッドの映画は３時間以上の長さで、歌や踊り、アクションに冒険、ミステリー、恋愛（ふつう、キスシーンは入っていない）が含まれている。ボリウッドの映画は様々な特徴を含んでいるので、この映画のスタイルは時に「マサラ」映画と呼ばれる。（「マサラ」とは、混ざったスパイスを意味するインドの単語である。）

　ボリウッドとハリウッドの映画のもう１つの大きな違いは、映画が作られている方法である。ハリウッドでは、ボリウッドよりはるかに長い時間映画を作るのにかける。実際、ボリウッドの映画では脚本が完成する前に撮影を始めることもある。監督と作家は、映画が作られている間にストーリーを作り上げる。時には、パソコンで打ち込む時間をかける代わりに、手書きで原稿を書くことさえあるだろう。

　ボリウッドの俳優はとても人気があり、需要も大変高いので同時に複数の映画に取り組んでいる人もいる。彼らは同じ衣装や場面を用いて、複数の映画の場面を同じ日に撮影することもある。ほとんどのボリウッドの映画は同じような物語に沿っているので、同時に複数の映画の場面を撮影することは俳優や監督にとって大きな問題ではない。これは、ボリウッド映画のコストをハリウッド映画よりも低くすることの手助けにもなっている。平均的なボリウッド映画は、わずか200万ドルという予算で、ハリウッド映画にかかっている平均6000万ドルという30倍もの予算と比べると、とても安いように思われる。

Casey Malarcher *Reading Advantage 2* THOMSON HEINLE

［解説］

1

Mumbai（ **used** ）to be known as Bombay.
「ムンバイは**かつて**ボンベイとして知られていた」
　▶空所の後ろに、to be known as…とあるから、Mumbai と Bombay にはイコールの関係が成立するだろうと考えられる。しかし、世界史に明るい受験生でなければ、ボンベイという

名前にはあまり聞き覚えがないかもしれない。ボンベイとは、かつて植民地時代などに用いられていたムンバイの呼び名であり、そういった歴史を考えると、〈used to ～〉「かつて～だった」を導くことができる。

2

Bollywood makes twice as (**many**) movies each year as Hollywood

「ボリウッドは毎年、ハリウッドの2倍の**数**の映画を作っている」

▶ as – as の表現であるが、空所の後ろに名詞が伴っており、直後に「800本以上の映画」とあることから、この英文は映画の製作本数を表しており、空所2は「同じくらい多くの」を表す表現であると考えられる。続く名詞が数えられる名詞であることから、as many movies - as とする。

3

The movies from Bollywood are very (**different**) from Hollywood movies.

「ボリウッドの映画はハリウッド映画とは大きく**異なっている**」

▶空所の直後にある from や、この後の英文でボリウッドとハリウッドの比較をしていることから、〈be different from ～〉「～とは違う」を用いればよい。確実に得点したい問題。

4

(**Because** 〔**Since/As**〕) Bollywood film contains so many different features,

「ボリウッドの映画は様々な特徴を含んでいる**ので**」

▶まず、空所に補うべき語が接続詞であるという点には気づきたい。その上で、後ろの文を見ると、ボリウッドの映画が「マサラ」映画と呼ばれており、「マサラ」とは複数のスパイスが混ざったものである、と書かれている。「複数の特徴が混ざっている映画である _____ 、複数のスパイスが混ざっている映画と呼ばれている」と考えれば、理由を表す接続詞を補うと考えることはたやすいはずだ。

5

Another big (**difference**) between Bollywood and Hollywood movies is the way the movies are made.

「ボリウッドとハリウッドの映画のもう1つの大きな**違い**は、映画が作られている方法である」

▶解答の根拠になるのは Another「もう一つの」だろう。ここまで英文中で述べられていたのは、ボリウッド映画とハリウッド映画で長さや内容が異なるという、違いであった。したがって、空所3でも問われているように、「違い」を補うべきである。ただし、こちらの空所に入るのは another の後に用いられていることから名詞であると考えられるので、different にしないよう注意が必要。

6

It takes much longer to make a movie in Hollywood than (**in**) Bollywood.

「ハリウッドでは、ボリウッドよりはるかに長い時間映画を作るのにかける」

▶ハリウッドとボリウッドにおける、映画作成にかかる時間を比較する文であるが、比較表現において、比べる語句の形は同じである必要がある。than 以前の文では、in Hollywood「ハリウッドでは」となっているため、than 以降でも in Bollywood「ボリウッドでは」と同じ形

に揃える。日本語では、「ボリウッドより」のように前置詞の訳が出ないことも多い。

7

filming may begin on a Bollywood movie (**before**) the script is even finished
「ボリウッドの映画では脚本が完成する**前**に撮影を始めることもある」

▶直後の文に、映画が作られている間に物語を作り上げる、とある。それと同じ内容を述べていると考えれば、上記のような文を作ることができるだろう。

8

some are in such high demand (**that**) they may work on several movies at the same time
「需要も大変高いので同時に複数の映画に取り組んでいる人もいる」

▶着目すべきは空所の前にある such である。語として「そんなに、こんなに」という意味になる場合もあるが、〈so 形／副 that SV〉「とても～なので…」とほぼ同意になる、〈such (a/an) 形＋名 that SV〉という構文の知識も身につけておきたい。

9

This also helps keep the cost of Bollywood movies (**lower** [less]) than the cost of Hollywood movies.
「これは、ボリウッド映画のコストをハリウッド映画よりも**低く**することの手助けにもなっている」

▶空所の直後に than があることから、比較級が入ることは明らかであるから、ボリウッド映画のコストがハリウッドのそれと比べて高いか低いかを考えればよい。指示語 This は、直前の「同日に複数の映画を撮ること」であると考えられる。これが映画のコストに与える影響を考えれば、解くことができる。また、後の文には具体的な金額としてそれぞれのコストが明示されている。なお、「コストが低い」と表現する際に cheap を用いない点には注意が必要。cheap の場合は物品などが主語になる。

10

The average Bollywood film, with a budget of only two million U.S. dollars, seems very cheap compared to the average budget of sixty million U.S. dollars (**for**) a Hollywood film
「平均的なボリウッド映画は、わずか 200 万ドルという予算で、ハリウッド映画**にかかっている**平均 6000 万ドルという予算と比べると、とても安いように思われる」

▶まず空所に入る語の品詞を考えると、直後に名詞が入っていることをふまえ、前置詞であると考えられる。次に、空所の直前にある sixty million U.S. dollars と直後にある a Hollywood film の関係を考えると、文脈から、200 万ドルがボリウッド映画にかかっているのに対して、6000 万ドルがハリウッド映画に「かかっている」という意味合いであると考えられる。したがって、費用や交換を表す **for** を補う。

Ⅱ-9 長文読解総合

［全訳］
　ダニエル・キッシュは、ある月曜日の朝にカリフォルニアにあるロングビーチの道を自転車で

走っている。彼は信号機のところで止まり、待って、それから進む。朝の交通は、自転車に乗っている誰にとっても危険である可能性があるが、ダニエル・キッシュは盲目だ。彼は生後13ヶ月の時、両目の視力を失ったが、音を使うことで「見る」という行為を自分で学習してきた。

ダニエルは口と舌によって、特別な音を発する。その音は車や人のようなものに当たり、そして彼の耳にその音が戻ってくる。ものが異なることで、戻ってくる音は変わるので、ダニエルはそれらが何なのかがわかる。あなたが車の中にいる乗客である時、試しに目を閉じてみなさい。もしあなたが静かな通りを走っていたら、家や車のような何か大きいものを通り過ぎる時、音が変化するのが聞こえる。

もちろんダニエル・キッシュはこれを行うのがものすごく得意だ。彼の脳は音を使って、その世界の光景を作り上げる。ダニエルはものがどこにあるのか、それらがどの程度速く動いているのか、それらが大きいか小さいかどうか、そしてそれらが何でできているかさえわかる。

ダニエルは多くの盲目の人々にこの方法で音を使うよう教えてきた。彼は水泳を楽しみ、上手に踊り、そして道から遠く離れた山へ行き、自転車で走ることを好んでいる。最初、多くの人は彼がもしかしたら盲目かもしれないとは思わない。

エヴェリン・グレニーは12歳の時に聴力を失い始めた。しかし、聴力を失ったことで、彼女が大好きなことを止めることなどなかった。エヴェリンは28枚のCDを作り、世界中の都市の大衆の前で演奏をした。彼女の音楽はいつも風変わりで、独特でわくわくするようなものだ。彼女はかつて台所で見つかるものだけを使って、驚くべき音楽を演奏した。エヴェリンが人々に話しかける時、彼女は人々の口を見て、何を言っているか唇を「読む」。しかし、彼女が演奏する時、彼女は身体全体で音楽を「感じる」。エヴェリンは足でより音楽を感じられるように音楽を演奏する前に靴を脱ぐのだ。

世界中のあちこちで、大いに成功している障害のある人々が多く存在している。料理の味を感じることができない料理人、一本足のダンサー、足を使って書く作家などがいて、さらにより多くの驚くべき人々が存在している。ダニエル・キッシュやエヴェリン・グレニーのような人々は、自分たちに障害があるからという理由で、物事をやめることなどしていない。彼らは自身の問題を克服する方法を見つけ、楽しく、成功した生活を送っている。彼らは他の人々と自分たちが違わないと思っている。そして、彼らは他の人々に自分たちとは違うとは感じられたくないと思っている。

パラリンピックはオリンピックの直後、4年ごとに行われている。それは世界トップの障害のあるスポーツ選手たちの何人かが見られる素晴らしい機会だ。2012年ロンドンパラリンピックの4日目、何千人もの人々が男子T44の200メートルの開始をわくわくして待っていた。T44とは片脚もしくは両脚を失っている人々の間で行われる競走の名前だ。彼らは義肢、すなわち障害のある走者用の特別な足をつけて走る。世界で最も速いT44の走者であるアルヌ・フォーリーは、その競走に出場して、とても良いスタートを切った。彼は長い間、先頭にいたが、南アフリカの走者であるオスカー・ピストリウスが追いついた。ピストリウスは最後の50メートルに入るまで勝っていた。そして突然、アラン・フォンテレス・カルドゾ・オリベイラと呼ばれる若い走者が後方から速く追い上げてきた。

誰もその20歳のブラジル人が勝てるとは思っていなかったが、彼は2位の選手より0.07秒早

くゴールした。観衆は、熱狂した。8000キロ離れたブラジルで、オリベイラの家族は飛び上がり、叫び、そして嬉しくて泣いた。それは彼にとって驚くべき勝利であり、ここ何年かのオリンピックもしくはパラリンピックの中で最もわくわくするような試合の1つだった。

Alex Raynham *The Human Body* OXFORD UNIVERSITY PRESS

問1　適語選択

（1）　ウ　on

▶「午前中に」や「朝に」を英語で表す時は、〈in the morning〉と in を使うが、この問題のように Monday など特定の日の朝の場合、in ではなく on を使う。

（2）　ウ　go

▶選択肢は全て go の語形が変化したものなので、you can hear the sound change when you （　2　）past something big の意味は、「何か大きいものを通り過ぎる時、音が変化するのが聞こえる」となる。when 以降は時制が未来の時でも現在形になるので、go のウが正解。

（3）　イ　good

▶選択肢の中で空所（　3　）に文法的に入る可能性があるのは〈be good at ～〉「～するのが得意だ」と〈be bad at ～〉「～するのが苦手だ」の2つである。空所を含む段落内で、音によってどこに何があるかがわかるという内容が書かれていることから、good のほうが適切であると考えることができる。

（4）　ウ　swimming

▶空所（　4　）の前に enjoy があることに注目する。enjoy の後に「～すること」という表現を置く場合は動名詞となるので、swimming にすればよい。

（5）　ア　of

▶空所（　5　）の前に in front があることに注目する。〈in front of ～〉で「～の前に」という表現があるので、of を入れればよいとわかる。

（6）　イ　off

▶空所（　6　）を含む1文の中に足で音楽を感じたいという内容が書かれていることから、「自分の靴を脱ぐ」という内容を推測したい。〈take off ～〉で「～を脱ぐ」という表現があるので off を入れればよいとわかる。ただし、今回は take と off の間に her shoes という目的語が入っていることに注意すること。

（7）　ア　from

▶空所（　7　）の前に are different とあることに注目する。〈be different from ～〉で「～と異なる」という表現があるので、from を入れればよいことがわかる。

（8）　イ　every

▶空所（　8　）を含む文で、パラリンピック、オリンピックが出ており、4年ごとに行われるという意味になることがわかる。every が〈every ＋ 単数名詞 〉「すべての 単数名詞 」の形で使われる以外に、every four years のように〈every ＋ 数詞 ＋ 複数名詞 〉「～ごとに」の形で使われることを知っていれば、every が正解だとわかる。ちなみに、each は〈each ＋

|単数名詞|〉「それぞれの|単数名詞|」の形と、each of them のように、〈each of |複数代名詞|〉「|複数代名詞|のそれぞれ」の形で使われることも覚えておこう。

（9）　**ウ**　**of**

▶〈thousands of ～〉「何千という～」という表現があるので of を答えればよい。この表現では thousand に s を付けるが、3000 という具体的な数字を表す場合は three thousand と s をつけないことにも注意しよう。

（10）　**ウ**　**until**

▶空所（　10　）を含む文ではピストリウスが最後の 50 メートル（　10　）勝っていたことが書かれている。しかし、次の文でアラン・フォンテレス・カルドゾ・オリベイラと呼ばれる若い走者が追い上げ、最終段落でオリベイラが勝ったことから、ピストリウスは最後の 50 メートルに入るまではずっと勝っていたことが読み取れるので、「～まで」という継続の意味がある until が正解。by だと「～までに」と期限を表すので、注意しよう。

問2　語句解釈

(a)　**エ**

▶下線部(a)を含む文の次の文で He lost both eyes とあり、直訳すると「両目を失った」とあるので、ものが見えないという意味のエ「盲目の」が適切。視力を完全に失うという意味なので、イ「視力が低下している」は不適切。

(b)　**ウ**

▶本文で出てきたダニエルやエヴェリンだけでなく、下線部(b)を含む文の次の文で、料理の味を感じることができない料理人、一本足のダンサー、足で書く作家など何かしら身体に障害を持ちながらも成功している人々のことを述べているので、ウ「障害のある人々」が正解。

問3　適語選択

エ

▶下線部(I)の意味は「しかしダニエルが（　B　）を使うことで（　A　）という行為を自分で学習してきた」になりそうだと考える。下線部(I)を含む文で盲目になっていることがわかるので、何かを使って「見る」ことを学習していることが予想できる。次に第2段落の1行目で音を作り出していることが書かれている。第2段落全体でも音を使うことによって、ものが何なのか理解していることが書いてある。ダニエルは盲目だが、音を使って耳で聴くことが、「見る」という動作の代替手段になっていることがわかるので、空所（　A　）に 'see'、空所（　B　）に sound が入るエが正解。

問4　適語補充

（ **Though** ）she began to lose her hearing at the（ **age** ）of twelve, she has kept making music CDs and（ **performing** ）music.
「彼女は 12 歳の時に聴力を失い始めたが、CD を作り続け、音楽を演奏し続けた」

▶下線部(Ⅱ)の文を訳すと「しかし、そのことで彼女が大好きなことを止めることなどなかった」となる。主語の that が何を表しているのかを考えると、下線部(Ⅱ)の前にある文に「エヴェリン・グレニーは 12 歳の時に聴力を失い始めた」とあるので、これを指していることがわかる。そして下線部(Ⅱ)の次の文で、28 枚の CD を作り、演奏したことが述べられている。

今回、書きかえる文の後半を見ると、CD を作り続け、演奏し続けたことが書かれているので、前半に入れるべき内容は、「12 歳の時に聴力を失い始めたが」となる。1 つ目は T から始まる単語の中で Though ～にすることで「～だが」という意味にできる。2 つ目の空所は〈at the age of ～〉「～歳の時」という表現がわかれば age を答えればよいことがわかる。3 つ目の空所は、空所の前後が she has kept making music CDs and（　　　　）music となっており、本文の下線部(Ⅱ)の次の文で、28 枚の CD を作り、演奏したことが述べられていることから、「演奏する」という意味の語である perform が入ると考えることができる。ただしそのまま perform と答えるのではなく、she kept making と and で並列に結ばれていると考えて performing とするのが正解である。

問5　整序英作文

4 番目　other　　7 番目　feel

and [they don't want other people to feel differently] about them

「そして、彼らは他の人々に自分たちとは違うとは感じられたくないと思っている」

▶並べかえ英作文ではまず動詞に着目しよう。今回は want と feel が可能性として考えられる。次に主語だが、other と people を組み合わせた other people か they が考えられる。その他に熟語や構文がないか考えよう。今回、want と to があるが、人を表す語句が they と other people の 2 つ出ているので、〈want + 目的語 + to + 動詞の原形〉「 目的語 に～してほしい」を使うことが予想できる。want と to の間には目的語を入れるので、other people が入り、この文の主語は they にすればよいことがわかる。また to の後に feel を入れ、その後に differently を入れれば「違うと感じる」と作れる。ここでの they は第 6 段落の 3 行目でダニエルやエヴェリンのような人々を指すことがわかる。そして、下線部(Ⅲ)の and の前の文で彼らは他の人々と違うとは思っていないと書いてある。このことから「ダニエルやエヴェリンのような人々は他の人々に自分たちとは違うとは感じられたくない」とすれば意味が通るので、they don't want other people to feel differently と並べかえることができ、4 番目の other、7 番目の feel を選べば正解。

問6　英文解釈

イ

Pistorius reached the goal 0.07 seconds later than Oliveira.

「ピストリウスはオリベイラより 0.07 秒遅くゴールに着いた」

▶下線部(Ⅳ)の文は「彼が 0.07 秒前でその線を横切った」というのが直訳になる。0.07 秒前にということは、第 7 段落 3 行目から出てくる T44 の 200 メートル陸上競技で勝ったということが読み取れる。そして、下線部(Ⅳ)の he が誰なのかを考えよう。下線部(Ⅳ)の文の 2 つ次の文でオリベイラの家族が喜び、本文の最後の文で彼にとって驚くべき勝利と書いてあることから、優勝したのはオリベイラであることがわかる。そして、2 位は第 7 段落の後ろから 2 文目でピストリウスが最後の 50 メートルに入るまで勝っていたが、第 7 段落最終文でオリベイラが後ろから追い上げたことが書いてある。つまり、オリベイラがピストリウスより 0.07 秒早くゴールに着いたという意味になればよいので、イの「ピストリウスはオリベイラより 0.07 秒遅くゴールに着いた」を選べば、同じ意味になる。アは「オリベイラがピストリ

ウスより 0.07 秒早くスタートした」とあり、ゴールに着いたことを述べていないので不適切。ウは「ピストリウスがオリベイラより 0.07 秒早くゴールに着いた」と本文の内容と逆になっているので不適切。エは「オリベイラがピストリウスより 0.07 秒遅くゴールに着いた」とこちらも本文と異なるので不適切。他の選択肢の和訳は以下の通り。

ア　Oliveira started 0.07 seconds earlier than Pistorius.
　　「オリベイラがピストリウスより 0.07 秒早くスタートした」

ウ　Pistorius reached the goal 0.07 seconds earlier than Oliveira.
　　「ピストリウスがオリベイラより 0.07 秒早くゴールに着いた」

エ　Oliveira reached the goal 0.07 seconds later than Pistorius.
　　「オリベイラがピストリウスより 0.07 秒遅くゴールに着いた」

問7　本文要約

正解と英文の全訳は以下の通り。

Daniel, Evelyn, and Oliveira don't (**give**) up what they want to do. Daniel is blind, but he uses another way to understand the surrounding situation. When he makes a special sound with his mouth and tongue, it (**hits**) things and comes back. The sound is (**different**) from things to things. (**Because**) of this, he can tell what they are.

Evelyn can't (**hear**), but her music is always wonderful. When she plays music, she feels the music by using (**not**) (**only**) a part of her body but also all of it.

Oliveira is a great runner. He can't walk on two legs, but he (**won**) the race in the Paralympic Games. It was amazing and his family was very happy.

ダニエル、エヴェリン、オリベイラは自分たちのやりたいことをあきらめてはいない。ダニエルは盲目だが、周囲の状況を理解するために他の方法を使っている。彼が口と舌で特別な音を発する時、その音はものに当たって、戻ってくる。音はものによって異なる。このため、彼はそれらが何なのかがわかる。

エヴェリンは聴くことができないが、彼女の音楽はいつも素晴らしい。彼女は音楽を演奏する時、彼女の身体の一部だけでなく、身体全体を使うことで音楽を感じる。

オリベイラは素晴らしい走者だ。彼は 2 本の脚で歩くことはできないが、パラリンピックの競走で勝った。それは驚くべきことであり、彼の家族はとてもうれしくなった。

（1）　give
　　▶本文を通じて、3 人とも障害を持ちながらも自分のやりたいことを続けている。そして空所（　1　）の前に don't があることから、やりたいことを「あきらめてはいない」とすればよい。また空所（　1　）の直後に up があることからも、〈give up ～〉「～をあきらめる」を用いればよいことがわかる。

（2）　hits
　　▶第 2 段落の最初の文でダニエルが口と舌で特別な音を発するとあり、その次の文でその音が「当たる」と書いてある。主語が it なので、三人称単数現在形で hits とすれば正解。

（3）　different

▶第2段落3文目で「ものが異なることで、戻ってくる音は変わる」とある。音はものにより異なるため、different が正解。

（4）　**Because**

▶第2段落3文目でものによって異なる音の違いのために、ダニエルはそれらが何なのかがわかると書いてある。〈because of 〜〉「〜のために」にすれば正解。

（5）　**hear**

▶第5段落最初の文でエヴェリンは12歳の時に聴力を失い始めたとある。また第5段落の6文目の、When Evelyn talks to people, she watches their mouths and 'reads' their lips.「エヴェリンが人々に話しかける時、彼女は人々の口を見て、何を言っているか唇を『読む』」より耳が聞こえないと推測できる。空所（　5　）の直前に can't があるので hear を入れれば、聴こえないという意味が表せる。

（6）　**not**

▶第5段落の後ろから2文目でエヴェリンは身体全体で音楽を感じると書いてある。一方、空所（　6　）（　7　）の直後には〈a part of her body〉「彼女の身体の一部」という表現がある。その後、but also で身体全体と続くことから、「彼女の身体の一部だけでなく、身体全体を使うことで音楽を感じる」とすればよい。〈not only A but also B〉「AだけでなくBも」で最初の空所なので、not が正解。

（7）　**only**

▶（　6　）の解説の通りで、not only の2つ目 only が正解。

（8）　**won**

▶本文最終文でオリベイラがパラリンピックの競走で勝ったことが書かれているので、〈win 〜〉「〜に勝つ」の過去形 won が正解。

Ⅱ-10　長文読解総合

〈全訳〉

　私の16歳の息子が学校から帰宅した。エリックは部活のカバンを洗濯室に放り投げて、台所へ歩いていき、ぐつぐつと煮えているスパゲティソースの鍋のふたを持ち上げた。

　「あー、タマネギ、ニンニクだ。お父さんはどこかな」彼は6フィート7インチの自分の体を台所のカウンターの上へ持ち上げて、自分のお気に入りの場所へくねくね動いた。角だ。彼が5歳のときから、彼はその角であぐらをかいて座ってきた。そのとき、彼は組んだ膝を手で抱えた。

　「お父さんは職場よ」と私は台所の流しでレタスを洗いながら言った。「早いわね。まだ4時よ。今日はバスケットボールの練習はないのかしら」彼は肩をすくめた。「今日はどうだったの」

　「すばらしかったよ。人生で最良の日だったよ」そのような歓声をあげるとは予期していなかった。近年は角の席に座る時は決まって、エリックがお金を欲しい時や、問題を抱えている時だったのだから。

　「何があったの」

　「バスケットボールを辞めたんだ」もし私の息子が逆立ちして「星条旗よ永遠なれ」を歌っていたとしても私はそれほどショックを受けていなかっただろう。バスケットボールを辞めたですって。彼は第11学年（高校2年生）になって2週間だった。その前の年、彼は代表チームの花形のセンターの後ろでプレーをしていた。今年は彼が輝く年で、私は彼が大学でプレーするだろうと思い込んでいた。彼は大学のコーチたちから手紙をもらっていたのだ。私は機械的に赤いソースをかき混ぜた。

　「何ですって」

　彼は膝の上で指先をはじいた。「コーチと話したんだ。僕はバスケットボールを辞めたよ」質問が私の頭の中を渦巻いた。何があったのよ。コーチは何て言ったのよ。あなたはこれについてお父さんには話したの。

　とうとう、1つの単語がもれた。「どうしてなの」

　「うーん、人生にはバスケットボールよりも大切なことがあるはずだから」彼の指は彼の膝の上で速いリズムを刻んだ。

　私は深呼吸した。私の脳は彼の決断や彼のうれしさを理解することができなかった。「話の続きがあるんでしょう」彼はうなずいた。「お父さんが帰宅したら話すよ」私はそれ以上聞くことができなかった。

　アレンは1時間後に帰宅した。私は彼に職場で着る服から着替える時間を与えた。「エリックがバスケットボールを辞めたの。彼はうれしそうよ。彼は私たちに全部話すでしょう」アレンの顔は困惑した顔つきをしてこわばった。「彼は台所のテーブルのところで座っているわ」

　「やあ、お父さん。今日はどうだった」とエリックはアレンに挨拶した。

　「今のところ、とても良いよ。何があったんだい」とアレンが言った。

　エリックはテーブルの下で脚を伸ばした。「お母さんには言ったよ。バスケットボールを辞めたんだ。コーチと話したんだ」

　「それでお前は最初にお母さんや私には言わなかったのかい。それについて私たちに話すことさえしなかったのかい」アレンは胸の前で腕を組んだ。

　「うん、それについては誰にも辞めないように説得されたくなかったんだ。僕が決断することだと思ったんだ」

　「じゃあ、ちょうど決心したばかりなの。いつ」と私は尋ねた。

　「決心したばかりじゃないよ。お母さんたちがいつも言っているように、僕は良い点と悪い点のリストを作ったよ。先月、夏のバスケットボールのキャンプから戻って以来、それについてずっと考えていたんだ」

　「それじゃあ、何が原因で決めたんだ」とアレンは尋ねた。彼はお茶を一杯注いだ。

　私は「そのリストを見せなさい」と叫びたかった。

　エリックは窓の外を見た。ちょうどバスケットボールのゴールを見た。「僕は高校をただ卒業するのが嫌だったんだ。打ち込んだ唯一のことがバスケットボールだけだなんて。人生にはバスケットボールよりも大切なことがあるはずだよ。僕は何か他のことをやりたいんだ」

　私たち3人は数分間静かに座っていた。エリックは木製のテーブルを指先でコツコツたたいた。アレンはお茶をすすった。私はエリックをじっと見つめ、よちよち歩きの幼児の頃に赤いお

もちゃのボールをドリブルした時の様子、5歳の時に小型のゴールにダンクシュートを決めた時の様子、そして7歳の時に編成チームでの試合に秀でていた時の様子を思い出した。彼はずっとセンターで、しばしば得点王だったのだ。それなのに、今、やめるなんて。高校であとちょうど2年あるのに。

　私は考えていることを口に出さなかった。「ところで、人生でバスケットボールよりも大切なことって何なのかしら。あなたは何をやりたいの」

「分からないよ。Ｙでもっと水難救助員ができるよ」エリックはキリスト教青年会で日曜日に4時間、水難救助員として働いていた。

　アレンが質問をする番だった。彼は質問しなかった。「ええと、息子よ。私はショックだ。お前はバスケットボールが好きだといつも思っていたよ」

「好きだよ。ただ何か他のことをやりたいだけなんだ。それから、大学でバスケットボールはやりたくないんだ」

　私は頬を流れ落ちる涙を抑えることができなかった。私は悲しい時に泣く。または怒っている時、動揺している時、失望した時に。そして私はこれらの全ての状態だった。背が高いからというだけで、私たちがエリックに無理やりバスケットボールをやらせたと彼は感じていたのだろうか。彼が幼すぎる時に彼にバスケットボールをするように仕向けたことは私たちの間違いだったのか。アレンと私は彼の大学教育のために貯金してきたが、私たちは大学のスポーツ奨学金を受け取る可能性を歓迎していた。エリックはお金のためにプレーをしなくてはというプレッシャーを感じていたのだろうか。自責の念にかられる疑問だ。

　それからの数日、家の中の空気は張りつめていた。アレンも私もよく眠れなかった。私たちはそれぞれでどうすべきだったのかと思い、エリックの決断を本当に支持しようと苦心した。

　アレンと私はエリックを練習や試合に連れていくのに何時間を費やしただろう。エリックの高校のバスケットボールの試合は私のカレンダーにインクで書かれていた。それらの試合は他のどの家族の計画よりも優先された。私はバスケットボール選手の母親でいることが好きだった。私はエリックが私から何かを奪ったことに腹を立てていたのだろうか。

　私は高校の頃、チームで最も背の高い選手だった。私はまた最も競争力が低く、最も身のこなしが悪く、生まれもった運動能力が全くなかった。しかし私はバスケットボールが好きだ。2年間、私は努力し、コーチは私を励ましてくれた。しかし、第3学年までにコーチと私は私がチームのマネージャーになることで同意した。エリックが私がずっとやりたかったスポーツをすることをやめて、私は悲しくて、そしておそらく少し頭にきていたのかもしれない。

　約1週間後の夕食中に、エリックは「ねえ、明日の午後は遅く帰宅するね。僕は女子バレーボールチームの新しいマネージャーなんだ」と言った。その秋と冬、アレンと私は全ての高校のバスケットボールの試合と、ほとんどのバレーボールの試合に行った。エリックは協力的なファンだった。彼は応援した。彼は立って、他の観客に立って応援するように働きかけた。彼は幸せだった。私は息子がリラックスして、微笑んで、楽しく過ごしているのを見るのが好きだった。

　エリックはバスケットボールよりも大切なことを見つけた。彼は学校の水泳部を組織する手伝いをして、そこで泳ぎ、赤十字社の水泳教室で教えた。彼のクラスメートは彼を上級学級委員長に選んだ。夏の間、彼は援助を必要とする障がいのある子供たちのためにキャンプで水難救助員

を務めた。彼は教会の青少年合唱団で歌った。私は彼を誇りに思っていた。

エリックが最終学年になって最初の1週間のある午後、彼は台所のカウンターの角で脚を組んで座っていた。「ねえ、お母さん。校長先生がお母さんかお父さんに電話する予定だよ」彼のあご先が彼の胸に触れた。私は彼の目を見ることができなかった。私はゆっくり呼吸をしながら待った。彼は頭を急に上げた。満面の笑みだった。目が輝いていた。「ひっかかったね。彼は僕に旅行や宿泊に携わる統率委員会に入ってほしいと言ったんだ。彼はお母さんとお父さんに了解してもらえるか確認したいんだ」

そうだ、エリックに私はしてやられたのだ。そして彼は私に教えてくれた。私は息子に彼自身の人生を送るのを任せることを学んだ。この親にとっては容易な授業ではなかったが。

Jack Canfield, Mark Victor Hansen, Amy Newmark

Chicken Soup for the Soul: Parenthood

101 Heartwarming and Humorous Stories about the Joys of Raising Children of All Ages

Chicken Soup for the Soul Publishing, LLC

〈解説〉

Ⅰ　内容一致

選択肢の和訳、解説は以下の通り。

ア　Eric told me that he had quit basketball, but I could not accept the fact easily.

「エリックは私にバスケットボールを辞めたと言ったが、私はその事実を簡単に受け入れることができなかった」

▶下線部(2)の7行下で、筆者がエリックからバスケットボールを辞めたことを初めて告げられてから、下線部(14)を含む文の後まで、エリックがバスケットボールを辞めたことをずっと苦悩していることが書かれている。よって本文の内容に一致する。

イ　I had hoped that Eric would play basketball in college, but the hope would not come true.

「私はエリックが大学でバスケットボールをすることを望んでいたが、その望みはかなわないだろう」

▶下線部(2)の10行下で、筆者はエリックが大学でプレーするだろうと思い込んでいたことが書かれている。また、空所（　9　）の直後で、エリックは大学でバスケットボールをやりたくない旨を述べている。よって本文の内容に一致する。

ウ　Allen and I didn't want to spend so much time taking Eric to basketball practice and games.

「アレンと私はエリックをバスケットボールの練習や試合に連れていくことにあまり時間をかけたくなかった」

▶下線部(11)の3行下で、筆者が「アレンと私はエリックを練習や試合に連れていくのに何時間を費やしただろう」と述べているが、筆者はエリックにバスケットボールを辞めてほしくなく、バスケットボールをやっていたエリックをよく思っていたことを考えれば、練習や試合への送迎に時間がとられることに不満を持っていたわけではないことは分かるだろ

う。よって本文の内容に一致しないので、ウが正解。

エ Eric is satisfied that he was able to find something more important than basketball.

「エリックはバスケットボールよりも大切なことを見つけられて満足している」

▶下線部(15)の前後の箇所で、エリックがやりたいことを見つけて、幸せそうにしていることが書かれている。よって本文の内容に一致する。

Ⅱ 内容把握

選択肢の和訳、解説は以下の通り。

ア **He was going to tell his parents something important.**

「彼は何か重要なことを両親に伝えるつもりだった」

イ He was going to have dinner.

「彼は夕食を食べるつもりだった」

ウ He was going to ask his parents for some money.

「彼は両親にいくらかお金をねだるつもりだった」

エ He was going to make a plan for his basketball practice.

「彼はバスケットボールの練習の計画を立てるつもりだった」

▶筆者の息子であるエリックのお気に入りの場所というのは、下線部(1)の直後に書かれている角の席のことである。下線部(2)の4〜5行下で、「近年は角の席に座る時は決まって、エリックがお金を欲しい時や、問題を抱えている時だったのだから」と書かれており、そのすぐ後に、エリックが筆者にバスケットボールを辞めたことを初めて告げている。エリックが夕食を食べたり、両親にお金をねだったりする描写はないのでイとウは不適切である。バスケットボールは辞めたと伝えるところなので、エも不適切である。よってアが正解。

Ⅲ 語形変化

（2） Now, he held his (**crossed**) knees with his hands.

「そのとき、彼は組んだ膝を手で抱えた」

▶held が文の動詞なので、cross は直後の名詞 knees を修飾する分詞になると考えよう。cross は「〜を交差させる」「〜を組み合わせる」という意味の他動詞なので、過去分詞にすれば「組み合わされた」という意味になり、文意が通る。よって crossed が正解。

（3） My brain couldn't wrap around his decision or his (**happiness**).

「私の脳は彼の決断や彼のうれしさを理解することができなかった」

▶直前に his という人称代名詞の所有格があるので、直後には名詞が来ると考えよう。よって happy の名詞形 happiness が正解。

（14） I was sad, and maybe a little mad, that Eric had given up (**playing**) the sport that I'd wanted to play.

「エリックが私がずっとやりたかったスポーツをすることをやめて、私は悲しくて、そしておそらく少し頭にきていたのかもしれない」

▶直前の〈give up 〜〉「〜をやめる」「〜を諦める」は不定詞ではなく動名詞を目的語にとる熟語である。よって動名詞 playing が正解。

Ⅳ

　　与えられた英文の全訳、設問の解説は以下の通り。

〈全訳〉

　　今日は私がこれまで生きてきた中で最悪の日の一つだ。息子がバスケットボールを辞めたと言うのを聞きたくなかった。今、彼にバスケットボールを辞めてほしくない。彼にはそれを続けてもらいたい。彼を辞めさせないようにするのにもっと時間が必要だ。時間を稼ぐためにアレンの助けが必要だ。父親なしに彼の決断を受け入れるのは良くないと思っている。私たちはこの問題についてもっと深く話すべきだ。

　　彼がそれほど突然にバスケットボールを辞めたと言ってきたのはなぜなのだろう。そのようなことをするとは決して思わなかった。非常に突然だったので、私は動揺している。彼のことが全く理解できない。大学で彼がバスケットボールを続けてくれたらよいと思っていた。しかしなぜだ。バスケットボールの練習に気に入らないことが何かあるのだろうか。彼は誰かに何か言われたのだろうか。彼の友達やコーチが彼に何か言ったのだろうか。彼にガールフレンドか何かできたのだろうか。そうでなければよいが。彼はバスケットボールよりも大切なものがあるはずだと言った。しかしそれはいったい何なのだろう。とにかく、私はなんとか彼を説得してバスケットボールを続けさせるつもりだ。アレン、早く帰宅して。

1　適語選択

（1）　I need more time to keep him （ **キ. from** ） quitting.

　　　「彼を辞めさせないようにするのにもっと時間が必要だ」

　　　▶直後に動名詞が来ていることから前置詞を補う可能性を考えよう。〈keep [stop/ prevent] O from ～ing〉で「O が～するのを妨げる」「O に～させない」という意味である。キが正解。

（2）　We need to （ **オ　talk** ） about this problem more deeply.

　　　「私たちはこの問題についてもっと深く話すべきだ」

　　　▶〈need to ～〉の直後なので、動詞の原形を補うと考えよう。〈talk about ～〉で「～について話す」という意味で、オが正解。ここでエの discuss を選ばないように注意しよう。discuss は他動詞で、discuss this problem のように about を付けずに使うのが正しい。意味は talk about this problem とほぼ同じである。

（3）　I never （ **イ　thought** ） he would do so.

　　　「そのようなことをするとは決して思わなかった」

　　　▶直後が時制の一致で助動詞が過去形になっていると捉え、過去形の動詞を補うと考えよう。イが正解。

（4）　Was he （ **ク　told** ） anything by anybody?

　　　「彼は誰かに何か言われたのだろうか」

　　　▶直前の be 動詞と直後の by から受動態にすると考えよう。〈tell $O_1 O_2$〉「O_1 に O_2 を言う」という第4文型の受動態である。tell の過去分詞であるクが正解。

（5） Anyway, I'll （ **ア　manage** ） to persuade him to keep playing basketball.
「とにかく、私はなんとか彼を説得してバスケットボールを続けさせるつもりだ」

▶助動詞 will の短縮形の後なので、動詞の原形を補うと考えよう。〈manage to ～〉で「なんとか～する」という意味である。アが正解。

2　内容把握

選択肢の和訳、解説は以下の通り。

ア　I hope he will not practice basketball.
「彼がバスケットボールを練習しなければよいのだが」

イ　I hope he will not tell me there must be more to life than basketball.
「彼がバスケットボールよりも大切なものがあるはずだと私に言わなければよいのだが」

ウ　I hope I don't understand him at all.
「私が彼のことを全く理解できなければよいのだが」

エ　**I hope he didn't get a girlfriend.**
「彼にガールフレンドができていなかったらよいのだが」

▶I hope not. は「そうでなければよいのだが」という意味で、hope の後の否定文の具体的な内容が省略されているのである。直前の内容なら省略されても理解できるので、直前の内容に着目しよう。すると直前で筆者が「彼にガールフレンドか何かできたのだろうか」と自問しており、これを受けて I hope not. と述べているのである。よってエが正解。I hope so.「そうであればよいのだが」という表現もある。hope の後に省略されている文が肯定文の場合はこちらを用いる。

V　適語句選択

（5） I gave him time to change （ **イ　out of** ） his office clothes.
「私は彼に職場で着る服から着替える時間を与えた」

▶直前の文で、筆者の夫のアレンが帰宅している。息子のエリックがバスケットボールを辞めたことを話し合う前に、職場で着る服から着替えているのだと考えよう。「～から（外へ）」という意味を表す前置詞として、イが正解。アレンは職場で着る服を着ている状態で、服の外に体が出ると考えよう。逆に別の服に着替えるという時は〈change into ～〉「～に着替える」を用いる。〈change out of A into B〉「A から B に着替える」という言い方もできる。

（9） I just （ **ウ　want to do some other stuff** ）.
「ただ何か他のことをやりたいだけなんだ」

ア　want to be with my teammates
「チームメートと一緒にいたい」

イ　want to play basketball later
「後でバスケットボールをやりたい」

ウ　want to do some other stuff
「何か他のことをやりたい」

エ　like to play basketball

「バスケットボールをするのが好き」

▶直前のセリフの I do. はその前の父親のセリフを受けて、I like basketball.「僕はバスケットボールが好きだ」の意味である。しかし、エリックはバスケットボールを辞めたと言っており、好きではあるけれども、辞めた理由を伝えている場面なので、エは不適切である。空所（　9　）の直後では、大学ではバスケットボールをやりたくない旨を述べていることにも着目しよう。また、本文中にはチームメートについての記述も出てきていないので、アとイは不適切である。エリックはバスケットボールを辞める理由として、「人生にはバスケットボールよりも大切なことがあるはず」ということを下線部(3)の２行上と、下線部(8)の３〜４行下で、２回述べている。２回目に述べる際には、その直後で、何か他のことをやりたいということも付け加えている。本文の下線部(15)以降では、エリックがやりたいことを見つけて幸せそうにしていることが書かれていることからも、ウが正解。

(12)　Eric's high school ballgames were written（　ア　in　）ink on my calendar.

「エリックの高校のバスケットボールの試合は私のカレンダーにインクで書かれていた」

▶前置詞 in は「インクで」のように、インク、声、言語など、伝達する手段を表すのに用いられる。アが正解。

Ⅵ　内容把握

下線部の英文と選択肢の和訳、解説は以下の通り。

(6)　What's going on?

「何があったんだい」

ア　What's continuing?

「何が続いているんだい」

イ　How about going out?

「出かけるのはどうだろう」

ウ　Where are you going?

「どこに行くんだい」

エ　**What's happening**?

「何が起こっているんだい」

▶〈go on〉には「続く」「〜を続ける」の意味もあるが、happen「起こる」の意味もあり、What's going on? は「何が起こっているのですか」「どうしたのですか」「何事ですか」の意味でよく用いられる。よってエが正解。

(7)　I didn't want anyone to talk me out of it.

「それについては誰にも辞めないように説得されたくなかったんだ」

ア　I didn't want anyone to make me leave school.

「僕は誰にも僕に学校を辞めさせてほしくなかったんだ」

イ　I didn't want anyone to change his mind.

「誰にも彼の考えを変えてもらいたくなかったんだ」

ウ　**I didn't want anyone to persuade me not to quit basketball.**

「バスケットボールを辞めないように誰にも説得されたくなかったんだ」

　エ　I didn't want anyone to talk to me.
　　「誰にも僕に話しかけてほしくなかったんだ」

　　▶ talk には persuade「説得する」の意味があり、〈talk A out of 〜 ing [B]〉で「A を説得して〜するのを [B を] やめさせる」という意味である。out of の代わりに into を用いて〈talk A into 〜 ing [B]〉になると「A を説得して〜させる [B に至らせる]」という意味である。下線部(7)の it は「エリックがバスケットボールを辞めること」を指している。つまり、バスケットボールを辞めることを人に説得されて止めたくなかったということである。よってウが正解。

⒀　with no natural athletic ability
　　「生まれもった運動能力が全くなかった」

　　ア　not good at sports at all
　　　「スポーツが全く得意ではなかった」

　イ　having no one to play sports with
　　「一緒にスポーツをする人が誰もいなかった」

　ウ　not wanting to practice basketball
　　「バスケットボールを練習したくなかった」

　エ　not able to control my feelings
　　「自分の感情を制御できなかった」

　　▶ natural は「自然の」「当然の」という意味の他に「生まれつきの」「生来の」という意味もある。ここではその意味である。athletic は「運動競技の」という意味である。日本語でもよく用いられる athlete「運動選手」「アスリート」も覚えておこう。ability は「能力」という意味である。「生まれもった運動能力が全くなかった」という意味なので、それを言いかえたアが正解。

Ⅶ　同意文完成

（8）　what caused your decision?
　　「何が原因で決めたんだ」

　　＝what（ **made** ）you（ **make** ）up your（ **mind** ）to quit basketball?
　　「何がお前にバスケットボールを辞める決心をさせたのだ」

　　▶ cause は「引き起こす」という意味なので、下線部(8)を直訳すると、「何がお前の決心を引き起こしたのか」という意味である。2つ目の空所の後の up your に着目し、〈make up one's mind〉「決心する」という意味の熟語を思いだそう。下の文は what が主語で、1つ目の空所が動詞で、その後の you は目的語だと考えよう。you の後には不定詞の to などもないことから1つ目の空所には使役動詞の made「〜させた」を補うと考えよう。よって、made, make, mind が正解。

（11）　Neither Allen nor I slept well.
　　「アレンも私もよく眠れなかった」

　　＝Allen didn't sleep well, and（ **neither** ）（ **did** ）I.

「アレンはよく眠れず、私もよく眠れなかった」

▶〈neither A nor B〉は「AもBもどちらも〜でない」という意味である。下の文ではⅠが最後に来ていることに着目し、否定文または否定の節の後で用いられる〈neither ＋（助）動詞 ＋ 主語〉「…もまた〜しない」を用いると考えよう。よって、neither, did が正解。ほぼ同じ意味を表すものとして〈nor ＋（助）動詞 ＋ 主語〉があるが、neither は副詞で、nor は接続詞である。ここでは空所の前に接続詞 and が置かれていることから、nor を用いると、接続詞を二重に用いることになるので、nor は不可となる。

Ⅷ　整序英作文

Had（10）【 Eric felt that we forced him to play ball 】just because he was tall?

「背が高いからというだけで、私たちがエリックに無理やりバスケットボールをやらせたと彼は感じていたのだろうか」

▶【　】の外にある Had から文が始まる疑問文であるため、過去完了の疑問文であると考えよう。また、選択肢の中に forced と to があり、play が原形になっていることに着目し、〈force O to 〜〉「Oに〜することを強制する」を用いると考えよう。よって forced の後は him または Eric to play ball が来ることが分かる。him はエリックのことだと考えられるので、forced の主語になるのは we である。残った単語は felt, that である。過去完了の Had の後には主語＋過去分詞が来るので、Had の後に Eric felt が来る。よって forced の後は him to play ball に確定する。that を接続詞として用いて we 以下を felt の目的語にすれば Eric felt that we forced him to play ball となる。

Ⅸ

与えられた英文の全訳、設問の解説は以下の通り。

〈全訳〉

バスケットボールを辞めるという息子の決意を聞いたとき、私は本当に動揺した。彼がバスケットボールを完全に辞めた後、彼はうれしそうだった。とうとう私は彼がやりたかったことを理解した。彼は、例えば女子バレーボールチームのマネージャー、水泳、水泳を教えること、援助を必要とする障がいのある子供たちのために水難救助員を務めること、合唱団で歌うことなど、いろいろなことをやりたかったのだ。私は間違っていたことに気づいた。親たちは自分たちの価値観を子供たちに押しつけるべきではない。親たちは子供たちがやりたいことを尊重することが大切である。私はエリックが私に大切なことを教えてくれて感謝している。

1　適語句選択

（1）　I found that（　イ　I had been wrong　）.

　　ア　he had been tired from volleyball
　　　　「彼はバレーボールで疲れていた」

　　イ　I had been wrong
　　　　「私は間違っていた」

　　ウ　he had wanted to try few things
　　　　「彼はほとんどのことをやりたくなかった」

エ　I had been busy

「私は忙しかった」

▶設問中の英文の下線部(1)の空所の直前の語句 I found that は「私は〜に気づいた」という意味である。筆者が何に気づいたのかを考えよう。本文の下線部(10)を含む文の直後の文1行下に書かれているように、筆者は息子が幼い頃にバスケットボールをすることを仕向けたが、それが間違いだったのではないかと自問している。設問中の英文の下線部(1)の空所の直後で筆者は「親たちは自分たちの価値観を子供たちに押しつけるべきではない。親たちは子供たちがやりたいことを尊重することが大切である」と述べている。価値観を他人に押しつけるのは好ましいこととは言えないため、自分が間違っていたことに気づいたのである。よってイが正解。

2　適語選択

（2）　Parents should not（ ア　force ）their values on their children.

▶設問Ⅸ．の1の解説から、2の答えは1とある程度セットで考える必要がある。設問中の英文の空所（　2　）を含む文の直後の文で、「親たちは子供たちがやりたいことを尊重することが大切である」とあることから、空所（　2　）を含む文は「親たちは自分たちの価値観を子供たちに押しつけるべきではない」という意味にすると直後の文とつながる。「〜を押しつける」という意味を表せるのは force である。アが正解。

（3）　It is important for parents to respect（ ウ　what ）their children want to do.

▶空所（　3　）を含む文の文末の do の目的語がないことと、空所（　3　）の前に先行詞がないことに着目し、「子供たちがやりたいこと」という意味になるように、先行詞を含んだ関係代名詞の what を補う。ウが正解。

3　同意文完成

（4）　I'd like to（ thank ）Eric

▶grateful は「感謝している」という意味の形容詞である。空所を含む文には〈would like to 〜〉「〜したい」の短縮形が入っており、to の後には動詞の原形が来るので、「〜に感謝する」という意味の thank が正解。

Ⅱ-11 長文読解総合

〔全訳〕

　水はあらゆる場所に存在する。地球の表面のほぼ4分の3を覆っている。北極や南極周辺の氷帽や地球上空の雲、そして帯水層と呼ばれる巨大な地下の水たまりにはさらにたくさんの水が存在している。水は地上で液体、固体(氷という形)、気体(水蒸気という形)の3つの状態で自然に存在している唯一の物質である。

　水は地上で最もありふれていて、かつ最も大切なものである。すべての生物が水に依存している。また、水は私たちの天気を形成するのを助け、水の流れは大地の表面を変える。人々にとって水は作物を育てる助けとなり、機械を動かし、輸送や慰みを提供する。

　水はごくあたりまえに存在するので、世界の多くの地域で人々は水があることを当然とみなし

ている。しかし、水がなければ私たちの生活は非常に違ったものになるだろう。実際、十分な水がなければ生命そのものが存在しえないだろう。

　科学者は、生命の始まりは水中、すなわち海であると考えている。あらゆる生物が水を必要としているのは確かだ。水溶液は個々の動植物全体に栄養素を運ぶ。その栄養素は化学作用を通じてエネルギーになったり、新しい組織を形成するのに使われたりする。それから、水溶液は化学作用における老廃物を取り除く。

　水は人間の身体の中で最も重要な物質である。水は体重の約70パーセントを構成している。体重が57キロの人なら、体内の水分が40キロを占める。血液はほぼすべて水分である。皮膚や骨、他の身体の組織の大部分も水分である。

　体内の水分量がわずか1、2パーセント減少しただけでも、喉の渇きを大いに感じる。水分が5パーセント失われると皮膚が縮んで、筋肉を動かすことが困難になり、はっきり物を考えられなくなるだろう。水分量が10パーセント以上の割合で減少すると、人は死に至る。人は水がないとわずか数日しか生き延びることはできない。

　健康でいるためには、人は日々少なくとも2リットルの水分を取る必要がある。この量の約半分は飲んでいる水や他の液体から賄う。たとえば、ミルクは87パーセントが水分である。固形食物は体が必要とする約3分の1の水分を提供している。たとえば、パンは30パーセント、ステーキは60パーセント、じゃがいもは90パーセント、そしてトマトは95パーセントがそれぞれ水分である。日々必要とされる残りの水分は身体自身によって生み出される。身体の細胞がエネルギーを作り出すために食物を用いる際に、一定量の水分を生み出す。

　また、身体は廃水を取り除く必要がある。廃水のほとんど、ほぼ2リットルは尿として排泄される。呼吸をする際に水蒸気として、また発汗する際の汗として身体から出ていく水分もある。

　すべての動物は水分を取り入れ、排泄する。しかし、要水量に関して珍しい動物もいる。たとえば、カンガルーラットは決して水を飲まない砂漠の動物である。その食事は、ほとんど水分を含まない乾いた種や他の食物から成る。カンガルーラットはエネルギーになる食物を燃焼させて必要な水分を満たす。汗腺が足の指の肉趾にあるだけなので、発汗を通じて水分が失われることはほとんどない。

　ラクダは水を全く飲まずにまる一冬を耐え抜くことができる。ラクダは必要とする水分のほとんどを自らの体内で作り出す。水分を必要としても全く手に入らないときには、身体が背こぶの脂肪を燃焼し始める。こうすることで、ラクダは水分を取ることができるまで生きていられるだけの水を作り出す。

　すべての植物もまた水を必要とする。ほとんどの植物には根から広がる細い毛がある。土からの水はこの根毛を通って植物の水分輸送網に入る。植物の化学作用中に使われる水分のいくらかは、気孔と呼ばれる葉のごく小さな穴を通して放出される。このようにして驚くほどの量の水分が放出される。1本の樫の木だけで日々600リットルもの水分が放出される。

出典：Laura Stark Johnson "Water and living Things" The Wonders of Science 成美堂

問1　適語補充

（ア）　直前の it は water を指し、地球の表面のほぼ４分の３を覆うとするのが適切。したがって、**covers** が入る。この問いでは直後の three-fourths が４分の３を意味することを把握したうえで、地球の表面の４分の３が海で覆われているという地理の知識があると、正解を導きやすい。

（イ）　空欄の語が into energy につながることに気付けるかがポイント。栄養素は化学作用を通じてエネルギーになると考えられるので、変化を表す t から始まる動詞だと、turn が適切である。〈turn ～ into …〉で「～を…に変える」という意味。この英文では、直前に be 動詞があることから、受動態で表現していると考え、**turned** とする。

（ウ）　この段落の冒頭で、廃水は身体から取り除かれる必要があることが述べられている。したがって、空欄を含む英文でも、水分が身体から水蒸気や汗として出て行くことが書かれていると考える。水分が身体から出るの「出る」を表す l から始まる動詞は、「離れる」を意味する leave が適切。ここでは Some water が主語であることから **leaves** とする。

問2　内容説明

three states の state の意味がたとえわからなくても、ダッシュ（—）の直後に述べられている内容から推測できる。ここでの３つの解答は、liquid, solid, gas の３語で、それぞれの意味を文脈や（　　）内の語句をヒントに考えると、物質の３つの状態である**液体**、**固体**、**気体**であることがわかる。やや難しめの説明文では、難しい語彙や語句の説明にダッシュなどの記号が用いられることを覚えておこう。

問3　文整序問題

まず選択肢全体を見ると、④と⑤はともに for example とあるので、それぞれが何かの例を述べていると考えられる。次に① About half this amount comes from the water and other liquids you drink. の this amount（この量）に着目すると、①の前には何らかの分量を表す語が入っている選択肢が来ると予想できる。すると、② To stay healthy, each person needs to take in at least two liters of water every day. の中に two liters（２リットル）という分量を表す語があることから、②→①とするのが適切であるとわかる。次に、④と⑤の具体例が何を示しているかを考えると、⑤はミルクという液体に含まれる水の割合、④は固体食物に含まれる水の割合と読み取れるので、①→⑤と③→④の組み合わせができる。以上のことから、全体を並べかえると、②→①→⑤→③→④。

問4　英文和訳

This produces enough water to keep the camel alive until it can drink.

設問の指示に This と it が指す内容を明確にするようにとあるので、まず、指示語の内容から考える。この段落では、ラクダは体内で水を作り出すこと、さらに下線部の直前では水分が手に入らない場合、ラクダの身体が背こぶの脂肪を燃焼し始めることが述べられている。すなわち、ラクダにとって体内で水を作り出す作業とは、背こぶの脂肪を燃焼させることだとわかるので、this はこの内容をまとめればよい。次に it は、文脈から camel を指すとわかる。enough water to keep the camel alive は「ラクダが生きていることを維持するための十分な水」という意味。enough が形容詞として使われると、〈enough＋名詞＋to …〉の形

になることもおさえておこう。until it can drink は「ラクダが水を飲むことができるまで」という意味になる。 以上をまとめると、「**ラクダは、水分を取ることができるまで生存していられるだけの水を背こぶの脂肪を燃焼させることにより作り出す**」。

問5　内容一致

① A quarter of the water is found under the earth called aquifers.
「4分の1の水が帯水層と呼ばれる大地の下に存在している」（×）
▶第1段落の冒頭3行で、「地球の表面の4分の3が水で覆われていて、帯水層と呼ばれる巨大な地下の水たまりにはさらに多くの水が存在している」と述べられていることから、帯水層に存在する水が全体の4分の1という表現は本文の記述とは一致しない。

② **Water helps people in many ways, so we cannot do without water.**
「水は多くの点で人々の役に立っているので、私たちは水なしではやっていけない」（○）
▶第2段落の最後に、For people, water helps grow crops, drives machinery, and provides transportation and recreation.「人々にとって水は作物を育てる助けとなり、機械を動かし、輸送や慰みを提供する」とあり、また第3段落に、Yet without enough water, our lives would be very different. Indeed, life itself could not exist without water.「しかし、水がなければ私たちの生活は非常に違ったものになるだろう。実際、水がなければ生命そのものが存在しえないだろう」とある。以上の記述から一致すると言える。

③ **Not only animals but plants need water in carrying nutrients used to build new tissues.**
「動物だけでなく植物も、新しい組織を形成するために用いられる栄養素を運ぶ際には水が必要である」（○）
▶第4段落3・4文目に「水溶液は個々の動植物全体に栄養素を運ぶ。その栄養素は化学作用を通じてエネルギーになったり、新しい組織を形成するのに使われたりする」とあるので、一致する。

④ People who weigh more than 70 kilograms will find it easier to feel thirsty.
「70キロ以上体重がある人は喉の渇きをより感じやすい」（×）
▶喉の渇きに関しての記述は、第6段落の最初の文に「体内の水分量がわずか1、2パーセント減少しただけでも、喉の渇きを大いに感じる」とある。体重によって感じ方が変わるという記述はないことから、一致しない。

⑤ Though life would be in danger if there would be little water in the body, too much water in the body would also be dangerous to life.
「体内に水がほとんどなくなると生命の危険が生じるが、体内に水がありすぎることも生命を脅かすものである」（×）
▶第6段落2文目以降に、体内の水分量の減少が身体機能に障害を与え、最終的には死に至ることが述べられているが、体内水分量の過多が身体機能に及ぼす影響については述べられていない。よって、一致しない。

⑥ **The kangaroo rat is one of the animals that take in and excrete little water in daily life.**

「カンガルーラットは、日常生活でほとんど水分を摂取したり排出したりしない動物の１つである」（○）

　　▶第９段落２文目で、要水量に関して珍しい動物もいることが紹介され、その一例としてカンガルーラットが挙げられている。また、続く３文目以降で、カンガルーラットの水分摂取と水分排泄について述べられていて、「カンガルーラットは決して水を飲まない砂漠の動物」であり、「汗腺が足の裏の肉趾にあるだけなので、発汗を通じて水分が失われることはほとんどない」とある。よって、一致する。

⑦　Almost all the plants have root hairs which pass the water and they release water by opening the leaves called *stomata*.

　　「ほぼすべての植物には水を通す根毛があり、気孔と呼ばれる葉を開くことによって水分を放出する」（×）

　　▶最終段落の４文目に、Some of the water that is used in the plant's chemical processes is released through tiny openings in the leaves, called *stomata*. 「植物の化学作用中に使われる水分のいくらかは、気孔と呼ばれる葉のごく小さな穴を通して放出される」とあるので、一致しない。

Ⅱ-12　長文読解総合

〔全訳〕

　パーカー先生は、小学校で５年生を教えていた。教えることが好きで、生徒たちみんなを愛していた。たったひとり—小さなベン・ヘイウッドを除いて。ベンは教室の後ろの方に座り、椅子に小さく身をかがめていた。めったに宿題を提出せず、テストの成績もひどいものだった。パーカー先生は、大きな赤ペンでベンの答案用紙を直すことに慣れていた。正解を大きな赤ペンで書くのだ。そして、ベンの答案用紙の一番上に大きく「F」の文字を書いたものだった。

　クリスマス休暇の前の最後の登校日、生徒たちはお互いに渡す贈り物を学校に持ってきた。ベンには誰も何も持ってこなかった。生徒たちが互いにプレゼントを渡し合っていると、ベンが両手で包みを持って教室の前に進み出た。それは分厚い茶色の紙に包まれていた。ベンは包みをパーカー先生に渡した。誰もが驚いたが、中でもパーカー先生の驚きようはなかった。先生はゆっくりと包みを開けた。何が入っているのか見当がつかなかった。出てきたのは、模造石のついた安物のブレスレットで、しかも石の多くがなくなっていた。さらに、古い香水のびんもあった。ほんのわずかの量の香水が、瓶に残っていた。ほかの子どもたちはその贈り物に声を上げて笑った。パーカー先生はクラスの生徒たちに笑うのをやめるように言った。先生はブレスレットを身につけ、香水を手首に振りかけた。

　「すてきだわ、ベン。どうもありがとう」先生は香水の匂いを嗅ぎながら言った。ベンは自分の席に戻っていった。そして腰をおろすと、机に突っ伏した。

　クリスマス休暇の間中、パーカー先生はベンがくれた贈り物について考えを巡らせていた。ベンがこんなことをした理由がわからない。これまでこんな行動をとったことが一度もなかったのだ。先生は、ベンについてもっと調べてみることにした。生徒たちのファイルに目を通し、よう

やくベンのものを見つけた。ベンのファイルには、これまで担当した教師たちの所見が書かれていた。

「とても頭の回転が速い少年。授業中は耳を傾け、クラス行事も楽しんでいる」これは、1年生のときの担任の評。

「頑張り屋さん。つねに人一倍努力する。他の生徒とも仲良くし、グループ活動では先頭に立つ」2年生の担任はこう記していた。

「宿題は期限内に提出する。テストの成績は上々。授業にはあまり積極的に参加せず、静かにしている。母親ががんで入院中」これは3年生の担任の評価。

「授業に興味を示さない。宿題を提出しない。クラス行事に参加しない。母親はがんで死去。父親は少年にあまり関心がない模様」4年生の担任はこのように述べていた。

パーカー先生は、ファイルを脇に押しやった。ベンがどんな辛い経験をしてきたのか、先生には見当もつかなかった。これまで、いつも他の生徒を教えることは大いに楽しんできたが、ベンには十分な注意を払ってこなかった。再び学校が始まったとき、パーカー先生はもっとベンに働きかけるように努めた。授業中も以前よりベンに注意を払った。授業の後はベンと一緒に残って、宿題を片付けるのを手伝った。先生がベンに働きかければかけるほど、ベンは授業に興味を持つようになってきた。授業をきちんと聞くようになり、宿題を期限内に提出するようになり始めた。5年生が終わるまでには、ベンはもっとも優秀な教え子のひとりになっていた。

1年後、パーカー先生の教室のドアの下に、手紙が置かれていた。ベンからだった。手紙には、自分がこれまで会った中でパーカー先生が一番の先生だと書かれていた。その6年後、パーカー先生はまたベンから手紙をもらった。彼は高校を卒業したばかりだった。その手紙の中でも、12年間学校に通ったけれどパーカー先生がまだ一番だと告げていた。

さらに4年後、先生はまた手紙をベンから受け取った。今度は大学を卒業したところだった。手紙の中で、大学はとても難しくて何度もやめたくなったが、それでもがんばって続けたとあった。ここでもまた、数多くのとても優れた教授に出会ったが、パーカー先生がまだ最高だと語っていた。

次の手紙は数年後に届いた。ベンは大学院を修了したばかりだった。パーカー先生に礼を述べて、もし先生がいなければここまでやり遂げられなかっただろうと記していた。ベンがこの手紙に名前を記したとき、それは以前よりずいぶんと長い名前になっていた―ベンジャミン・G・ヘイウッド、医学博士。

パーカー先生がベンから便りをもらったのは、それが最後ではなかった。次の年の春、ベンからまた手紙が届いた。この手紙はこれまでのものとは違っていた。結婚式への招待状だった。ベンは、式で母親が座る場所に先生に座ってもらいたいと頼んできた。もちろん、パーカー先生は式に出席した。かつて彼がくれたあのブレスレットをつけ、香水を振りかけて。相当の年月が経っていたが、パーカー先生は贈り物を大事にとっていた。

披露宴の会場で、ベンが先生のところにやってきた。

「母の香水をつけてくださっているんですね」抱擁を交わすと、ベンは言葉を続けた。

「僕を信じてくださって、ありがとうございます。自分は大切な人間なんだと思わせてくださって、変われるのだということを示してくださって、本当にありがとうございます」

パーカー先生の目に涙が溢れ始めた。

「いいえ、ベン、それは誤解だわ」先生が言った。「あなたが私に、私は変われるのだと教えてくれたの。あなたに会うまで、私はどうやって教えるかもわかっていなかった」

出典：Sarah Blake *Price of Love Heartwarming Stories* こころが温まる 10 の短編 IBC パブリッシング

設問A　内容一致

1　At first, when Ben was in the 5th grade,
　　「最初、ベンが 5 年生のとき」

(a)　he was loved by Ms. Parker.
　　「彼はパーカー先生に愛されていた」

(b)　he seldom turned in his homework.
　　「彼はめったに宿題を提出しなかった」

(c)　he rarely got very poor grades on his tests.
　　「彼はテストで悪い成績をほとんど取らなかった」

(d)　he was the last student to trouble Ms. Parker.
　　「彼は決してパーカー先生を困らせるような生徒ではなかった」

▶ 3 行目に、ベンはめったに宿題を提出しなかったとある。seldom と rarely は「めったに～ない」という意味の副詞。

2　Ms. Parker was surprised because
　　「パーカー先生は驚いた。なぜなら」

(a)　nobody brought gifts for Ben.
　　「誰もベンに贈り物を持ってこなかったから」

(b)　she hadn't expected Ben to give her a gift.
　　「ベンが自分に贈り物をくれるなんて思っていなかったから」

(c)　Ben brought a gift for the first time.
　　「ベンが初めて贈り物を持ってきたから」

(d)　the gift Ben brought wasn't in good condition.
　　「ベンが持ってきた贈り物は状態が良くなかったから」

▶ 10・11 行目で、パーカー先生はベンから贈り物を受け取った際に驚いている。

3　Ms. Parker decided to find out more about Ben
　　「パーカー先生はベンについてもっと調べてみることにした」

(a)　as soon as the Christmas holiday came.
　　「クリスマス休暇に入るとすぐに」

(b)　since she didn't know why he had given her the gift.
　　「なぜ彼が自分に贈り物をくれたのかわからなかったから」

(c)　after she found out that the bracelet and perfume he had given her were his mother's.
　　「彼がくれたブレスレットと香水が彼の母親の物だとわかった後」

(d) when school started again.
「再び学校が始まったとき」

▶ 19・20行目で、パーカー先生はクリスマス休暇の間中、なぜベンが自分に贈り物をくれたのか考え続けている。

4 The comments from Ben's previous teachers made Ms. Parker find out that
「ベンのこれまで担当した教師たちからの所見で、パーカー先生はわかった」

(a) he was very smart but didn't pay attention during class when he was in the first grade.
「1年生のとき、彼はとても賢かったが授業中は注意散漫だったことが」

(b) he made as much effort as the other students when he was in the second grade.
「2年生のとき、彼は他の生徒と同じくらい努力していたことが」

(c) he didn't turn in his homework when he was in the third grade.
「3年生のとき、彼は宿題を提出しなかったことが」

(d) **he didn't either turn in his homework or take part in class activities when he was in the fourth grade.**
「4年生のとき、彼は宿題を提出せず、クラス行事にも参加しなかったことが」

▶ 30・31行目に、ベンは宿題を提出せず、クラス行事にも参加しなかったとある。

5 Ben's mother died when he was in the 「ベンの母親は亡くなった」

(a) 1st grade.「ベンが1年生のとき」
(b) 2nd grade.「ベンが2年生のとき」
(c) 3rd grade.「ベンが3年生のとき」
(d) **4th grade.**「ベンが4年生のとき」

▶ 31行目に、Mother passed away from cancer. とベンの4年生のときの担任が記しているとある。pass away は die と同意。

6 Ben wrote to Ms. Parker 「ベンはパーカー先生に手紙を書いた」

(a) 3 times.「3回」
(b) 4 times.「4回」
(c) **5 times.**「5回」
(d) 6 times.「6回」

▶ 40行目で1通目、42行目で2通目、45行目で3通目、49行目で4通目、53・54行目で5通目である。

7 Which of the following did Ben NOT say in his letters?
「以下の中で、ベンが手紙に書かなかったことはどれか」

(a) No other teacher was so good as Ms. Parker.
「パーカー先生ほど良い先生は他にいなかった」

(b) He wanted to leave college many times, but he didn't.
「何度も大学をやめたくなったが、やめなかった」

(c) Thanks to Ms. Parker, he could make it.

「パーカー先生のおかげでやり遂げることができた」

(d) **He had become a doctor.**
「医者になった」

▶ 52行目に「M.D.（医学博士）」とあるが、これは大学院を卒業して取得した学位であり、実際彼の職業が医者であるという記述はない。

8 Ms. Parker carefully kept the bracelet and perfume that Ben had given her because
「パーカー先生はベンがくれたブレスレットと香水を大事にとっていた。なぜなら」

(a) she had to return them to him.
「彼に返さなくてはならなかったから」

(b) **he meant a lot to her.**
「彼は彼女にとって大切な人だったから」

(c) she was going to wear them at his wedding.
「彼の結婚式で身につけるつもりだったから」

(d) she wanted to make sure if they were his mother's.
「彼の母親の物かどうか確かめたかったから」

▶ 贈り物を大事にとっていたのは、ベンがパーカー先生にとって大切な人であるからだと考えられる。

9 Ben thanked Ms. Parker for
「ベンはパーカー先生に感謝した。なぜなら」

(a) believing him the best student.
「自分を最も良い生徒だと信じてくれたから」

(b) making him important.
「自分を大切な人間にしてくれたから」

(c) **showing him that he could change.**
「変われると示してくれたから」

(d) making him better than any other student.
「他の生徒より良い生徒にしてくれたから」

▶ 62行目に、showing me that I could make a difference とある。make a difference の直訳は「違いを生む」であるが、ここでは「以前の自分とこれからの自分に違いを生み出す」という意味で使われており、change とほぼ同意と解釈できる。

10 When Ben thanked Ms. Parker, she couldn't help crying because
「ベンがパーカー先生に感謝したとき、彼女は涙せずにはいられなかった。なぜなら」

(a) **she was grateful to him that he had taught her how to teach.**
「どうやって教えるか教えてくれた彼に感謝していたから」

(b) she was ashamed that she at first hadn't paid enough attention to him.
「最初彼に十分な注意を払っていなかったことを恥じていたから」

(c) she was touched that he got married.
「彼が結婚して感動したから」

(d) she was glad to be invited to his wedding.
　　「結婚式に招待されて嬉しかったから」

▶ 65 行目に I didn't know how to teach until I met you とあり、ベンと出会って初めてどうやって教えるかわかったと言っている。

設問 B　英文和訳

(ⅰ) Ms. Parker got used to using her big red pen when correcting one of Ben's tests.
　　「パーカー先生は、大きな赤ペンでベンの答案用紙を直すことに慣れていた」

▶〈be used to ～ ing〉で「～することに慣れている」。今回は get used to を使い、get ＋形容詞で「形容詞の状態になる」だが、「（最初は慣れていなかったが、繰り返し行うことで）慣れていった」＝「慣れていた」と考える。when の後には she was が省略されている。

(ⅱ) The more she worked with Ben, the more interested he became in class.
　　「先生がベンに働きかければかけるほど、ベンは授業に興味を持つようになってきた」

▶〈The 比較級 S＋V, the 比較級 S＋V.〉で「～すればするほど、ますます…」。比例の接続詞 as を用いて書きかえると、As she worked with Ben more, he became more interested in class. となり、文の構造がわかりやすくなる。

(ⅲ) Ben had asked her if she would take his mother's place in the ceremony.
　　「ベンは、式で母親が座る場所に先生に座ってもらいたいと頼んできた」

▶〈ask O if ～〉で「O に～かどうか尋ねる」。今回は結婚式の招待状なので、「～してほしい」という依頼の表現で訳すとうまくいく。〈take one's place〉は「～の席に座る」だが、〈take the place of ～〉「～の代わりをする」の意味もあるため、「母親の代わりに式に出席する」も別解となる。

(A)　Bob was late for school today. He usually goes to bed before eleven. Last night he went to bed at ten. Four months ago, his brother David was born and Bob became an elder brother. David cried a lot last night, so Bob didn't have a good sleep.

　「ボブは今日学校に遅刻しました。彼はたいてい 11 時前に寝ています。昨晩、彼は 10 時に寝ました。4 カ月前に彼の弟のデイビッドが生まれ、ボブはお兄さんになりました。デイビッドが昨晩ひどく泣いたのでボブはよく眠れませんでした」

　Question 1：Why didn't Bob sleep well last night?
　　　　　「なぜボブは昨晩よく眠ることができなかったのですか」

　①　Because Bob went to bed after eleven.「ボブが 11 時以降に寝たから」

　②　Because Bob cried a lot.「ボブがひどく泣いたから」

　③　**Because David cried a lot.**「デイビッドがひどく泣いたから」

　④　Because David went to bed after eleven.「デイビッドが 11 時以降に寝たから」

　▶ David cried a lot last night, so Bob didn't have a good sleep. から、弟のデイビッドが夜泣きをしたためボブがよく眠ることができなかったとわかる。よって正解は③。

　Question 2：How many months old is David?
　　　　　「デイビッドは生後何カ月ですか」

　▶ Four months ago, his brother David was born より、デイビッドは生後 4 カ月であることがわかるので、正解は (He) **is four months old.** (5 語) となる。

(B)　Kazuo works at a bank, but he wants to quit his job to study English. He is already thirty-five, but he wants to be an interpreter. It has been his dream since childhood. But his wife doesn't agree with him because she is worried about money. She wants him to continue his work.

　「一雄は銀行に勤めていますが、英語を勉強するために仕事を辞めたがっています。彼はもう 35 歳ですが、通訳者になりたいのです。それは子どもの頃からの夢だったのです。けれども彼の妻はお金のことが心配なので反対をしています。妻は彼に今の仕事を続けてほしいのです」

　Question 1：Why does Kazuo want to quit his job?
　　　　　「なぜ一雄は仕事を辞めたいのですか」

　①　Because he doesn't like his job.「仕事が好きではないから」

　②　Because he wants to take a trip with his wife.「妻と旅行に行きたいから」

　③　Because his wife wants him to do so.「妻が彼にそうしてほしいと思っているから」

　④　**Because he wants to be an interpreter.**「通訳者になりたいから」

　▶ he wants to quit his job to study English. から、英語を勉強するために仕事を辞めたがっていることがわかる。quit は「〜を辞める」という意味。また he wants to be an interpreter. とあり、英語を勉強したい理由が interpreter「通訳者」になるためであるこ

ともわかる。ここでは interpreter の意味がわからなくても、消去法で解答にたどり着けるだろう。よって正解は④。

Question 2：Why does his wife disagree with his dream?
「彼の妻はなぜ彼の夢に反対をしているのですか」

▶ But his wife doesn't agree with him because she is worried about money. から、彼の妻が彼に反対をしているのは、お金のことが心配だからだとわかる。よって正解は (Because) **she is worried about money.** (6語)。

(C)　Nancy and Greg went swimming in the sea last weekend.　They left at seven in the morning, but they were caught in heavy traffic.　It took four hours to get to the beach and it was so cold that they gave up swimming and went to the hot spring around there.

「先週末、ナンシーとグレッグは海に泳ぎに行きました。彼らは午前 7 時に出発しましたが、渋滞に捕まってしまいました。ビーチに着くまでに 4 時間かかり、その上ひどく寒かったので泳ぐのをあきらめ、近くの温泉に行きました」

Question 1：How did they spend their last weekend in the end?
「最終的に彼らはどのように週末を過ごしましたか」

①　**They went to the hot spring.**「温泉に行った」
②　They enjoyed swimming in the sea.「海水浴を楽しんだ」
③　They didn't go anywhere.「どこにも行かなかった」
④　They enjoyed driving.「ドライブを楽しんだ」

▶ it was so cold that they gave up swimming and went to the hot spring around there. より、ひどく寒かったため海水浴はあきらめ、温泉に行ったことがわかる。よって正解は①。

Question 2：What time did they get to the beach?
「彼らはビーチに何時に着きましたか」

▶ They left at seven in the morning より、彼らは午前 7 時に出発し、It took four hours to get to the beach より、ビーチに着くまで 4 時間かかっていることがわかる。よって午前 11 時にビーチに着いたと考えられるので、正解は (They) **got there at eleven in the morning.** (8語)となる。〈It takes＋(人)＋時間 to ～〉は「(人が)～するのに…かかる」という意味。

Ⅲ-2　リスニング

(あ)

A ： Hi, Bob.　Are you ready for the test today?
B ： Well, I tried to spend the whole night studying, but I fell asleep while studying.
A ： こんにちは、ボブ。今日のテストの勉強はしたの。
B ： うーん、徹夜で勉強しようと思ったけど、勉強している間に寝てしまったんだ。
Question ：What did Bob do for the test today?
「ボブは今日のテストのために何をしましたか」

① He studied hard until this morning. 「彼は今朝まで一生懸命勉強した」

② **He didn't study so much.** 「彼はそれほど勉強しなかった」

③ He studied through the night. 「彼は一晩中勉強した」

④ He didn't study at all. 「彼は全く勉強をしなかった」

(い)

A ： How was your trip to India? Did you enjoy it?

B ： Well, yes and no. There was lots of trouble about money, but I could see a beautiful palace, so I hope to go there again.

A ： インドの旅はどうだった。楽しかったの。

B ： うーん、まあまあ。お金のトラブルが多かったけど、きれいな宮殿を見ることができたの。だからもう一度行きたいな。

Question：What did she do in India?

「彼女はインドで何をしましたか」

① She had no trouble talking to Indians. 「彼女はインド人と話すのに苦労しなかった」

② She was moved by the sight of the palace. 「彼女は宮殿を見て、感動した」

③ **She saw a beautiful building.** 「彼女は美しい建物を見た」

④ She wanted to go to India again. 「彼女はもう一度インドに行きたがっていた」

(う)

A ： Why didn't you come to the party? We were waiting for you.

B ： Sorry. I had a lot of work to do that evening. Was anyone angry?

A ： No, not so much.

A ： 何でパーティーに来なかったの。君のことをみんな待っていたのに。

B ： ごめんなさい。その晩、やらなくてはいけない仕事がたくさんあったの。誰か怒っていた。

A ： いや、そんなでもなかったよ。

Question：Why didn't she come to the party?

「なぜ彼女はパーティーに来なかったのですか」

① Because she didn't like the party.

「なぜなら彼女はパーティーが嫌いだったから」

② Because she was at another meeting.

「なぜなら彼女は別の会議に出ていたから」

③ Because she didn't go to the party.

「なぜなら彼女はパーティに行かなかったから」

④ **Because she had to work that evening.**

「なぜなら彼女はその晩、仕事をしなくてはいけなかったから」

(え)

A ： Can you do your homework by tomorrow?

B ： Yes, I'm sure I can. I have been doing my homework since last week. How about you, Keiko? Have you finished it?

A ： No, I haven't done anything. I remembered about it this morning. What should I do?

A ： 明日までに宿題を終わらせることはできるの。

B ： うん、絶対できるよ。先週からずっと宿題をしているからね。君はどう、ケイコ。宿題は終わったの。

A ： いいえ、何もしていないの。今朝、そのことを思い出したの。どうしたらいいかな。

Question：Why did she ask about the homework?

　　　　　「なぜ彼女は宿題のことを尋ねたのですか」

① Because she was doing her homework.
　 「なぜなら彼女は宿題をしていたから」

② Because she wanted to help him.
　 「なぜなら彼女は彼を助けたかったから」

③ Because she already did her homework.
　 「なぜなら彼女はすでに宿題を終えていたから」

④ **Because she forgot to do her homework.**
　 「なぜなら彼女は宿題をやるのを忘れていたから」

(お)

A ： What an exciting movie! Have you seen "LEON" yet?

B ： Yeah, they used many special effects, didn't they?

A ： No, no. They didn't use them. You are talking about another one.

A ： すごく面白い映画だよ。『レオン』はもう見たの。

B ： うん、特殊効果を多く使ってたよね。

A ： いいえ。使ってないわ。あなたは別の映画のことを話しているわ。

Question：What kind of movie is she talking about?

　　　　　「彼女はどんな映画について話していますか」

① About a movie with special effects.「特殊効果を使った映画について」

② **About an exciting movie.**「面白い映画について」

③ About another movie.「別の映画について」

④ About a boring movie.「つまらない映画について」

(か)

A ： When are you leaving for the U.S.?

B ： On August second.

A ： So soon? How long are you going to stay there?

B ： Well, maybe for 2 years or so. I'll get in touch with you.

A ： いつアメリカに出発するの。

B ： 8月2日だよ。

A ： そんなにすぐなの。どのくらいそこに滞在するの。

B ： うーん、多分2年くらいだと思う。連絡するよ。

Question：How long is he going to stay in the U.S.?

　　　　「彼はアメリカにどれくらい滞在する予定ですか」

① **He will stay there for about 24 months.**「彼はおよそ 24 カ月間滞在するつもりだ」

② He doesn't know the plan.「彼はその計画を知らない」

③ He will be there for more than 3 years.「彼は 3 年以上アメリカに滞在するつもりだ」

④ He is going to the U.S. soon.「彼はすぐにアメリカに行く予定だ」

（き）

A：I'm sorry I'm late.

B：Why are you late for class? It's the third time this week.

A：I'm so sorry. I stayed up practicing for the piano recital.

B：Until when?

A：Two a.m.

B：That's too late. Go to bed early tonight.

A：遅れてごめんなさい。

B：何で授業に遅れたんだい。今週 3 回目じゃないか。

A：本当にごめんなさい。ピアノの演奏会の練習で夜遅くまで起きていました。

B：いつまでやっていたんだい。

A：午前 2 時までです。

B：遅すぎだよ。今日は早く寝なさい。

Question：Why was she late for class?

　　　　「なぜ彼女は授業に遅れたのですか」

① Because she was very tired.

　「なぜなら彼女はとても疲れていたから」

② Because she slept until midnight.

　「なぜなら彼女は夜 12 時まで寝ていたから」

③ **Because she played the piano until late.**

　「なぜなら彼女は遅くまでピアノを弾いていたから」

④ Because she slept only for two hours.

　「なぜなら彼女は 2 時間しか寝なかったから」

（く）

A　：　Where did you park my car?

B　：　I parked it on the left of a white car.

A　：　But it isn't there. Which white one?

B　：　I think that one is, but your car is not there. Maybe it's on another floor.

A　：　どこに私の車をとめたの。

B　：　白い車の左側にとめたよ。

A　：　でも、ないじゃない。どの白い車なの。

B　：　あれだと思うけど、君の車はないね。多分、別の階だと思うよ。

Question：What are they talking about?

「彼らは何について話していますか」

① They are talking about the famous park.

「彼らは有名な公園について話している」

② They are talking about the white car.

「彼らは白い車について話している」

③ **They are talking about where her car is.**

「彼らは彼女の車がどこにあるかについて話している」

④ They are talking about the white floor.

「彼らは白い床について話している」

(け)

A：What will you do this weekend? How about going to a hot spring with me?

B：That sounds nice, but I can't. I'm broke.

A：Oh, I'm sorry for you.

B：Could you lend me some money?

A：今週末は何をするつもりなの。温泉に一緒に行きませんか。

B：いいね、でも無理なんだ。お金がないんだよ。

A：あー、かわいそうに。

B：お金を貸してくれませんか。

Question：Why can't he go to the hot spring?

「なぜ彼は温泉に行けないのですか」

① **Because he has no money.**「なぜなら彼はお金を持っていないから」

② To go to the hospital.「病院に行くため」

③ Because he doesn't want to go there.「なぜなら彼はそこに行きたくないから」

④ To lend some money.「お金を貸すため」

(こ)

A ： How was the party yesterday?

B ： Not bad. There were a lot of famous people there.

A ： Who was there? Was there anyone I have seen on TV?

B ： Yeah, but I can't remember her name. It's on the tip of my tongue.

A ： 昨日のパーティーはどうだった。

B ： 悪くはなかったよ。有名人がたくさんいたよ。

A ： 誰がいたの。テレビに出ている人はいたかな。

B ： うん、でも彼女の名前が思い出せない。もう少しで思い出せるのだけど。

Question：How was the party?

「パーティーはどうでしたか」

① It was a very exciting party.「とても楽しいパーティーだった」

② There were few people in the party.「パーティーにはほとんど人は来ていなかった」

③ It was a boring party.「つまらないパーティーだった」

④ **There were a lot of famous people there.**「有名人がたくさん来ていた」

Ⅲ-3 リスニング

(A) I gained weight after I got married. My wife and daughter told me to go on a diet every time they saw me, so I unwillingly decided to jog every Sunday. The other day when I was jogging, I found a newly opened cake shop. I wanted to go into the shop, but I hesitated. I went up and down in front of the shop for more than thirty minutes. Then my daughter happened to come to buy some cake, with her friends. When she found me, she said, "Please buy each of us a piece of cake, or I will tell mom about this." After all I spent all my money and I couldn't eat any cake.

　「私は結婚してから太りました。妻と娘は私を見るたびにダイエットをしろと言いました。そのため、しぶしぶですが、毎週日曜日にジョギングをすることにしました。先日、ジョギングをしているときに私は新しくできたケーキ屋を見つけました。私は店に入りたかったのですが、ためらっていました。店の前を30分以上も行ったり来たりしていました。すると、娘がたまたま友達とケーキを買いに来ました。娘は私を見つけると『私たちみんなにケーキを買ってよ、そうしないとこのことをお母さんに言うからね』と言いました。結局、私はお金を使い果たし、ケーキを1つも食べることはできませんでした」

　Question 1 : Why did he spend all his money?
　　　　　　「なぜ彼はお金をすべて使ってしまったのですか」

① **Because he had to buy some cake for his daughter and her friends.**
　「娘と娘の友達にケーキを買ってあげなくてはいけなかったから」

② Because he bought some cake for himself.
　「自分にケーキを買ったから」

③ Because he bought some cake for his family.
　「家族にケーキを買ったから」

④ Because he bought some cake for his wife.
　「妻にケーキを買ったから」

▶スクリプトの5行目から7行目に、she said, "Please buy each of us a piece of cake, or I will tell mom about this." After all I spent all my money and I couldn't eat any cake. 「『私たちみんなにケーキを買ってよ、そうしないとこのことをお母さんに言うからね』と言いました。結局、私はお金を使い果たし、ケーキを1つも食べることはできませんでした」とある。ダイエット中にもかかわらず、ケーキを買おうか迷っている姿を娘に目撃されたため、娘と娘の友達全員にケーキを買わされる羽目になり、お金を使い果たしたことがわかる。よって①が正解。

　Question 2 : What did his wife and daughter tell him to do?
　　　　　　「彼の妻と娘は彼に何をしろと言いましたか」

▶ My wife and daughter told me to go on a diet every time they saw me, 「妻と娘は私を見るたびにダイエットをしろと言いました」より、(They) **told him to go on a diet.** (8語) が正解となる。〈tell＋人＋to～〉は「命令」を表し、「人に～するように言う」という意味。

(B) Tom and Betty were married. The other day he bought a car and invited her for a drive with him the next Sunday. At first she was glad to hear that, but when she heard the weather forecast, she felt scared. It said it would snow that afternoon. Three years ago, when she was driving on a snowy day, she had a car accident and was almost killed. It was not her fault, but she was so shocked that she didn't want to be in a car on such a day. She couldn't tell him about that because it would remind her of that terrible day. Finally she told him about the accident. He was surprised and sorry to hear that and sold his car.

「トムとベティは夫婦でした。先日、彼は車を購入し、次の日曜日にドライブに一緒に行かないかとベティを誘いました。最初、彼女はそれを聞いてうれしかったのですが、天気予報を聞いたとき、彼女はぞっとしました。天気予報ではその日の午後は雪になるとのことでした。3年前、彼女は雪の降る日に運転中、交通事故に遭い、もう少しで命を落とすところでした。事故は彼女のせいではありませんでしたが、彼女はひどくショックを受け、そのような日は車に乗りたくはなかったのでした。彼女は彼にそのことについては話せませんでした。というのもあの恐ろしい日を思い出してしまうからでした。ようやく、彼女は彼にその事故のことを話しました。彼はそれを聞いてびっくりし、また気の毒に思い、車を売ってしまいました」

Question 1：Why did Betty feel scared to hear the weather forecast?
　　　　　　「なぜベティは天気予報を聞いてぞっとしたのですか」

① Because she knew Tom was not good at driving.
「彼女はトムの運転がうまくないことを知っていたから」

② **Because she remembered the terrible accident.**
「彼女は恐ろしい事故を思い出したから」

③ Because it would snow a lot on that day.
「その日、大雪になるかもしれなかったから」

④ Because she had a car accident when she was listening to the weather forecast.
「彼女は天気予報を聞いていたら交通事故にあったから」

▶ 天気予報によるとドライブをする日は雪になると言っていた。3年前、雪の日に彼女は事故を起こし、死にかけた経験があった。また夫にそのことを言えなかった理由として、because it would remind her of that terrible day「というのもあの恐ろしい日を思い出してしまうからでした」とあり、事故のことを今でも覚えていたとわかる。よって②が正解。

Question 2：What did Tom do after he heard about the accident?
　　　　　　「トムは事故のことを聞いた後、何をしましたか」

▶ 最後に He was surprised and sorry to hear that and sold his car.「彼はそれを聞いてびっくりし、また気の毒に思い、車を売ってしまいました」とあることから、買ったばかりの車を手放したことがわかる。よって (He) **sold his car.** (4語)が正解となる。

(C)　Tracy always had trouble finding clothes.　He was so tall and big that he couldn't find any clothes that fit him at any shop.　He was seven feet tall.　His mother and father were also over six feet tall.　He searched on the Internet and soon found a nice T-shirt that would fit him.　But he didn't buy it.　It cost 5 dollars but a snake illustration was printed on it.　He hated snakes.

　「トレイシーはいつも服を見つけるのに苦労をしていました。彼はとても背が高く、体も大きかったので、どの店でも彼に合う服を見つけることはできませんでした。彼の身長は7フィートありました。彼の両親も身長は6フィート以上ありました。彼はインターネットで調べ、すぐに彼に合いそうな良いTシャツを見つけました。しかし、彼は購入しませんでした。値段は5ドルでしたが、ヘビのイラストがプリントされていたのです。彼はヘビが大嫌いでした」

Question 1：Which of the following sentences is true?
　　　　　　「次の文のうち正しいものはどれですか」

①　Tracy always wore a T-shirt.
　　「トレイシーはいつもTシャツを着ていた」

②　Not both Tracy's father and mother were tall.
　　「トレイシーの父親と母親は2人とも背が高いわけではなかった」

③　Tracy found a nice T-shirt at the shop.
　　「トレイシーはその店で良いTシャツを見つけた」

④　**The T-shirt Tracy found on the Internet was not so expensive.**
　　「トレイシーがインターネットで見つけたTシャツはそれほど高くなかった」

▶トレイシーがいつもTシャツを着ているということは述べられていないので、①は正しくない。また、トレイシーの両親は2人とも6フィート(約180cm)以上あったと述べられている。〈not both ～〉は部分否定を表し「両方とも～というわけではない」という意味。よって②も正しくない。結果的にどの店でも良いTシャツは見つからなかったので、③も正しくない。④については、It cost 5 dollars「(Tシャツの)値段が5ドルでした」より、値段がそれほど高くないことがわかるので、これが正解。

Question 2：Why didn't Tracy buy the T-shirt with a snake illustration?
　　　　　　「なぜトレイシーはそのヘビのイラストのTシャツを買わなかったのですか」

▶最後に He hated snakes.「彼はヘビが大嫌いでした」とあることから、(Because) **he didn't like snakes**. (5語)〔(Because) **he hated snakes**.(4語)〕が正解となる。

実践テスト　*1*

1　＜同意文完成＞

1　I didn't think you could fix the machine.
「あなたがその機械を直せるとは思いませんでした」

＝I thought（ **it** ）（ **impossible** ）for you（ **to** ）fix the machine.
「あなたがその機械を直すのは不可能だと思いました」

　▶2文目は〈 think Ｏ Ｃ 〉「ＯをＣだと考える」を用いた第5文型の文である。ＯとＣの間には主述の関係が成り立つが、今回は「あなたがその機械を直すこと」（＝Ｏ）が「不可能だ」（＝Ｃ）と考えたわけである。第5文型の文の目的語が to 不定詞になる場合は、仮目的語の it を置き、to 不定詞部分は補語の後ろに移動させる。

2　He was richer than I was.
「彼は私よりも裕福でした」

＝I didn't have（ **as[so]** ）（ **much** ）money（ **as** ）he did.
「私は彼ほどお金を持っていませんでした」

　▶比較級を用いた文の比較対象を入れ替え、〈 not as［so］〜 as…〉「…ほど〜ない」を用いて書きかえる問題である。お金の「量」を比較するため、much を用いる。

3　I can't wait for your letter.
「あなたからの手紙が待ちきれません」

＝I'm looking（ **forward** ）to（ **hearing** ）（ **from** ）you.
「あなたから手紙をもらうのを楽しみにしています」

　▶1文目の文意と、2文目の I'm looking から、〈 look forward to 名詞 〉「 名詞 を楽しみにする」を用いると判断しよう。この to は前置詞なので、後ろには名詞（動作であれば動名詞を用いる）が続く点に注意しよう。文末に you が与えられていることから、手紙の部分を「あなたから手紙をもらうこと」と言いかえ、〈 hear from 〜 〉「〜から手紙（便り）をもらう」を用いる。

4　We don't realize the importance of time until we waste it.
「無駄に過ごすまで、我々は時間の大切さに気づかない」

＝（ **Not** ）until we waste time（ **do[can]** ）we realize（ **how** ）important it is.
「無駄に過ごしてはじめて、我々は時間の大切さに気がつく」

　▶1文目の until 以降を前に出して、2文目の語順に合わせて見比べてみよう。
　　Until we waste time, we don't realize the importance of it.
　　＝（　）until we waste time,（　）we realize（　）important it is.
　2文目では、1文目に存在した don't がなくなっている。このことから、否定語を文頭に出すことによる「倒置」（疑問文の語順になる）を考える。すると、否定語の not を文頭に出して、Not until we waste time とし、後半は do we realize 〜 と倒置すれば良い。the importance of time の部分は、「時間がどれほど大切か」と捉え直し、how

important it（＝time）is とする。なお、このような「〜してはじめて…」を表す構文には他に、強調構文を用いた〈It is not until 〜 that…〉もある。

5　How about going fishing this weekend?
　「今週末に釣りに行くのはどうですか」
　＝（ **Let's** ）go fishing this weekend,（ **shall** ）（ **we** ）?
　「今週末に釣りに行きませんか」
　　▶勧誘表現である。以下に主要なものをまとめておくので、確認しておこう。
　　How［What］about 〜 ing?
　　Let's 〜 .（付加疑問文にする場合は、本問のように shall we を加える）
　　Shall we 〜 ?
　　Why don't we 〜 ?
　　Why don't you 〜 with me［us］?
　　Why not 〜 ?
　　What do you say to 〜 ing?（to 〜は不定詞ではなく前置詞なので、動名詞を続ける点に注意）

6　Jack came to this place half a century ago and he is still here.
　「ジャックは半世紀前にこの場所に来て、今もここにいる」
　＝Jack has been（ **in** ）this place for（ **fifty**［**five**］ ）（ **years**［**decades**］ ）.
　「ジャックは 50 年間この場所にいる」
　　▶ジャックがこの場所に来た時点から現在の時点までを「ジャックがこの場所にいる期間」と捉えて書きかえる。Jack is in this place.「ジャックはこの場所にいる」という状態が過去から現在まで継続しているので、現在完了の Jack has been in this place となる。for 以降で期間を表すが、与えられた「半世紀」を「50 年」と言いかえればよい。

7　The wind was so hard that I closed my eyes.
　「風があまりに強かったので、私は目を閉じた」
　＝The wind was（ **too** ）hard for me to（ **keep** ）my eyes（ **open** ）.
　「風があまりに強かったので、私は目を開けていられなかった」
　　▶ so 〜 that…構文「とても〜なので…」から、too 〜 to…構文「…するには〜すぎる」や 〜 enough to…構文「…するには十分〜」への書きかえは頻出である。enough to 構文の際の enough の位置は、enough が形容詞なら名詞の前（enough 名詞 to…）、enough が副詞なら形容詞／副詞の後ろ（形容詞／副詞 enough to…）となる。今回、1 つ目の空所は形容詞 hard の前なので、enough to 構文ではなく too 〜 to…構文を用いる。この構文の意味合いは、「…するには〜すぎる」なので、1 文目の「風が強すぎて目を閉じた」を、「目を開けているには風が強すぎた」と言いかえる。注意すべきは、元々開いていた目を閉じたわけなので、to 以降には、「目を開ける」という動作ではなく、「目を開けたままにする」という状態を保つ表現がくる点である。〈keep O C〉「O を C のままにする」を用いて表現すればよい。

8　Jane is worse at speaking French than Kate.

「ジェーンはケイトよりもフランス語を話すのが苦手だ」

= Kate is (**a**) (**better**) (**speaker**) of French than Jane.

「ケイトはジェーンよりも上手なフランス語の話者である」

▶ 1 文目は、〈 be good at 〜 〉「〜が得意である」の対義表現〈 be bad at 〜 〉「〜が苦手である」を比較級で用いたものである。フランス語を話す能力がジェーンよりケイトの方が高いことを踏まえた上で、2 文目では比較対象が入れ替わっていることに注意する。〈 be good at 〜 〉以外で「フランス語を上手に話す」ことを表現する場合、Kate speaks French well. や Kate is a good speaker of French. があるが、空所に続く of French に着目し、後者を比較級で用いればよい。

9　We couldn't go out because it snowed heavily.

「雪が激しく降ったので、私たちは外出できなかった」

– The (**heavy**) snow prevented us (**from**) (**going**) out.

「激しい雪によって、私たちは外出できなかった」

▶「S（主語）のせいで、…は〜できない」を表す構文は、本問の〈 S prevent [keep, stop] … from 〜 ing 〉以外に、仮目的語 it を用いた〈 S make it impossible for … to 〜 〉も押さえておこう。また、1 文目では動詞 snowed を説明すべく副詞 heavily が用いられているが、2 文目では主語である名詞 snow を説明するため形容詞 heavy とする点もポイントである。

10　Tell me your birthplace.

「出生地を教えて」

= (**Let**) me know (**where**) you (**were**) born.

「どこで生まれたのか教えて」

▶ 1 つ目の空所の後に「私が知っている」という主述の関係が成り立っている点に注目すると、O と C の間で主述の関係が成り立つ第 5 文型の文であることがわかる。さらに、補語の位置に動詞の原形がきていることから、1 つ目の空所には使役動詞 let を入れ、「私が知ることを許可して」=「私に教えて」とする。birthplace は生まれた「場所」であることから、「どこで生まれたのか」と言いかえて、where を用いた間接疑問文とする。be 動詞の時制に気をつけよう。

2　＜正誤判定＞

1　Each of the students, some of whom have never taken this course, **has** to answer all the questions.

「生徒たちのそれぞれが、中にはこの講座を受けたことがない人もいるが、全ての質問に答えなければならない」

記号：C　正しい形：**has**

▶正誤問題において、SV 対応のチェックは怠らないようにしよう。今回は主語と動詞の間に挿入節（some of whom have never taken this course）があり、一見捉えにくいが、

主語は Each of the students「生徒たちのそれぞれ」であり、単数である。よって一般動詞は三単現の形にする必要がある。

2　At the meeting which **took place** last year, we learned the importance of time management.

「昨年開催された会議で、我々は時間管理の大切さを学んだ」

記号：B　正しい形：**took place**

▶ take place は「起こる」という自動詞の意味で用いるため、受動態になることはない。常に〈 主語 take place 〉「 主語 が起こる」という語順である。happen も同様である。

3　Why don't you ask her about the matter and discuss it with her when she **comes**?

「彼女が来たら、その件について彼女に尋ねて、議論してみてはどうですか」

記号：D　正しい形：**comes**

▶時や条件を表す副詞節中では、未来のことでも will を用いないのが原則である。直す際には、will を取り除くだけでなく、when 節の主語 she に合わせて三単現の s をつけることを忘れないようにしよう。ちなみに、「〜について議論する」の discuss は他動詞であり、discuss about 〜とはしない。discuss 〜 ＝talk about 〜として認識しておこう。

4　I'm quite a stranger here, so please tell me which way **I should** take.

「このあたりにまったく詳しくないので、どの道を行くべきか教えてくれませんか」

記号：C　正しい形：**I should**［to］

▶ Which way should I take?「どの道を行くべきですか」という疑問文を、tell me に続く目的語として組み込んだ間接疑問文である。間接疑問文は、平叙文（肯定文、否定文）の語順となるため、should I は I should になる。「どの道を行くべきか」を〈 疑問詞＋to 不定詞 〉で表した which way to take も別解となる。

5　I want to buy **something exciting** to read before we get on the train.

「電車に乗る前に、何かおもしろい読み物を買いたいです」

記号：B　正しい形：**something exciting**

▶ something/anything/nothing や someone/anyone/no one などは、修飾する形容詞が１単語であっても常に後置修飾される語である。to 不定詞も続く場合は、本問のように〈 〜 thing/ 〜 one 形容詞 to 不定詞 〉の語順となる。

6　Those who want to climb Mt. Fuji should go to ask George for some **advice**, for he is an expert on that area.

「富士山に登りたい人々は、ジョージのところに行って助言を求めるべきです。というのも彼はその地域の専門家ですから」

記号：C　正しい形：**advice**

▶ advice「助言」は不可算名詞であることから、複数形の s はつかない。あえて数える際は、a piece of advice のように piece を用いる。他に不可算名詞として押さえておきたいものは、information「情報」、furniture「家具」、progress「進歩」、baggage/

luggage「手荷物」、news「知らせ」などがある。

7　That lady with a coat **on** is a famous singer whose songs are popular in our country.
「コートを着たあの女性は、私たちの国でその歌が人気の有名な歌手です」
記号：B　正しい形：**on**
▶〈with O C〉「O が C の状態で」の付帯状況を用いて衣服の着用を表す。その際、O と C の間には主述の関係が成り立つわけだが、O にあたる衣服が、体に「くっついている」状況である。よって用いる語は on となる。in も衣服の着用を表す場合があるが、in によって、人が衣服「の中に」包まれている状態を表すため、a lady in a coat のように、in の後ろに衣服が続く形になる。

8　**To** my surprise, it was not Betty but Dorothy that won the match.
「驚いたことに、試合に勝ったのはベティではなくドロシーだった」
記号：A　正しい形：**To**
▶「驚いたことに」や「嬉しいことに」のように、人にとっての感情を表す際の熟語は〈to one's 感情を表す名詞〉である。to には方向と到達を表す矢印（→）の意味合いがあることを押さえておこう。感情を表す名詞は surprise の他、delight「喜び」や disappointment「失望」も覚えておきたい。

9　Dick is **such an** honest person that everyone in his neighborhood likes him very much.
「ディックはとても正直な人なので、近所の人たちは皆、彼のことが大好きだ」
記号：A　正しい形：**such an**
▶so ～ that…構文の so は副詞であるため、so の後ろに続くのは形容詞（句）か副詞（句）である。今回のように、〈形容詞＋名詞〉という名詞のまとまりが続く場合には、形容詞である such を用いるのが正しい。「後ろに名詞があるか否か」という点で使い分けるため、so と such の使い分けは、感嘆文の how と what の使い分けと同様である。

10　There is little time left for us to prepare for the exam, **is there**?
「私たちが試験の準備をする時間はほとんど残っていませんよね」
記号：D　正しい形：**is there**
▶付加疑問文では、肯定内容の後なら否定形、否定内容の後なら肯定形を続ける。not 以外にも、never, no, few, little, hardly などは否定内容となるため、続けるのは肯定形となる。例：You have no siblings, do you?「あなたにはきょうだいがいませんよね」

3　〈長文読解総合〉

［全訳］
　飛行機が発明される前、人々は空飛ぶことを夢見ていた。早くは、鳥のように飛ぼうとした。羽毛のついた翼を作り、腕につけた人もいた。結果がどうであったかは、想像に容易いだろう。鳥の翼の筋肉は、我々人間の腕の筋肉とはまったく異なっている。だから、そのような初期の飛行の試みはうまくいかなかった。
　飛行の試みが最初にきちんとうまくいったのは、1783 年のことだった。フランスの兄弟が

興味深いことを発見したのだ。彼らは紙と布でできた袋を用いて実験していた。袋の底の開いた部分に炎を置くと、袋は空気で満たされた。それから袋は宙へと浮いたのだ。この光景を目にしたのち、その兄弟は熱気球を発明した。最初に、彼らは気球をそれ単体で飛ばした。それから、羊や鶏、アヒルを乗せて飛ばした。最終的に、人間を数人乗せて飛ばした。それは人による最初の飛行であった。しかし、熱気球の問題点は、制御がききにくいということだ。より良い飛び方が必要だった。

　1800 年代に成された新しい発明により、人々はより飛行を制御できるようになった。この発明品はグライダーと呼ばれた。人が乗れるということを除いて、グライダーは凧に類似していた。凧のように、グライダーは飛ぶために風を利用した。よって、パイロットが完全に制御していたわけではない。さらに、グライダーには動力源がなかった。そういうわけで、人々は依然としてより良いものを求め続けた。飛行の歴史において最も重要な出来事が 1903 年に起こった。ライト兄弟が最初の飛行機を飛ばした時であった。12 月 17 日、ライト兄弟の 1 人が、飛行機を 12 秒間飛ばした。それは長時間とは言い難いが、この短時間の飛行が世界の移動手段を変えたのである。

Paul Nation, Casey Malarcher Reading for Speed and Fluency 2 Compass Publishing

［解説］

1 　 Early on, they tried to fly like (**birds**).

「早くは、鳥のように飛ぼうとした」

▶空所は前置詞 like の後ろであるから、「　1　のように飛ぼうとした」という文意を読み取ろう。その後に、羽毛のついた翼を作り、腕に装着した記述があり、さらに、「鳥の翼の筋肉と、人間の腕の筋肉はとても　2　である」という記述がある。ここにも空所が含まれるが、鳥と人間を比較している時点で、「鳥のように飛ぼうとした」という内容がつかめるであろう。冠詞がないため、複数形にするのを忘れないように気をつけよう。

2 　 The muscles in birds' wings are very (**different**) from the muscles in our arms.

「鳥の翼の筋肉は、我々人間の腕の筋肉とはまったく異なっている」

▶空所は be 動詞と副詞の very に続く部分であり、形容詞が入る。この直後に「だから、そのような初期の飛行の試みはうまくいかなかった」とあり、鳥を模して飛ぶことがうまくいかなかったとわかる。その理由として、空所後の from 〜もヒントにして、筋肉の構造が「異なっている」からだと考えればよい。

3 　 When they put a flame near the opening at the (**bottom**), the bag filled with air.

「袋の底の開いた部分に炎を置くと、袋は空気で満たされた」

▶この段落は、熱気球について語られている。設問部分は、今日我々が目にする熱気球が発明される前段階のものではあるが、熱気球の原型となったものであり、熱気球が空を飛ぶ原理をイメージして読めたかがポイントとなる。「炎を　3　にある開いた部分に置くと、袋が空気で満たされ、空に飛んでいった」わけである。この袋はまさに熱気

球の球部分であり、開いた部分とは、袋の「下部」である。そこに火を置いて熱すると、暖められた空気が上昇し、空を飛ぶ仕組みである。よって、「下部」を表すbから始まる単語であるbottomが正解となる。

4 First, they sent a balloon up by (**itself**).

「最初に、彼らは気球をそれ単体で飛ばした」

▶空所を含む文は、First から始まる。何かの手順の最初を示す言葉であるため、必ず続く手順を確認しよう。すると、「続いて羊や鶏、アヒルを乗せて飛ばした」という記述があり、最後に「人を乗せて飛ばした」ことがわかる。うまくいくかどうかわからない段階で、最初から人間を乗せるのはリスクが高いため、まずは気球だけで、次に動物、そして最後に人間を乗せたという流れがつかめると良い。よって、〈 by oneself 〉「〜自身で」の熟語を用いる。a balloon という単数のモノを指すため、itself となる。

5 The problem with hot air balloons, though, is that you do not have much (**control**).

「しかし、熱気球の問題点は、制御がききにくいということだ」

▶空所を含む文を直訳すると、「気球の問題点は、あまり 5 を持っていないこと」となる。この時点では解答の決め手がないため、読み進める。直後に、(その問題点を克服すべく)「より良い飛び方が必要だった」とあり、続く段落で、新しい発明について述べられている。この発明とは、気球の問題点を踏まえた上での発明であるため、その改良点を意識しつつ読むと、「1800 年代に成された新しい発明により、人々はより飛行を制御できるようになった」とあり、完全に風まかせの気球は制御がきかない点が問題であったことがわかる。さらにその後、グライダーも基本的な動力源は風であることから、the pilot did not have full control「パイロットが完全に制御していたわけではない」という記述があり、設問部分と同じく動詞 have が用いられている点もヒントになる。have control は「支配権を持っている」→「制御する」ということである。

6 This invention was (**called**) a glider.

「この発明品はグライダーと呼ばれた」

▶主語の This invention は、気球よりも良い、新しい飛行方法 (を用いた発明品) であり、空所後の a glider は、その名前である。よって、頭文字 c もヒントに「〜と呼ばれる」を導き出せばよい。

7 (**Like**) a kite, the glider used the wind for flight.

「凧のように、グライダーは飛ぶために風を利用した」

▶空所前の文で、人が乗れるということを除いて、グライダーは凧に類似していたという記述があり、空所を含む文で、グライダーが飛ぶために風を利用していたことがわかる。風を利用するという点は凧と共通するため、「凧のように」となるよう、前置詞 like を補う。as は、「イコール」を表す働きで、凧とグライダーは類似しているが同じものではないため、不適。前置詞 as の基本的な訳は「〜として」である。

8 The (**most**) important event in the history of flight happened in 1903.

「飛行の歴史において最も重要な出来事が1903 年に起こった」

▶次の文 That was when the Wright brothers flew the first airplane. の That は、The ⬚8⬚ important event を指しており、この event の内容が明示されるのは空所を含む文よりも後ということになる。つまり、空所の前の定冠詞 The は、前に出てきたものを受けているわけではない点がポイントである。ではなぜ不定冠詞の a ではなく the が用いられているかというと、event を修飾する形容詞が最上級になっているからである。よって most が正解となる。

⬚9⬚　　On December 17ᵗʰ, one of the Wright brothers flew their airplane (**for**) twelve seconds.

「12 月 17 日、ライト兄弟の 1 人が、飛行機を 12 秒間飛ばした」

▶ライト兄弟が初めて有人動力飛行に成功する場面であり、空所の後ろには「12 秒」という期間があることに注目し、期間を表す前置詞 for を補う。

⬚10⬚　　That does not sound like a long time, but this short flight (**changed**) the way the world traveled.

「それは長時間とは言い難いが、この短時間の飛行が世界の移動手段を変えたのである」

▶接続詞の but に注目しよう。but の手前は「それ（＝12 秒間の飛行）は長時間とは言い難い」というマイナスの内容である。よって but 以降の「この短時間の飛行が世界の移動手段を ⬚10⬚ した」はプラスの内容となる。この出来事がきっかけとなり、それまではなかった「空を飛んでの移動」ということが可能になったのであるから、移動手段を「変えた」と考えるのが適切である。日本語でも、「世界を変える出来事」や、「常識を変える新商品」など、影響が大きいものを指して「変える」という言葉が用いられる。

4　＜長文読解総合＞

［全訳］

　「この至福の瞬間に、新婚の二人が席に着き…」ジンナンは大声だが美しく抑揚のある声で歌った。妻のリリが彼の元を離れていって以来、仕事への復帰初日だったのだが、この行事に際して、なんとか落ち着いた声、それどころか陽気な声を出せたことが嬉しかった。また彼は、光り輝くスールナーイ(管楽器の一種。日本では「チャルメラ」と呼ばれる)を口元に掲げ、鋭く短い音を奏でた際に、反射して(チャルメラに)映った自分の顔がにっこりと笑っていることに驚いた。この音を合図に、4 人の椅子かごの担ぎ屋たちは、みな柔らかな青いシルクの衣装に身を包み、頬を赤く塗っているのだが、かごの四方の角から出た棒を持ち上げ、椅子かごを肩に担ぎ、ジンナンの指示を待つのだった。

　「行進を始めよう」ジンナンが叫び、もう一度チャルメラで生き生きとして楽しげな音を出した。正午に差し掛かる日差しが行進の一行、赤いシルクと花で覆われた椅子かご、そして 4 人の担ぎ屋たちに照りつけ、彼らの頬は歩くほどに赤みを帯びていった。担ぎ屋たちは体を左右に揺り動かし、椅子かごに乗った夫婦の重みのバランスをとった。ジンナンはチャルメラの音色に合わせて腰をあちこちに動かしながら、行進を先導した。沈んだ心にもかかわらず、彼の体は子どもの頃から馴染んでいる音楽に抗えず、勝手に反応していたのだ。顔に滲んだ汗を

拭きながら、ジンナンは椅子かごの薄いカーテン越しに、新婦が揺れで肩が上下するのに合わせて、手袋をした手で顔を覆っているのが見えた。それは奇妙なことであった。椅子かごに乗り込む際、新婦の顔は布で覆われていたし、今も、新婦が笑っているのか泣いているのかを判断することはできなかった。ジンナンは夫婦をもっと良く見ようと覗き込んだが、新婦は相変わらず、何か隠し事でもあるかのように、手で顔を覆い続けた。

今日、椅子かごの行進はもはや婚礼に際しての必須行事とは考えられていない。若者にとっては、昔の伝統を思い起こさせる面白い行事に過ぎないのだ。何年にも渡り、ジンナンは椅子かごを利用した夫婦の様々な感情—喜び、満足感、困惑、驚嘆など—を目にしてきた。しかし彼はなぜだかこのカップルにだけは不穏な空気を感じた。何よりもまず、椅子かごの中からほとんど音が漏れてこず、何かが聞こえたとしても、それはいつも強い南部訛りで話す新郎の声だった。新婦は消え入りそうな、短い受け答えをするだけだった。夫婦はよりによってこの行事の日に口論でもしていたのだろうか。彼自身のみじめな気持ちがあったが、それでもジンナンはお客さんに幸せになってほしかった。

行進は、レストランやカフェがある狭い道を通り過ぎた。色鮮やかな新しい海鮮料理のレストランの横には、広大な建設現場が広がっており、ほとんどの作業員たちは通り過ぎる椅子かごに目を向ける余裕もないほど忙しく働いていた。一人だけ、手を止めて椅子かごを見下ろした人物がおり、一瞬、ジンナンは過去の自分を見ている気がした。そう遠くない昔、ジンナンも彼らと同じように、低賃金で働く都会の奴隷の一つである、建設現場の作業員だった。ジンナンは数年でその仕事から抜け出せて幸運だった。椅子かごに乗ることが、再び人気の出てきた多くの婚礼の伝統行事の一つとなり、それにより彼はチャルメラ吹きとして仕事を見つけることができた。それからまもなく、彼は片腕となってくれる地元の村の友人4人を雇い、自分自身の婚礼椅子事業を始めることができた。仕事は彼にぴったりだった。チャルメラを吹き、観衆の視線を受けて踊りながら、彼は自分がいるべき場所に収まっている気がした。

担ぎ屋たちの歩く速度が速まってきた。椅子かごの重さにも慣れ、目的地まで残り半分を切っていることがわかっていたのだった。

「繋ぎ合わさる宝石のように、ぴったりと合うヒスイのように、あなた方の結婚生活が調和のとれたものとなりますように」ジンナンは歌った。

担ぎ屋たちが野太い声で加わった。「人生は甘美なもの。寄り添って飛ぶ二羽の鳥、同じ苗木に育つ二輪の花…」

突然、ジンナンはまさにこれらの言葉がリリの琴線に触れたことを思い出し、悲しみに包まれた。彼が最初にリリに会った時、彼女は市場で服を売っていた。彼女はジンナンが行進するのを見て、恋に落ちたのだ。

「あなたは心から言葉を発しているのがわかるの」彼女は言った。都会の男の子たちに誠実さはなく、結婚ではなく単に刺激を求めているだけなのだと、リリはジンナンに語ったことがあった。彼女は一生そばにいてくれる人、一緒に歳を取っていける人を探していたのだった。彼に、自分自身の婚礼椅子事業を始めるよう励ましてくれたのは彼女だった。

ジンナンは、リリの思い出を振るい落とそうとするかのように、体を一層激しく揺り動かした。行進に没頭し、右手でチャルメラを持ち上げ、あらん限りの力で吹いた。彼は自分が演奏

している旋律の名前すら知らなかった。彼にとってそれは単に、祖父や父が故郷の田舎の村人たちの結婚式で何年にも渡って演奏していた音楽なのだ。

　一行は橋へとたどり着き、そこではたくさんの人が行進のクライマックスを楽しみに集まっていた。ジンナンはチャルメラを持つ手を下げ、大きく息を吸った。それから椅子かごに向き直った。

　「平穏と調和の中に、愛の喜びへの旅が続く。新婦は楽器であり、新郎がそれを奏でるのです」ジンナンは言った。

　「調和のとれた音楽を、調和のとれた音楽を」担ぎ屋たちが繰り返した。

　ジンナンの指示をきっかけに、4人の担ぎ屋はじゃれ合うように椅子かごを上下に動かし始め、歌はより速く、息をつく間もなくなっていった。群衆は、怖がる振りをして叫ぶ新婦の声や、彼女を落ち着かせようと諭す新郎の低い声を聞こうとして近寄ってきた。ジンナンは群衆を楽しませようと踊りながら、意図的に椅子かごから離れた。夫婦が喜ぶ歓声を聞くと、リリと一緒に椅子かごに乗っていた頃の耐え難い記憶が蘇りそうだったのだ。その日、彼ら自身の婚礼椅子に乗り、ぴったりとジンナンに身を寄せたリリは、伝統的な赤いウェディングドレスに身を包み、その笑顔は今まで目にした中で最も美しい花のようであった。しかしこの度、群衆たちはがっかりしていた。どんなに耳をそばだててみても、椅子かごの中からは何の音もしなかった。

　ジンナンは椅子かごに再び近づき、カーテンの隙間から、内部に赤く書かれた「囍」という、結婚に際しての特別な祝福の言葉を目にした。新婦は考え事でもしているかのように、まだ頭を低く垂れていて、顔の半分は手で覆われていた。彼女はなぜ夫を見ていないのだろう。まだ口論をしているのか。ジンナンは群衆の方を向き、祝詞を続けた。

　「忠実な息子、娘であれ。まん丸な赤ん坊が生まれますように。家族が繁栄しますように」

　ジンナンは子どもが生まれれば喜んだであろう。女の子が良かったかな。ただ、リリは子どもが欲しくないと言い張った。子どもは彼らの暮らしを大きく変えてしまうと。彼女は責任を負いたくないと。彼女を心から愛していたので、ジンナンはリリの願いを受け入れた。ジンナンの両親はすでに他界していて、孫ができないことへの不満を漏らすこともなかったのが好都合であった。ジンナンとリリはお互いのためだけに過ごし、その日々は長いものだった。
しかし時が経つにつれて、リリはジンナンの嫌なところが目につくようになった。いびきのかき方、つばを吐く様子、足を洗わずに寝ることなど。ジンナンはリリに「田舎者」と呼ばれ、傷ついた。

　しかし、どんなに物事がうまくいかなくても、リリはジンナンが椅子かごの行進の際に美しく歌う言葉を聞くことが大好きだった。ジンナンにとっては、リリが喜ぶ様子は気恥ずかしいものだった。これらは公の言葉であり、あくまで行事の一環なのだから。彼はたしかにリリのことを心から愛していたが、行事の言葉はリリと自分には無関係だったのだ。

　しかし今日、彼は自分が間違っていたことがわかった。今、彼はずっと、たしかに自分たち自身のことを歌っていたのだと気がついた。これら愛と情熱の言葉の中に、彼のリリに対する感情の全て、リリと自分のためにかつて抱いていた希望が表現されていたのだ。

　自分自身のためというよりも、食いぶちがかかっている担ぎ屋たちのために、彼は気丈に振

舞った。「そよ風が吹き、太陽が暖かく輝く。多大なる幸運と喜びと共に、新婚夫婦に幸あらんことを。共に長生きせんことを」と彼は歌った。

「わっしょい、わっしょい」担ぎ屋たちは一斉に叫んだ。群衆たちは、行事の最後を見ようと、再び集まってきた。

「椅子かごを下ろせ」ジンナンはか細く震える声で指示を出した。チャルメラを持っていた右手は重たく、痛んだ。これを機に椅子かごの仕事は辞めよう、とジンナンは決めた。こんな苦しみに見舞われるくらいなら、低賃金で疲弊する建築作業に戻ったほうがマシだろう。

椅子かごの前方が開き、痩せて南部出身者の身なりをした新郎が降りてきて、伸びをした。それから彼はふと思い出したように振り向き、その時、新婦が降りてきた。

そう、ジンナンが目にしたのはまさに彼女だったのだ。彼女は目に涙を浮かべていたが、彼らの目は合い、彼女の顔はこわばっていて、不自然にのっぺりとしているように見えた。肌を引き伸ばし、見た目を若くする手術が最近可能なことは聞いたことがあった。リリ自身がそれについて話していたことがあった。今、彼女はたしかに若く見えるが、同時に年老いても見えた。

ジンナンはリリが倒れこむと思い、彼女に歩み寄った。南部の男が彼女を支え、笑った。「いやいや、面白かったな。次は何をしようか。舟旅が良いらしいぞ」

リリは男の腕に抱かれたまま、何かをつぶやいた。男はうなずき、ポケットに手をやった。「いくらだい」彼はジンナンに、ややせっかちな様子で尋ねた。

ジンナンは動くことなくそこに立っていた。言葉が出てこなかった。担ぎ屋の1人が代わりに話した。「550元です」

「ほらよ、600元だ」南部の男はジンナンの手にお金を押し付け、ほほ笑んだ。「50元は、君の素晴らしい祝詞に対してだ。歌がお上手だね」

ジンナンの手は震え、お金が地面に落ちた。担ぎ屋の1人が屈んで紙幣を拾い上げ、ためらいつつそれらをジンナンの手に戻した。南部の男はリリに腕を回し、橋の方へと彼女を連れて行こうとした。

「待ってください」突然ジンナンが口を開いた。「お金は婚礼用の赤いハンカチに包んでください」

「何のことだい」

「伝統なんです」

「待ってくれよ。チップをあげたじゃないか」

「関係ありません。あなた方は婚礼椅子かごに乗ったのだから、赤いハンカチに包んだお金を支払わなければならないのです」

「馬鹿言っちゃいけねえ」

「赤いハンカチです」

「でも俺たちは結婚するわけじゃないんだぞ」

「あなた方は…何ですって」ジンナンはリリのピンクのウェディングドレスや、この日のために仲間たちと慎重に椅子かごの中に置いた、「子宝に恵まれるよう」というような響きの名前がついた伝統の調度品の全てを凝視した。

「服はブライトライトセンターでレンタルしたのよ」低くささやくようなリリの声が彼の耳に届いた。「彼氏がちょっと楽しみたかっただけなの」

Clare West *Gazing at Stars* : *Stories from Asia* OXFORD UNIVERSITY PRESS

［解説］

A　内容把握

1　しばらくぶりに仕事に戻り、行事を始めた時、ジンナンはどう感じましたか。

(a)　まったく仕事をしたくなかった。

(b)　あまりに緊張して、うまく仕事ができなかった。

(c)　思っていたよりも元気に仕事ができたので嬉しかった。

(d)　この行事が終わったら仕事をやめたほうがよいと思った。

▶第1段落3行目後半からの、he was glad that he was managing to sound calm, even joyful, for the occasion.　He was surprised by the reflection of his wide smile in the shining *Suernai* trumpet に注目しよう。リリと別れた悲しみを抑えて、なんとか落ち着いた声を出せて、むしろその声が楽し気だったことに喜びをおぼえている。さらにチャルメラに反射した自分の顔が、満面の笑みをたたえていた記述もあるため、(c)が正解。(a)(b)は本文に記述がなく、(d)に関しては、第23段落にて、行事が一通り終わった後、「これで最後にしよう」と思っているが、行事の開始時ではないため、不正解。

2　下線部①his body could not resist the music he had known since childhood はどのように書きかえられますか。

(a)　その音楽に非常に慣れ親しんでいたので、音楽に合わせて踊らざるを得なかった

(b)　子どもの頃から知っていたにもかかわらず、その音楽をうまく演奏できなかった

(c)　子どもの頃から知っていたにもかかわらず、楽しんでその音楽を聞けなかった

(d)　非常に子どもっぽい音楽なので、楽しげなものだとは思えなかった

▶下線部の構造は his body could not resist ｜the music｜ (which)〔he had known since childhood〕「彼の体は、〔子どもの頃から知っている〕｜音楽｜に抗えなかった」となる。「抗う」とは、相手の働きかけを受け入れないことであるので、「音楽に抗えない」とは、「音楽を聞く、音楽を楽しむ」ことを表す。resist の意味を知っていればこの下線部のみの解釈でも正答が導けるが、resist がわからなかったとしても、下線部直前の in spite of his heavy heart「沈んだ心にもかかわらず」に注目しよう。沈んだ心（＝マイナスの状態）にもかかわらず、に続く部分なので、下線部はプラスの内容となる。よって、(a)が正解である。

3　下線部②odd は何を意味しますか。

(a)　心地よい

(b)　奇妙な

(c)　大切な

(d)　良い

▶下線部を含む It was an odd thing to do.「それは奇妙なことであった」の It とは、椅子かごに乗った新婦が手で顔を隠していたことである。直後の文で、椅子かごに乗り込む際に

も、新婦の顔は覆われていて見えておらず、ジンナンは新婦（＝顧客）の反応がわからないという状況に陥っている。同段落最終文では、ジンナンが夫婦をもっとよく見ようとするが、やはり見えない（but the bride continued to bury her face in her hands as if she had something to hide）ことが書かれている。見えないという結果が but で導かれていることから、やはり見えないという状況は「マイナス」であり「通常とは違うこと」であることが読み取れるため、(b)が正解

4 どうしてジンナンはその夫婦に不穏な空気を感じ取ったのですか。

(a) 夫婦は口論をしていた。

(b) 新郎は南部訛りだった。

(c) 夫婦がとても静かだった。

(d) 夫婦はジンナンに対して無礼だった。

▶第3段落5行目に、キーワードとなる disturbing がある。ジンナンがこのように感じた要因は、直後の To start with「何よりもまず」以降に述べられている。椅子かごの中からはほとんど音がしなかったことが書かれており、通常、新婚カップルが婚礼行事で椅子かごに乗ったのであれば、仲睦まじく会話したり、楽しんだりする様子が音として漏れ聞こえてくるだろうに、それがないとは不自然だ、ということである。正解は(c)。(a)に関しては、同段落下から2行目で Had they had an argument, on this of all days?「夫婦はよりによってこの行事の日に口論でもしていたのだろうか」とあるが、これは会話のないことを不審に思ったジンナンの推測である。

5 下線部③Jinnan seemed to catch sight of his former self はどのように書きかえられますか。

(a) ジンナンは前にいる男が彼を見ているのに気がついた

(b) ジンナンは建築現場の作業員だった日々を思い出した

(c) ジンナンは自分に似た作業員を見つけた

(d) ジンナンは自分の子ども時代の光景を見ている気がした

▶まずは下線部を解釈しよう。〈catch sight of ～〉は「～の光景を捕まえる」→「～を見る」と理解しよう。his former self 部分が難しかったかもしれないが、self は「～自身」であり、former は「前の、以前の」という意味の言葉である。forward「前方へ」や forehead「額」など、for(e) が前を表す接頭辞である点を覚えておこう。また、former は latter とセットでそれぞれ「前者」と「後者」の意味でも用いられる。以上から、下線部は「ジンナンは以前の自分自身を見るようだった」→「ジンナンは過去の自分を見ている気がした」となる。文脈からも、下線部手前において、建設現場で働く作業員を見て、その後、自身も以前は低賃金で働く作業員であり、幸運にもその仕事を辞めて婚礼椅子事業に従事することができたという、過去の回想が述べられている。よって(b)が正解。(d)は、子ども時代まで遡っているわけではなく、自分が現場作業員だった頃の回想をしているため不正解。

6 下線部④he felt he was where he belonged はどのように書きかえられますか。

(a) 彼はその場所と人々をよく知っている感じがした

(b) 彼は仕事が自分に適していると感じた

(c)　彼は友達に雇われていると感じた

(d)　彼はたくさんの人々に見られるのは嫌だと感じた

▶下線部の直訳は、「彼は自分が所属している場所にいると感じた」である。下線部を含む文の1文手前、The job suited him well.「仕事は彼にぴったりだった」に注目しよう。建築現場の作業員を辞め、婚礼椅子事業に携わり、仲間を誘って自らの婚礼椅子事業を立ち上げ、その仕事が彼に合っていたということである。行進の最中、チャルメラを吹き、観衆の視線を受けて踊りながら、「自分が所属している場所にいる」→「収まるべき場所にいる／自分のいるべき場所はここだ」と感じている、つまり、「これが自分の天職だ」と思っているわけである。正解は(b)。

7　ジンナンと担ぎ屋たちが夫婦を例えていないのはどれですか。

(a)　植物

(b)　食べ物

(c)　宝石

(d)　動物

▶本文中には、行進の最中に歌うようにしてジンナンを中心とした男たちが口にする祝詞がいくつか登場する。第6段落にて、Like jewels that connect, and jade that matches, may your married life be harmonious「繋ぎ合わさる宝石のように、ぴったりと合うヒスイのように、あなた方の結婚生活が調和のとれたものとなりますように」と、(c)宝石が登場する。第7段落では、Two birds that fly side by side, two flowers that grow on the same plant…「寄り添って飛ぶ二羽の鳥、同じ苗木に育つ二輪の花…」というように、夫婦を(d)動物と(a)植物になぞらえている。よって、例えとして用いられていないのは(b)食べ物である。

8　下線部⑤someone she could 'grow white hair' with はどのように書きかえられますか。

(a)　一緒に歳を取っていける人

(b)　一緒に子育てできる人

(c)　何かを共有できる人

(d)　彼女と髪色が同じ人

▶下線部は、「一緒に 'white hair' を生やせる人」であるが、white hair は「白髪」である。「共に白髪を生やす」とは「共に老いる」ことである。またここは、直前の someone who would stay with her for ever,「一生そばにいてくれる人」とカンマによって並列された部分である。カンマには「同格」を表す働きもあり、一生そばにいてくれる人と同じ内容になるのは(a)である。

※同格のカンマの例　John, my brother, is in Canada.「兄（弟）のジョンはカナダにいる」

9　下線部の⑥highlight は何を意味しますか。

(a)　一番退屈な部分

(b)　一番悪い部分

(c)　一番人気のない部分

(d)　一番よい部分

▶下線部を含む文を読むと、行進の highlight となる部分を見るために、たくさんの人が集まっていたことがわかる。よって、人が見たいと思う部分であることから、プラスの内容となる(d)が正解。highlight はカタカナでそのまま「ハイライト」として日本語でも用いられるが、「最も興味を引く部分、場面」や「呼び物」を表す語である。

10　下線部の⑦screams は何を意味しますか。

(a)　叫び声

(b)　表情

(c)　チャルメラ(トランペット)

(d)　ドレス

▶hear the screams「screams が聞こえる」とあることから、この時点で(b)と(d)は不適切。そして、screams of the bride「新婦の screams」より、この音は新婦から発せられるものである。(c)のチャルメラ(トランペット)は、ジンナンが吹いているものである。よって、(a)が正解。この椅子かごの行進では、担ぎ屋たちが椅子かごを上下に揺さぶり、新婦が悲鳴をあげ、新郎がそれをなだめるというお決まりのイベントがあり、群衆たちもそれを楽しみに集まってきたという場面である。下線部⑦の2行下から3行下にある the couple's cries of joy and pleasure「夫婦が喜ぶ歓声」もヒントになる。

11　ジンナンはどうして、担ぎ屋たちが椅子かごを上下に揺さぶり始めた時、椅子かごから離れようとしたのですか。

(a)　椅子かごの近くにいるのは危険だった。

(b)　群衆の声がうるさすぎた。

(c)　思い出したくないことを思い出すのではないかと思った。

(d)　リリが椅子かごから降りてきて彼に話しかけるのではないかと思った。

▶第14段落5行目に、he deliberately moved away from the sedan「意図的に椅子かごから離れた」とある。この文の後にダッシュ(―)があることに注目しよう。ダッシュは、前文を受けて、その理由などの関連情報を導く働きがある。ダッシュ後は、the couple's cries of joy and pleasure would have brought back unbearable memories of being in the sedan with Lili「夫婦が喜ぶ歓声を聞くと、リリと一緒に椅子かごに乗っていた頃の耐え難い記憶が蘇りそうだったのだ」とある。よって(c)が正解。〈 bring back 〉は「呼び戻す」(ここでは仮定法過去完了で「(もし椅子かごの近くにとどまっていたとしたら)呼び戻したかもしれなかった」となっている)、unbearable は un / bear / able と分けて解釈しよう。bear は「耐える」、bearable で「耐えられる」、それに否定を表す接頭辞 un がついているので「耐えられない、耐え難い」となる。それまでの文脈からも、行事を司る者として精一杯仕事をしながらも、リリとの思い出が蘇ってきて悲しみに支配されそうになる様子、そこで気合を入れ直して自分を奮い立たせている様子が読み取れる(第8～10段落参照)。

12　リリが、椅子かごの行進の際にジンナンが歌う言葉を聞くのが好きだったのはなぜですか。

(a)　その言葉がジンナンと自分には無関係なことを知っていた。

(b)　ジンナンが歌う時の南部訛りが好きだった。

(c)　その歌の旋律が大好きだった。

(d)　その歌をジンナンから自分へのラブソングとして聞いていた。

▶リリがジンナンの祝詞を聞くのが好きだったという記述は、第19段落にある。同段落2行目から、リリのその気持ちを受けてのジンナンの反応 (気恥ずかしい) が書かれている。ジンナンが気恥ずかしく感じた理由は、these were public words, part of a ceremony「これらは公の言葉であり、あくまで行事の一環なのだから」とある。つまり、愛について語っている自分の歌はあくまで行事の一環であり、リリ個人へ向けたものではないため、リリへのラブソングとして聞かれると恥ずかしい、ということである。この文の直後には、He did care for her with all his heart, but these words had nothing to do with Lili and him.「彼はたしかにリリのことを心から愛していたが、行事の言葉はリリと自分には無関係だったのだ」とさらに換言されている。続く第20段落では、今になって考えると、やはり自分はリリへの愛情を歌っていたのだと思い直しているジンナンの様子が描写されている。正解は(d)である。

13　下線部(8)He put on a brave face はどのように書きかえられますか。

(a)　彼はリリと自分自身のことを考えるのをやめ、仕事に集中しようとした

(b)　彼は新郎と戦うため、自分自身を強く見せようとした

(c)　彼は他の誰よりも強く見えるような仮面を被った

(d)　風が吹き始めて歌いにくくなったので、仮面を被った

▶下線部の直訳は、「彼は勇敢な表情をした」である。表情の変化前後を確認しよう。下線部手前は、リリとの思い出の回想シーンである。つまり、思い出に浸っている場面である。下線部後はというと、この稼ぎで生活をしなければならない仲間たちのために「勇敢な表情をして」、祝詞を口にしている。つまり、現実の仕事の場面へと戻っている。この流れを踏まえると、(a)が正解となる。下線部直後の less for himself than for the carriers は、勇敢な表情をした (＝自分を奮い立たせた) のが、「彼自身のため」と「担ぎ屋 (仲間) たちのため」とで比較した際に、彼自身のためという程度がより低い (less) ということである。ちなみに、「リリとの思い出が浮かび、回想に耽る→そんなことではいけないと自分を奮い立たせる→現実に戻る」という流れは、第8〜10段落と同じである。

14　下線部の(9)extra は何を意味しますか。

(a)　輸出

(b)　被害

(c)　余剰

(d)　領収書

▶下線部前後の流れを整理すると、

　　①行事の代金は550元である。

　　②新郎は600元払った。

　　③新郎は「The extra は君の素晴らしい祝詞に対してだ。歌がお上手だね」と言った。

となる。新郎は代金より50元多く払っているが、その後、おつりを貰っている様子はな

い。このことから、extra は新郎が払ったお金の「50元分」を指すと考えられる。正解の(c)の "plus"「プラス」から導くか、あるいは(a)(b)(d)はどれも基本単語であることから、消去法で(c)を選びたいところである。extra は「追加、割増」、surplus は「余剰、黒字」を表す。ちなみに、第34段落で新郎が「チップをあげたじゃないか」と発言していることもヒントになる。

15 リリの「彼氏がちょっと楽しみたかっただけなの」という発言から何が推測できますか。

(a) 彼女はジンナンに、行事がとても楽しかったことを伝えようとした。

(b) 彼女はジンナンに、彼氏は無類の楽しいこと好きであると伝えようとした。

(c) 彼女はジンナンに、彼氏は夫となるには誠実さが足りないことを伝えようとした。

(d) 彼女はジンナンに、自分と彼氏は挙式を楽しみにしていると伝えようとした。

▶物語の最終部で、実はリリと男は新婚ではなく、結婚の予定も（少なくともすぐには）ないことが判明する。最終段落でリリはか細い声で、「衣装は借り物である」ことと、ド線部である 'My boyfriend just wanted to have some fun.'「彼氏がちょっと楽しみたかっただけなの」をジンナンに伝える。この台詞の中の just は、「単に」という意味で、マイナスのニュアンスを帯びていることを捉えたい。そして台詞中の have some fun がキーワードである。第9段落で、リリが過去に同内容の発言をしていたことが書かれている。City boys were not sincere, she had told him, they wanted fun, not marriage.「都会の男の子たちに誠実さはなく、結婚ではなく単に刺激を求めているだけなのだと、リリはジンナンに語ったことがあった」である。この文中にある sincere もキーワードとなり、正解は(c)である。リリは、過去の自分の発言を引用して、「今の相手は理想の相手ではない（＝今の相手とは本気ではない）」ことをジンナンに暗に伝えようとしているのである。

16 正しくないものはどれですか。

(a) 行進の間、ジンナンは幾度かリリのことを思い出した。

(b) 建設現場で働く多くの人が、ジンナンが先導する椅子かごを見下ろした。

(c) リリは時にジンナンを軽蔑することがあり、ジンナンはそれが悲しかった。

(d) 行進の後にジンナンがリリを見た時、彼はとても驚いてしばらく何も言えなかった。

▶(a)は、第8～9段落や、第17～20段落にて、リリとの日々を回想している。(c)は、第18段落、(d)は第28～30段落にかけて述べられている。(b)に関しては、第4段落3行目に、建設現場の説明をしている箇所があり、where most of the construction workers were too busy to look at the passing sedan「ほとんどの作業員たちは通り過ぎる椅子かごに目を向ける余裕もないほど忙しく働いていた」とあるため、選択肢と矛盾し、これが正解。

B 英文解釈

(ア) The sedan ride was one of many wedding traditions that were becoming fashionable again, and **that** meant he could find a job as a *Suernai* trumpeter.

「椅子かごに乗ることが、再び人気の出てきた多くの婚礼の伝統行事の一つとなり、それにより彼はチャルメラ吹きとして仕事を見つけることができた」

正解：椅子かごに乗ることが、再び人気が出てきた（多くの）婚礼の伝統行事の一つであ

るということ

▶下線部を含む節の直訳は、「それは、彼がチャルメラ吹きとして仕事を見つけられることを意味していた」となる。チャルメラ吹きとして仕事を見つけやすい状況とは何かを、「指示語の把握は直前内容から拾う」の原則に基づいて、直前の節からまとめればよい。ポイントは〈 one of ～ 〉「～のうちの一つ」と many wedding traditions を修飾する関係代名詞節内の fashionable「流行っている」の解釈である。単語の意味がわからなくとも、traditions「伝統」＝「古いもの」が again「再び」fashionable になったという文脈から、出てきた当時は新しかったものが、時を経て古いものとなり、それが再び新しくなった＝興味深いものとして人々の注目を集めた、と解釈したい。また、仕事にありつけるということは、それだけ需要があるということである。椅子かごに興味がある人が増えた状況がつかめるとよい。

(イ) He would have liked a child, a little girl perhaps, but Lili had insisted that she didn't want a baby. A child would have changed their lives too much; she didn't want the responsibility. Loving her dearly, he accepted **her wishes**. It helped that his parents were no longer alive, so they were not around to complain of the lack of grandchildren.

「ジンナンは子どもが生まれれば喜んだであろう。女の子が良かったかな。ただ、リリは子どもが欲しくないと言い張った。子どもは彼らの暮らしを大きく変えてしまうと。彼女は責任を負いたくないと。彼女を心から愛していたので、ジンナンはリリの願いを受け入れた。ジンナンの両親はすでに他界していて、孫ができないことへの不満を漏らすこともなかったのが好都合であった」

正解：リリの、子どもは欲しくないという思い

▶「リリの願い」であるから、彼女が希望していたこと＝彼女の主張を読み取ろう。すると、上記で抜き出した部分の 1 文目に、but Lili had <u>insisted</u> that ～「しかしリリは～と<u>主張していた</u>」がある。「子どもは欲しくない」という主張である。下線部は her も含むことから、その主張の持ち主がリリであるという点も解答に含めるのを忘れないようにしよう。下線部後も読むと、やはり子どもの有無について語っているのだということがよりつかめる。

(ウ) The right hand that had been holding the trumpet felt heavy and sore. This would be his last sedan job, he decided. He would rather go back to poorly paid and exhausting building work than suffer **this pain**.

「チャルメラを持っていた右手は重たく、痛んだ。これを機に椅子かごの仕事は辞めよう、とジンナンは決めた。こんな苦しみに見舞われるくらいなら、低賃金で疲弊する建築作業に戻ったほうがマシだろう」

正解：リリとの思い出が浮かぶ辛さ

▶物語全体の流れから、ジンナンの心情を適切に読み取れたかを問うものである。下線部を含む文は、〈 would rather ～ than … 〉「…より（むしろ）～する」より、「この痛みに苦しむくらいなら、低賃金で疲弊する建築作業に戻ったほうがマシ」という意味である。単に表面的に指示語 this の内容を追うと、上記 1 文目に出てくる「右手の痛

み」である。しかし、この痛みによってジンナンはチャルメラ吹きの仕事を辞めよう
とまで考えている。第4段落11〜12行目にかけて、ジンナンはこの仕事を天職だと
考えていた記述があるため、単なる右手の痛みだけで仕事を辞める決意に至るとは考
えにくい。では、今回の行進を経てチャルメラを持つ手が辞職を決意するほどに「重
く、痛く」感じたのはなぜか、その理由に目を向ける必要がある。設問Aの16.(a)で
も考察した通り、この行進の最中にジンナンは、別れた妻であるリリのことを思い出
し、悲しい気持ちに襲われている。その度に、気持ちを奮い立たせ、なんとか仕事に
集中しようとしているが、他人の結婚に向き合うこの仕事に就いている限り、リリと
の思い出が頭をよぎるのは避けられないことであり、その心労が負担の上乗せとなっ
ているわけである。これまでは仕事を楽しむ気持ちが肉体的な疲労を上回っていた
が、仕事を心から楽しめなくなったことで、疲労（手の痛み）が目に見えて現れてきた
描写である。つまり、この「手の痛み」は、「ジンナンの心の痛み」を具現化した比喩
であり、その点を捉えて解答する必要がある。

C　和文英訳
(i)　彼に、自分自身の婚礼椅子事業（wedding chair business）を始めるよう励ましてくれた
のは彼女だった。

正解例：It was she who [that]（had）encouraged him to start his own wedding chair business.

▶日本語から〈It is 〜 that…〉「…なのは〜だ」の強調構文を用いればよいことを読み
取ろう。今回のように強調されるものが人の場合は、that の他に who も用いられる。
「人に〜するよう励ます」は〈encourage 人 to V〉を用いる。リリがジンナンを励ま
したのは、この文の時制である過去よりも前なので、had encouraged と大過去で
表現できると尚よい。

(ii)　彼は自分が演奏している旋律（tune）の名前すら知らなかった

正解例：He didn't even know the name of the tune（which [that]）he was playing

▶「〜の名前」は the name of 〜で表せる。「自分が演奏している」の部分は、the tune
を修飾する関係代名詞節として表現する。「〜さえ、すら」を表す副詞 even の位置
であるが、基本的には修飾する語の直前に置く。よって今回は He didn't know even
the name of the tune 〜という語順も可。実際の用法、特に口語では、解答例のよう
に動詞の前に置かれることも多く、発音の際には、修飾先の語に強勢を置く。

例：She didn't even **see** him.「彼女は（彼と話さないばかりか）彼を見もしなかった」
→ see に強勢を置いた場合

She didn't even see **him**.「彼女は彼さえも見なかった」
→ him に強勢を置いた場合

(iii)　ジンナンは動くことなくそこに立っていた

正解例：Jinnan stood [was standing] there without moving

▶「動くことなく」は「動かずに」と捉え、〈without 〜 ing〉「〜せずに」を用いよう。

1 **＜適語選択・空所補充・正誤＞**

Ⅰ

(1) It（ **エ　has been** ）thirty years since the fall of the Soviet Union.

「ソビエト連邦の崩壊から 30 年が経つ」

▶時の経過の表現は複数あるが、今回のように主語が it の場合、動詞は be 動詞を用いて、〈It is [has been] 期間 since ～ .〉「～から 期間 が経つ」となる。〈 期間 have passed since ～ .〉と混同しないように注意しよう。

（例）　彼らが結婚して 20 年が経つ。

It is [has been] twenty years since they got married.

＝It is [has been] twenty years since their marriage.

＝Twenty years have passed since they got married.

＝Twenty years have passed since their marriage.

＝They have been married for twenty years.

(2) Asakusa is known（ **イ as** ）a famous tourist spot in Tokyo.

「浅草は東京の有名な観光地として知られている」

▶ be known と共に用いる前置詞は、〈be known to ～〉「～に知られている」、〈be known for ～〉「～で知られている」、〈be known as ～〉「～として知られている」、〈be known by ～〉「～によってわかる」の 4 つある。今回は Asakusa「浅草」と a famous tourist spot in Tokyo「東京の有名な観光地」がイコールの関係にあるので、as を用いればよい。

(3) He has（ **ア twice as many books as** ）I.

「彼は私の 2 倍の本を持っている」

▶「A は B の…倍～だ」は〈A is 倍数 as ～ as B〉を用いて表す。また今回は本の冊数を比較しているので、many books が 1 つのかたまりとなり、twice as many books as となる。

(4) I have two sons. One is nine years old, and（ **イ the other** ）is five years old.

「私には息子が 2 人います。1 人は 9 歳で、もう 1 人は 5 歳です」

▶「2 人［2 つ］いるうちのもう一方」を表す場合は、one に対して the other を用いる。また「残り全て」を表す場合は、複数になるので the others を用いる。

(5) Fukuoka（ **ア lies** ）in the north of Kyushu.

「福岡は九州の北部に位置している」

▶ lie と lay の区別は高校入試では頻出である。lie「横になる、横たわる」は自動詞なので、直後に目的語（名詞）を置かない。一方で lay「～を横にする、横たえる」は他動詞で直後に目的語（名詞）を置く。今回は空欄の直後が前置詞 in となっているので、lie を使うのが適切だとわかる。また、lie は今回のように「位置している、ある」などの意味

も持っている。さらに、lay は「(卵) を産む」という意味があることも頭に入れておきたい。

> lie — lay — lain — lying「横になる」|自動詞|…直後に目的語不要（主に前置詞が続く）
>
> lay — laid — laid — laying「～を横にする」|他動詞|…直後に目的語必要
>
> ※「嘘をつく」の lie は、lie — lied — lied — lying と変化をするので注意しよう。

(6) Would you mind (**エ my opening**) the window?

「窓を開けてもよろしいですか」

> ▶ Would you mind ～ ? の表現は大きく分けて2種類ある。
>
> ① Would you mind opening the window?
>
> 「窓を開けていただけませんか (＝あなたは窓を開けることを気にしますか)」
>
> ② Would you mind my [me] opening the window?
>
> ＝ Would you mind if I open (ed) the window?
>
> 「窓を開けてもよろしいでしょうか (＝あなたは私が窓を開けることを気にしますか)」
>
> …窓を開けるのは「私」で全体の主語と異なるので opening の前に my [me]を置く。今回は日本語が与えられていないので、①と②のどちらの可能性も考えられるが、正しい形になっているのはエのみである。

(7) In 2020, (**ウ most**) university students in Japan had to take online lessons.

「2020 年には、日本のほとんどの大学生はオンライン授業を受けなければならなかった」

> ▶「ほとんど」の意味を表すのは almost と most の2つがあるが、それぞれ品詞が異なるので使い分けが必要である。
>
> (例) ほとんどの学生
>
> ① (×) almost students
>
> ② (×) almost of the students
>
> ③ (○) almost all the students
>
> almost は副詞なので、(almost nothing のような例を除き) 基本的に①のように名詞を修飾することや、②のように almost of ～の形を取ることはできない。③は正しい英語でこの場合の almost は直後の形容詞 all を修飾している。
>
> ④ (○) most students
>
> ⑤ (×) most of students
>
> ⑥ (○) most of the students
>
> most は今回の例であれば、形容詞「ほとんどの」か名詞「ほとんど」の2種類、さらに比較表現で用いる副詞の most を入れれば3種類の品詞を持つ。④は形容詞として名詞 students を修飾しているので正しい。⑤と⑥については、most of の後ろには the や them など特定できる名詞が続くので⑤は誤りで⑥が正しい。
>
> 今回は university students に冠詞 the はついていないので、ウの most が正解。

(8) Whenever he comes home, his dog (**イ gets excited**) to see him.

「彼が家に帰るといつも、彼の犬は彼を見て興奮する」

　　▶ excite「〜を興奮させる」や interest「〜に興味を持たせる」などの感情を表す動詞は、主語が感情の原因であれば be 動詞＋現在分詞、主語が感情を抱く側であれば be 動詞＋過去分詞を用いるのが基本だが、be 動詞の代わりに get を用いることで「〜になる」といった変化を表すことができる。

Ⅱ

(1)　She is not (**old**) (**enough**) (**to**) drive a car.
「彼女はまだ車の運転ができる年齢ではない」

　　▶空欄の直後に動詞の原形の drive があることに気づき、問題文を「彼女は車の運転ができるほど十分に年をとっていない」と読みかえられれば〈〜 enough to V〉「V するのには十分〜」を用いればよいことがわかる。

(2)　(**All**) (**you**) have to do (**is**) to do your best.
「君は最善を尽くすだけでいい」

　　▶「S は V しさえすればよい」は〈All (that) S have to do is (to) V〉、または〈S have only to [only have to] V〉を用いて表す。

(3)　I (**haven't**) (**heard**) from him (**for**) five months.
「最後に彼から連絡があったのは 5 か月前ですよ」

　　▶日本文は「5 か月前」となっているが英文の文末が five months ago ではないので、日本文を読みかえる必要がある。今回は問題文を「5 か月間彼から連絡がない」と読みかえ、for five months を伴う現在完了形を用いればよい。「〜から連絡がある」は〈hear from 〜〉を用いて表し、〈write to 〜〉「〜に手紙を書く」とセットで問われることが多いので併せて頭に入れておきたい。

Ⅲ

(1)　The baseball game (ア)that you were talking (イ)about yesterday (ウ)will begin (エ)at six.
「あなたが昨日話していた野球の試合は 6 時から始まるだろう」

　　(エ)　from → **at**

　　▶野球の試合が「始まる」のは一瞬で終わる動作で、時間軸上では「点」のイメージなので前置詞は at を用いる。また、「〜に」と時を表す前置詞には〈at＋時刻〉、〈on＋曜日・日付〉、〈in＋月・季節・年〉がある。

(2)　I (ア)saw a friend of (イ)**mine** (ウ)during my stay (エ)in London.
「私はロンドンでの滞在中に友達の 1 人に会った」

　　(イ)　me → **mine**

　　▶前置詞の直後は目的格が続くことが多いが、今回のように不定冠詞や指示形容詞を伴って所有を表す場合は〈of＋所有代名詞〉の形をとるので、a friend of mine となる。また、前置詞 during は接続詞 while との書きかえで問われることも多いので確認しておこう。

　　　　I saw a friend of mine 　during 　my stay in London.
　　　　　…前置詞 during の後ろには名詞 stay が続く
　　　　I saw a friend of mine 　while 　I was staying in London.

　　　　…接続詞 while の後ろには S+V のかたまり I was staying が続く

(3)　I don't know if it (ア)will be sunny tomorrow, but if it (イ)is, we (ウ)will go (エ)on a picnic.

　　　「明日晴れるかどうかわからないが、もし晴れたら、私たちはピクニックに行くだろう」

　　　(イ)　will be → is

　　▶(ア)を含む if 節は I don't know に続いているので、知らない「内容」を表す名詞節である。一方で(イ)を含む if 節は後半の we will go on a picnic「私たちはピクニックに行く」にかかっている「条件」を表す副詞節である。条件を表す副詞節内では、未来の内容でも現在形を用いるので、(イ)の will be を現在形 is に直すのが正解。

2　＜長文読解総合＞

［全訳］

　　私のお父さんはトライアスロンの選手だ。すなわち、彼は水泳や自転車競技はもちろん、走ることも含んだマラソンの一種であるトライアスロンに今まで何回か参加してきた。彼は何年もそれを続けていて、彼は全てのスポーツを本当に楽しんでいるが、彼が一番好きなのは自転車競技である。私が小さい時からずっと、私はお父さんと一緒にサイクリングに出かけることが常に大好きだった。私たちは街を出て、サイクリングコースをたどり、ウィスコンシンの森の中によく行ったものだった。私たちにはよくピクニックに出かけたお気に入りの場所があった。それは常に私たちの特別な時間であり、そのおかげで私はとても健康的だった。

　　しかし私が成長して10代になると、自分の時間を過ごすのに他のことへ気を取られてしまった。突然、友達と買い物に行くことや男の子と映画を見に行くことがとても大切になった。私はお父さんとは毎晩家で会っていた。その上、どうして私の自由な土曜日を1日中お父さんとの自転車の旅に捧げなければいけないのか。

　　もし私のお父さんに対する無関心が彼を傷つけていたとしても、彼は決してそれを口に出すことはなかった。彼は率直に私に聞いてくることは決してなかったが、私が一緒に出かけたいかもしれないので、彼が自転車の旅を計画している時にはよく教えてくれた。

　　私はそう思ってはいなかったし、16歳の誕生日が近づくにつれて、お父さんと過ごす時間をますます減らしたかった。1つのことを除いて－彼が私に車の運転を教えてくれる時は、彼と一緒にいるのも嫌ではなかった。

　　他の何よりも私は車の運転免許証が欲しかった。免許を取ることは自由を意味していた。それは両親が私を迎えに来るのをこれ以上待つ必要がないことを意味していた。車の相乗りをすることはもうないのだ。私が友達の家を通り過ぎるときに車のハンドルの前でかっこよく見えることを意味していた。もちろん私は自分の車を持っていなくて、両親が自分たちの車を使っていいと言ってくれているので、私はまだ両親に頼っていた。

　　日曜日の朝のことだった。私はとても機嫌が悪かった。私の友達の2人が前の日の夜に私を誘わずに映画を見に行ってしまったのだ。お父さんが様子を伺うために顔を出した時に、私は自分の部屋で彼らを反省させる方法を考えていた。「ベック、今日サイクリングに出かけないかい。いい天気だよ」

しかし私は自分の部屋で座って気をもんでいる方がよかった。「いや。もう私を誘わないで」と答えた時の私はあまり思いやりがなかった。事実、彼は何か月もの間、私を誘ってこなかったのだが、それはどうでもよかった。また彼が私を元気づけようとしてくれていることもどうでもよかった。さらに、彼はただ私と一緒にいたかったということも、私は知ってはいたが、どうでもよかった。

「放っておいてよ」それは私が放った言葉だった。ほっといてよ。それはその朝、彼が家を出る前に私が父にかけた最後の言葉だった。

2～3時間後に私の友達が電話をかけてきて、一緒にショッピングセンターへ買い物に行かないかと誘ってきた。私は彼らに対して腹を立てていたことを忘れて出かけた。私が家に帰ると、机の上の鏡にメモが立てかけてあるのに気づいた。私のお母さんが、私が確実に見つけられる場所にそれを置いたのだ。

「お父さんが事故にあったの。ハイランドパーク病院に来て。急がないで、気をつけて運転するのよ。鍵は引き出しの中にあるわ」

私は鍵を握りしめ、運転中はスピードを出したり泣いたりしないようにするのに必死だった。

私が病院に到着すると、私は救急処置室に通された。私はかつて腕を骨折した時にそこに行ったことがあったので、そこへの行き方を覚えていた。私は今でもその出来事については覚えている。私は家の裏庭にあるリンゴの木から落ちてしまったのだ。私は泣き叫ぼうとしたが、叫び声が口から出る前に、そこにはお父さんがいて、私を抱き上げ、私と怪我した腕をしっかり掴んでくれた。お母さんが救急処置室へ私を車で連れて行ってくれている間、お父さんは私を抱えてくれていた。そして病院の人たちが私の腕を固定してピンク色のギプスをつける時も、彼は私を抱えてくれていた。私はその痛みを今でも覚えているが、それだけでなく、自分がお父さんの強い腕の中にいてどれだけ安心だったかも覚えている。そしてその後に食べたチョコレートアイスクリームのことも覚えている。

私は最初に妹のデビーに会った。彼女は、お母さんがお父さんと一緒にいて、お父さんがすぐに手術をするということを教えてくれた。彼女は手術が終わるまでお父さんと会うのを待たなければならないと言った。ちょうどその時、お母さんが出てきた。

彼女はとてもやつれていた。私は何も言わずに突然わっと泣きだし、彼女は私を抱いてくれた。

お父さんの怪我はひどかった。彼は歩道を自転車で走っていて、信号に近づくと、信号は青に変わった。彼は道を渡ってよかったが、右手に曲がろうとしていた白い配達トラックはそうは思わなかった。少なくとも16歳の運転手はそう思わなかった。後になって、彼はドアミラーを見ていなかったために、お父さんが走っていることを確認することはなかったと認めた。

お父さんが死ななかった唯一の理由は、トラックが彼に突っ込んだのではなく、彼がトラックへ突っ込んだからだ。彼は最初に頭と顔をトラックの側面に強打した。彼が被っていたグラスファイバーのヘルメットが打撃を吸収したが、彼は肩と左の鎖骨を骨折した。医者はねじで体に取り付ける金属の恐ろしい固定器具を彼につけた。それは彼の頭と首を固定し、ひどく辛そうに見えた。お母さんは、私が彼を見た時に取り乱すことを恐れて、この医療器具のことを

前もって私に伝えてくれた。彼女は正しかった。

　それでも、お母さんが言ったように、もっと悪いことが起こっていたかもしれない。お父さんは決して意識を失うことはなかった。トラックを運転していた少年は動揺して、お父さんを立たせてあげようとお父さんを動かそうとしていたので、意識があったことはとても良かったことだとわかる。私でさえも、そのようにひどく負傷した人を動かしてはいけないことは知っている。

　「お父さんはその若者に、自分のことは放っておいていいから911に電話をしてと言うことができたのよ。よかったわね。もし彼がお父さんを動かしていたら、何が起きていたかわからないわよ。折れた肋骨が肺に刺さっていたかもしれないわ…」

　お母さんはまだ何か言っていたかもしれないが、私には聞こえなかった。私は「放っておいてよ」というひどい言葉以外は聞こえなかった。

　お父さんは、自分自身がこれ以上負傷しないようにその言葉をかけたのである。その日の朝、私がその言葉をかけた時に、どれほどお父さんを傷つけてしまっただろうか。

　次の日の午後までお父さんに会うのを待たなければいけなかった。私がお父さんに会った時、彼はひどい痛みに耐えていた。私は彼に反省の気持ちを伝えようとしたが、彼が私の話を聞いているかどうかわからなかった。

　ようやく会話ができるようになったのは数日後のことだった。私は彼が痛みを感じないかと心配して、彼の手を優しく握った。

　「お父さん、今回は本当に…」

　「大丈夫だよ、大丈夫だよ」

　「いや、私はあの日お父さんにかけた言葉のことを言っているの。あの朝のこと覚えているでしょ」と私は言った。

　お父さんは飛ぶことができないのと同じように嘘をつくこともできなかった。彼はぼんやりと私を見てこう言った。「あの日のことは全く覚えていないよ。事故の前も、事故の間も、事故の後も。その前の日の夜におやすみなさいのキスをしたことは覚えているけどね」彼は弱々しい笑顔をなんとか見せた。

　私は二度と彼に放っておいてほしくなかった。またそれが起こっていたかもしれないと考えたくもなかった。もし彼が死んでしまっていたら、私たちは放っておかれただろう。そのことは恐ろしすぎて想像することができなかった。私は自分のかけた思いやりのない一言に対してとても後悔していた。

　私の英語の先生はとても聡明な女性で、かつて私に言葉は計り知れない力を持っていると教えてくれた。言葉は人を傷つけることも人を癒すこともできる。そして私たちはみんな自分の言葉を選ぶ力がある。これからは注意して言葉を選ぼうと思う。

Jack Canfield, Mark Victor Hansen, Amy Newmark
Chicken Soup for the Soul Teens Talk Relationships Stories about Family, Friends and Love
Chicken Soup for the Soul Publishing, LLC

I　内容一致

エ、オ

選択肢の和訳と解説は以下の通り。

ア　On Sunday morning, the writer invited her friends to go to the movies, but they refused.

　「日曜日の朝、筆者は友達を映画に誘ったが、断られてしまった」

　　▶第6段落2文目に Two of my friends had gone to the movies the night before and hadn't invited me.「私の友達の2人が前の日の夜に私を誘わずに映画を見に行ってしまったのだ」とあり、「筆者が映画に誘った」のではなく「筆者は映画に誘われなかった」ので不適。

イ　The writer had trouble getting to Highland Park Hospital because she didn't know the route.

　「筆者はハイランドパーク病院への道を知らなかったため到着するのに苦労した」

　　▶第12段落2文目に I remembered the way because I had been there once before when I broke my arm.「私はかつて腕を骨折した時にそこに行ったことがあったので、そこへの行き方を覚えていた」とあり、筆者はハイランドパーク病院やそこの救急処置室へは一度行ったことがあるので、選択肢中の she didn't know the route「道を知らなかった」とは内容が合わない。そのため不適。

ウ　The writer arrived at Highland Park Hospital earlier than her sister.

　「筆者は妹よりも先にハイランドパーク病院に到着した」

　　▶第13段落1文目に I saw my sister Debbie first.「私は最初に妹のデビーに会った」とある。第12～13段落は筆者がハイランドパーク病院に到着した場面であり、そこから筆者が到着した時にはすでに妹は病院にいたことが読み取れる。そのため不適。

エ　The writer's mother told the writer about the medical instrument attached to her father's body for fear that she should be shocked.

　「筆者の母親は筆者に彼女がショックを受けないように、父親がつけている医療器具について話をした」

　　▶第16段落には筆者の父親がどのように事故に巻き込まれたか、またその後にどのような処置がなされたかについて述べられている。第16段落6文目に My mom forewarned me about this apparatus before she let me see my dad because she was afraid that the sight of him would freak me out.「お母さんは、私が彼を見た時に取り乱すことを恐れて、この医療器具のことを前もって私に伝えてくれた」とあるので、この内容に一致する。なお後半の fear は「恐怖」を意味する名詞で、〈for fear that S should V〉「S が V しないように」の表現と併せて頭に入れておきたい。

オ　The writer's father told the truck driver not to move himself in order to avoid getting hurt any more.

　「筆者の父親はこれ以上負傷するのを避けるために、トラックの運転手に自分を動かさないように言った」

▶第20段落1文目に My dad said them to save himself from being hurt more. 「お父さんは自分自身がこれ以上負傷しないようにその言葉をかけたのである」とあるので、この内容に一致する。なお、them は問Xとも関連するが直前の Leave me alone. 「放っておいてよ」を表す。

カ The writer was sad to hear that her father had lost his memory before the accident. 「筆者は父親が事故前の記憶を失ったと聞いて悲しくなった」

▶第26段落の2文目に I don't remember anything about that day, not before, during or after the accident. 「あの日のことは全く覚えていないよ。事故の前も、事故の間も、事故の後も」とあるが、直後の文で I remember kissing you goodnight the night before 「その前の日の夜におやすみなさいのキスをしたことは覚えている」とあるので、事故前の記憶が全くないとは言い切れない。問XIにも関連するが、「事故当日の記憶がない」というのは、娘を安心させるためについた嘘であるとも読み取ることができる。また、それに対して筆者が悲しみを感じているという記述もないので不適。

Ⅱ 適語補充

1 What sport does the writer's father like the best?

 ― He likes (**cycling**) the best.

 「筆者の父親は何のスポーツが一番好きですか」

 ―「彼は自転車競技が一番好きです」

 ▶第1段落3文目に his favorite is bike riding 「彼が一番好きなのは自転車競技である」とある。bike riding を1語で言いかえると、cycling 「サイクリング」である。直後の文で、昔は父親と一緒に自転車で出かけたという記述もあるので、「サイクリング」という言葉を導きたい。

2 How did the writer go to Highland Park Hospital to see her father?

 ― She went there (**by**) (**car**).

 「筆者は父親に会うためにどのようにしてハイランドパーク病院へ行きましたか」

 ―「彼女は車でそこへ行きました」

 ▶第10段落3文目に just drive carefully 「気をつけて運転するのよ」、第11段落1文目に I grabbed the keys and tried hard not to speed or cry as I drove 「私は鍵を握りしめ、運転中はスピードを出したり泣いたりしないようにするのに必死だった」とあるので、筆者が病院まで車で行ったことが読み取れる。

3 Why did the traffic accident happen?

 ― Because the truck driver who was almost the (**same**) age as the writer didn't (**pay**) (**attention**) to the truck's outside mirror.

 「その交通事故はなぜ起きたのですか」

 ―「筆者とほぼ同い年のトラック運転手がトラックのドアミラーに注意を払っていなかったからです」

 ▶まず who から the writer までが直前の the truck driver を修飾する関係代名詞（主格）

のかたまりであることに気づきたい。関係代名詞のかたまりの中に age があるので、空欄には年齢に関する内容を補えばよいことがわかる。トラック運転手は、第15段落4文目に the sixteen-year-old driver とあるので16歳である。筆者は、第4段落1文目に as I approached my sixteenth birthday「16歳の誕生日が近づくにつれて」とあるので15歳、あるいは16歳であることが読み取れる。つまり筆者とトラック運転手はほぼ同い年なのである。頭文字 s の指定があるので same「同じの」を補えば正解。

後半の2つの空欄であるが、事故の原因や様子は第15～16段落に書かれているのでそこを参照したい。第15段落最終文に he admitted that he never saw my dad because he didn't look in his outside mirror「彼はドアミラーを見ていなかったために、お父さんが走っていることを確認することはなかったと認めた」とあるので、ドアミラーを「見ていなかった」を頭文字 p と a の語を用いて表せばよいことがわかる。直後に前置詞 to があることからも〈pay attention to ～〉「～に注意を払う」を導きたい。

Ⅲ 適語選択

（1） ウ that

▶選択肢を見て関係代名詞を補う問題であることがわかる。空欄の直後は動詞 includes が続くので主格を補えばよい。先行詞は marathon で人ではないので which を入れたいが、選択肢にないのでウの that が正解。

（6） エ on

▶dependent は動詞 depend の形容詞形である。depend は「頼る、依存する」という意味なので、「依存」を表す前置詞 on と共に用いて〈depend on ～〉となる。形容詞の dependent も同様に〈be dependent on ～〉「～に頼っている、依存している」となる。なお、dependent に否定の接頭辞をつけると〈be independent of ～〉「～から自立・独立している」となり、この場合の of は「分離」を表す。

（12） ア to

▶筆者が以前リンゴの木から落ちて両親に病院へ車で連れて行ってもらっている場面である。直後に the emergency room「救急処置室」という場所があるので、〈take A to B〉「AをBに連れていく」や〈invite A to B〉「AをBに招待する」などと同様に前置詞 to を導きたい。

（16） イ At

▶least と共に用いる主な前置詞は at で、〈at least〉は「少なくとも」という意味の重要表現である。

Ⅳ 語法

（2） エ

▶助動詞 would は主に①時制の一致によって will が would になったもの、②丁寧・控えめな表現に用いるもの、③過去の習慣〈would (often) V〉「昔はよく V したものだ」、④仮定法で用いるものの4つの種類に分けられる。

We had a favorite spot where we would picnic. …③過去の習慣
「私たちにはよくピクニックに出かけたお気に入りの場所があった」

ア　Would you like another cup of coffee?　…②丁寧・控え目な表現
「コーヒーをもう一杯いかがですか」

イ　I thought that he would come to the party.　…①時制の一致によるもの
「私は彼がパーティーに来ると思った」

ウ　If I had a lot of money, I would buy a new car.　…④仮定法過去
「もし私がたくさんお金を持っていれば、新しい車を買うのに」

エ　When I was young, I would often go skiing in Nagano.　…③過去の習慣
「私は若い頃、よく長野へスキーに行ったものだ」

（9）　**ア**

▶不定詞は主に①名詞的用法、②形容詞的用法、③副詞的用法の３つに分けられるが、特に③副詞的用法はさらに複数の使い方があるので注意したい。今回は全体の動詞 came が自動詞なので、直後に目的語（名詞）を必要としないため①名詞的用法ではない。また直前の home は副詞なので、②形容詞的に修飾もできないことから、③副詞的用法であることがわかる。

〈③不定詞の副詞的用法〉

(1)　I went to the library to borrow some books.　…目的「～するために」
　　「私は本を何冊か借りるために図書館へ行った」

(2)　I am glad to see you.　…感情の原因「～して…な気持ち」
　　「あなたにお会いできて嬉しいです」

(3)　You were careless to make such a mistake.　…判断の根拠「～するなんて…だ」
　　「そんな間違いをするだなんて、あなたは不注意でしたね」

(4)　She came home to find the window broken.　…結果「…して（その結果）～だ」
　　「彼女が家に帰ると、窓が割れていることがわかった」

　　※(4)の「結果」は(1)～(3)と異なり、前から後ろへそのまま訳すと自然な日本語になりやすい。

I came home to find the note propped up against the mirror on the mail table.
　　　　　　　　　　　　　　　　　　　　　　　…③－(4)副詞的用法・結果
「私が家に帰ると、机の上の鏡にメモが立てかけてあるのに気づいた」

ア　I woke up to find myself lying on the grass.　…③－(4)副詞的用法・結果
　　「私は目が覚めると芝生の上で寝ていた」

イ　I was surprised to hear the news.　…③－(2)副詞的用法・感情の原因
　　「私はその知らせを聞いて驚いた」

ウ　It is important for me to study English every day.　…①名詞的用法
　　「私にとって英語を毎日勉強することは大切です」

エ　Please lend me something to write with.　…②形容詞的用法
　　「何か書くものを貸してください」

▶今回は「家に帰る→メモを見つける」の流れなので③－(4)の副詞的用法の結果が最適である。なお、結果の不定詞は、〈grew up to be ～〉「成長して～になった」、〈lived to be 〜〉「〜歳まで生きた」、〈…, never to V〉「…、そして二度と V しなかった」、〈…, only to V〉「…、しかし結局 V しただけのことだった」なども併せて頭に入れておきたい。

Ⅴ　英文解釈

（3）　**ウ**

▶him は前文の my dad を指すので「友達を誘って」とあるイは不適。下線部(3)を含む第2段落は、10代になると、小さい時と違って、父親と過ごすよりも友達や男の子と遊ぶ方が楽しいといった内容が書かれているので、「できるだけ父親と過ごしたくない」といった方向性の選択肢を選べばよい。また、動詞 devote は〈devote A to B〉で「A を B に捧げる、充てる」という意味で、下線部(3)を直訳すると「なぜ私は自分の自由な土曜日をお父さんとの 1 日中の自転車の旅に充てなければならないのか」となる。これに最も近いのはウである。

（4）　**ア**

▶文頭の except は〈except (for) 〜〉で「〜を除いて」という意味である。expect「〜を予期・期待する」と混同しないように注意しよう。下線部(4)の直前は I wanted to spend less and less time with my dad「お父さんと過ごす時間をますます減らしたかった」とあるが、Except for one thing「1 つのことを除いて」が続くので、下線部(4)は「父親と過ごすのが嫌にならない」といった方向性の意味を表すことが推測できる。I didn't mind 以降を直訳すると「彼（お父さん）が私に車の運転を教えてくれる時は彼と一緒にいることは嫌にならなかった」となり、これに最も近いのはアである。

（19）　**エ**

▶前半の How much had I hurt him は「私は彼（お父さん）をどれほど傷つけてしまったのか」という意味であるため、この時点でイ「私がショックを受けた」は不適であることがわかる。下線部 (19) 全体は「その日の朝、私はお父さんにその言葉を hurled した時に、お父さんをどれほど傷つけてしまったのか」と解釈できる。アの「事故でどれほど負傷しているのか」、ウ「どれだけ覚えていただろうか」は不適なので、エが正解となる。なお、hurl は「〜を投げつける、（非難など）を浴びせる」という意味だが、それがわからなくても正解にはたどり着ける。

Ⅵ　発音

各単語の発音とアクセントは以下の通り。

（5）　**イ**

meant ［mént］　　mean「〜を意味する」の過去形・過去分詞形
　ア　mean-ing ［míːnɪŋ］　　「意味」
　イ　bread ［bréd］　　「パン」
　ウ　paid ［péɪd］　　pay「〜を支払う」の過去形・過去分詞形
　エ　strange ［stréɪndʒ］　　「奇妙な」

（15）　**ウ**

turn-ed ［tə́ːrnd］　　turn「〜に変わる」の過去形・過去分詞形

ア　heart　[hάːrt]　「心臓」

イ　hard　[hάːrd]　「一生懸命に」

ウ　**purpose**　[pə́ːrpəs]　「目的」

エ　warm　[wɔ́ːrm]　「暖かい」

　▶「アー」の発音は主に①[άːr]と②[ə́ːr]の2通りあるが、基本的につづりで分類できる。

　　　　① ar →[άːr]…park[pάːrk], heart[hάːrt]

　　　　② ir／ur／or／er／ear →[ə́ːr]…birthday[bə́ːrTdeI], hurt[hə́ːrt],

　　　　　　　　　　　　　　　　　　word[wə́ːrd], person[pə́ːrsn],

　　　　　　　　　　　　　　　　　　heard[hə́ːrd]

　※「ハート」と発音するものは2つあるが、hurt「～を傷つける」はルール通り[hə́ːrt]と

　　発音するのに対し、heart「心臓」は[hάːrt]と ar の発音をするので注意しよう。

Ⅶ　適語補充

（7）　Want to go for a ride, today, Beck?

　　　「ベック、今日サイクリングに出かけないかい」

　　＝My father（ **asked** ）me if（ **I** ）（ **wanted** ）to go for a ride.

　　　「私のお父さんは私がサイクリングに行きたいかどうか尋ねた」

　　　▶父親のセリフ "Want to go for a ride, today, Beck?" の具体的な内容を答える問題。

　　　　セリフが疑問文なので、「尋ねる」という意味を持つ ask を用いる。父親が主人公

　　　　Beck に「サイクリングに行かないか」と尋ねている場面なので、後半の空欄は「私

　　　　がサイクリングに行きたいかどうか」が入ると推測したい。①動詞（say, tell, ask

　　　　など）、②代名詞、③時制の3つのポイントに注意しながら解答しよう。

（10）　My mother put it where I would be sure to see it.

　　　「私のお母さんが、私が確実に見つけられる場所にそれを置いたのだ」

　　＝My mother put the note there（ **so** ）（ **that** ）I could find it easily.

　　　「私のお母さんは私が簡単に見つけられるようにメモをそこに置いた」

　　　▶上の文の〈be sure to V〉は「必ず［きっと］V する」という表現である。下の文の空

　　　　欄の直後に I could find it easily があることや、頭文字 s をヒントにして、〈so that

　　　　S may［can／will］V〉「S が V する［できる］ように」という目的を表す重要表現を

　　　　導きたい。

（14）　I burst into tears without saying a word

　　　「私は何も言わずに突然わっと泣きだした」

　　＝All（ **at** ）（ **once** ）I began to（ **cry** ）without saying a word

　　　「突然私は何も言わずに泣き始めた」

　　　▶〈burst into tears〉は「（突然）わっと泣きだす」という意味である。〈burst into

　　　　laughter〉「（突然）どっと笑う」や〈burst into flame(s)〉「（突然）ぱっと燃え出す」と

　　　　いった表現もある。tear は①今回のように名詞で「涙」という意味の場合は[tíər]

　　　　と発音し、②動詞で「～を引き裂く」という意味の場合は[téər]と発音するので注

　　　　意しよう。「泣き出した」という意味がわかれば、3つ目の空欄は cry を入れれば

よいことが推測できる。前半の空欄は「突然」を意味する〈all at once〉を入れれば正解となる。

Ⅷ　整序英作文

（8）　Those were the last【 words I said to him before he 】left the house that morning.
「それはその朝、彼が家を出る前に私がかけた最後の言葉だった」

> ▶整序英作文では動詞に注目して解き進めるとよい。選択肢の中の動詞は said のみであり、say は〈say to 人〉の形をとるので、said to him のかたまりができる。「彼に言った」のは he ではなく I なので、I said to him となる。次に、【　】の後ろに left the house とあるが、そこに対応する主語は残りの he となり、S+V 同士をつなぐ接続詞 before を he left the house の前に置く。さらに、【　】の前には the last「最後の」があるため、直後（＝【　】の最初）は名詞がくることが推測でき、words を置けばよい。I said to him を文頭に置けないこと、said の目的語がないことから、関係代名詞の省略が考えられ、the last words（that）I said to him ができる。その後ろに before he left the house that morning を続ければよい。

（13）　I do remember the pain, but I also【 remember how safe I felt in my dad's 】strong arms.
「私はその痛みを今でも覚えているが、それだけでなく、自分がお父さんの強い腕の中にいてどれだけ安心だったかも覚えている」

> ▶選択肢の中の動詞は remember と felt の 2 つ。but の前の動詞は do remember で、現在時制であることに着目したい。ちなみに、一般動詞 remember の前に do を置くことで「本当に覚えている」と意味を強調することができる。also は内容を「付け加える」役割があり、前半の「覚えている」内容についての付け加えなので、「さらに〜のことも覚えている」というかたまりが続くことが考えられる。前半の remember が現在時制であることからも、I also には動詞 remember が続くことがわかる。選択肢の my と dad's は容易につなげることができ、my dad's の後ろには名詞が必要なので、【　】の直後にある strong arms につながる。前置詞 in はそのかたまりの前に置けばよい。最後に、「どれほど〜であるか」を表す間接疑問文は〈how+ 形容詞・副詞 +S+V〉の語順になる（＝感嘆文と同じ語順になる）ことに注意して、how safe I felt in my dad's strong arms と文を作ればよい。

Ⅸ　語形変化

（11）　**fallen**

> ▶直前に had があることから、動詞 fall を過去分詞形にして過去完了形にすればよいことがわかる。よって fallen が正解。

（17）　**worse**

> ▶直前に much があることから形容詞 bad を比較級にすればよいことがわかる。よって worse が正解。

Ⅹ　抜き出し

Leave me alone

▶下線部 (18) を含む文は My dad said them to save himself from being hurt more. であり、動詞が say であることに着目したい。仮に動詞が tell であれば〈tell 人 to V〉「 人 に V するように言う」となり、下線部 (18) の them は人であることがわかり、「トラック運転手」や「周りにいた人々」と解釈できるが、say にはそのような語法がない。say には ""（ダブルクォーテーションマーク）で直接セリフを引用するか、that S+V に言いかえるかの 2 パターンの語法がある（「 人 に」を付け足す場合は〈say to 人 , "セリフ"〉または〈say to 人 that S+V〉）。いずれにしても say の後は「セリフの内容」が続き、今回のように直後に to がない場合は人を表すことはない。したがって下線部 (18) の them は父親が発したセリフを入れればよいことがわかる。事故にあった父親がトラック運転手に発した言葉は Leave me alone.（第 19 段落 2 文目）である。

XI　内容把握

う

▶下線部 (20) の英文は「彼は弱々しい笑顔をなんとか見せた」という意味であり、ここから父親のプラスの心情が読み取れる。第 4 段落 1 文目で、主人公は父親に対してできるだけ一緒にいたくないと述べていたが、父親も同じように娘と一緒にいたくないという記述はないので、アの「娘が見舞いに来てくれた」ことやイの「家族と再会できた」ことで嬉しく思うのは容易に推測できる。また、第 16 段落で、筆者がショックを受けてしまうほど、父親の体に痛々しい医療器具がつけられていることから、父親自身が「娘たちに心配をかけたくない」気持ちも想像できるためエも正しい。

　残りの選択肢のウであるが、第 23 段落 1 文目で主人公が I am so sorry と父親に謝っているのに対し、第 24 段落 1 文目で父親が It's okay, sweetheart. I'll be okay.「大丈夫だよ」と娘に心配をかけないようにしていることが読み取れるため、娘に反省をしてほしいという気持ちは不適切である。今回は適切ではないものを選ぶ問題のため、ウが正解となる。なお、第 26 段落 1 文目に My father could no more tell a lie than he could fly.「お父さんは飛ぶことができないのと同じように嘘をつくこともできなかった」（〈no more … than 〜〉「〜ではないのと同じように…ではない」）とあるが、上述したように、主人公が事故当日の朝の出来事に対して反省している様子を、父親が察していることが読み取れるため、今回は「私にバレないような上手い嘘をつくことができなかった」、つまり「お父さんの言葉（＝事故当日の記憶がない）はバレバレの嘘だった」と解釈するのが適切である。

XII　記述問題

（解答例）　**Just before the music festival, I was too nervous to play the piano. Then, my friend said to me, "Take it easy." I got relaxed and our class won first prize.**（31 語）

「音楽祭の直前に、僕は緊張しすぎてピアノを弾くことができなかったんだ。そしたら僕の友達が『落ち着いて』と言ってくれたんだ。僕はリラックスすることができて、僕たちのクラスは優勝したんだ」

▶クリスの 1 つ目のセリフに「中学生の時に友達からの言葉に励まされたよ」とあり、それに対してフランクが「それについてもっと詳しく教えて」とあるので、「中学校で友達

からの言葉に励まされた経験」について 30 語程度で具体的に答える必要がある。

［対話文全訳］

フランク ： 言葉は果てしない力を持っていると思う。

クリス ： 僕はそう思うよ。中学生の時に友達からの言葉に励まされたよ。

フランク ： それについてもっと詳しく教えて。

クリス ： ＿＿＿＿＿＿＿＿＿＿＿＿＿＿＿＿＿＿＿＿＿＿＿＿＿＿

③ ＜長文読解総合＞

［全訳］

　ここ数年の間、いくつかの公共図書館が閉鎖され、公共図書館を開かれたままにすべきだと多くの人々が主張している。しかし、デジタルでダウンロードでき本も安価で手に入る時代において、もはや図書館の必要性が本当にあるのだろうか。図書館の恩恵は、図書館を開いておくことによる経費を正当化するのだろうか。賛成意見と反対意見を見ていこう。

　多くの人々が言うある主張は、図書館で本を借りるよりもオンラインで電子書籍を買う方が簡単であるというものである。また、図書館のコンピュータを使うよりも家でインターネットを使って調べる方が便利でもある。そうは言うものの、図書館は本やインターネットを無料で提供してくれる。結果として、情報源が限られている人々も含め、全ての人が情報にアクセスすることができる。要するに、図書館は誰でも利用できるため開かれたままであるべきなのだ。

　別の主張は、図書館はもはや社会的な目的のため使われていないというものである。それによると、インターネットを使った公開討論は、交流をして情報を交換するためのより簡単な方法を提供しているとのことだ。しかしながら、図書館は対面でのコミュニケーションのための安全な場を提供しているので、寂しさを感じていたり傷付きやすい人々にとって重要なのである。図書館はまたホームレスの人々が日中に行く場所も提供し、それゆえに、地域社会を支える上で重要な役割を果たしている。

　結論として、我々には依然として図書館の必要性があり、図書館の有用性は経費を正当化するのである。図書館は全ての人に安全な環境の中で学び交流する機会を与えてくれ、全ての人のためになる方法で地域社会に住む人々を結びつけてくれる。現在、アメリカではスターバックスコーヒーよりも公共図書館の数の方が多く、そのことからも人々が公共図書館を未だに価値あるものとして見ていることが証明されているのだ。

Jayne Wildman & Fiona Beddall *Oxford Discover Futures Student Book 4*

Oxford University Press

Ⅰ　適語選択

（1）　エ　against

　　▶空所を含む文は Let's look at the arguments「意見を見ていこう」とあり、第 2 段落以降は公共図書館の必要性について、賛成意見と反対意見が述べられている。「賛成」を表す前置詞は for であり、「反対」を表す前置詞は against なので、エが正解。

（4）　**ア　As**

▶空欄の前は① libraries offer books and internet for free「図書館は本やインターネットを無料で提供してくれる」とあり、空欄の後ろは② everyone can access information「全ての人が情報にアクセスすることができる」とあるため、「①の結果②となる」という因果関係が読み取れる。〈as a result〉で「その結果（として）」を表すことができる。よって**ア**が正解。

Ⅱ　アクセント

各単語の発音とアクセントは以下の通り。

（2）　con-ven-ient　　　「便利な」
　　　　ア　イ　ウ

　　　　[kənvíːnjənt]　　　よって**イ**が正解。

（5）　in-for-ma-tion　　　「情報」
　　　　ア　イ　ウ　エ

　　　　[ɪnfərméɪʃən]　　　よって**ウ**が正解。

（8）　op-por-tu-ni-ties　　　「機会」
　　　　ア　イ　ウ　エ　オ

　　　　[àːpərtúːnətiz]　　　よって**ウ**が正解。

Ⅲ　言い換え

エ　Even so

▶下線部(3)の前の文に着目すると、第２段落１文目で it's easier to buy an e-book online than borrow a book from a library「図書館で本を借りるよりもオンラインで電子書籍を買う方が簡単である」、２文目で It's also more convenient to do internet research at home, rather than on library computers.「図書館のコンピュータを使うよりも家でインターネットを使って調べる方が便利でもある」とあり、図書館に対して否定的な意見が述べられている。それに対して、下線部(3)の直後には libraries offer books and internet for free「図書館は本やインターネットを無料で提供してくれる」とあり、図書館に対して肯定的な意見が述べられているので、下線部(3)の That said は逆接を表すことがわかる。選択肢の中で逆接の意味を持つのはエの Even so「たとえそうであっても」である。下線部(3)の直後の文の〈for free〉「無料で」は重要表現なので頭に入れておきたい。なお、アの Therefore は「それゆえに」、イの In addition は「それに加えて、さらに」、ウの For example は「例えば」という意味である。

Ⅳ　適語補充

democratic　＝　all members in a society are（**equal**）, no（**matter**）（**how**）much money they have or what class they come from

「社会の全ての人が、たとえどれだけお金を持っていようとも、またどの階級出身であっても、平等である」

▶下線部(6)を含む文は In short, libraries should be kept open because they are democratic.

「要するに、図書館は democratic であるため開かれたままであるべきだ」という意味である。In short は「要するに」という意味を持ち、In short の前後がイコール（言いかえ）の関係にあることがわかるので、1文前にも着目する必要がある。1文前に着目すると、第2段落4文目で everyone can access information, including people with limited resources「情報源が限られている人々も含め、全ての人が情報にアクセスすることができる」とあり、「図書館は全ての人に開かれたものである」という文意が読み取れる。問Ⅳの問題文は all members in a society are （　　　）「社会の全ての人が（　　　）である」とあり、頭文字 e の指定があるので、「平等な」の意味を持つ equal を入れればよい。後半のカンマ以降はその情報の付け足しである。「平等である」ということは「お金をどれほど持っているか、あるいはどの身分出身なのかは関係ない」ということである。空欄の直前に no があり、1つ目の空欄は頭文字 m の指定があることから、複合関係詞 -ever（whatever や whenever など）の書きかえで使われる no matter ～を使うことを導きたい。なお、democratic は形容詞で「民主主義の、（社会的に）平等な」という意味を持ち、名詞形 democracy「民主主義」と共に頭に入れておこう。

Ⅴ 適語選択

ア no longer

▶空欄（7）を含む文は Another argument claims that libraries are （　7　）used for social purposes.「別の主張は、図書館は社会的な目的のために（　7　）使われている」という意味である。次の文に、It says that …「それは…ということを示している」とあるので、そこで空欄（7）の内容を具体的に表していることがわかる。It says that 以降は、internet forums provide an easier way to interact and exchange information「（図書館ではなく）インターネットを使った公開討論は、交流をして情報を交換するためのより簡単な方法を提供している」とあり、インターネットを肯定的に、図書館を否定的に捉えた意見である。そこから空欄（7）には、「図書館は社会的な目的のために使われていない」という文脈になる語（句）を入れればよいことがわかるので、アの no longer「もはや～ではない」が適切だとわかる。イの only も否定的なニュアンスを持つ語だが、「図書館は社会的な目的にしか使われない（社会的な目的だけに使われる）」となり不適。

Ⅵ 内容把握

ウ

選択肢の和訳と解説は以下の通り。

ア 「現在も、公共図書館は私たちが情報を収集するための最適な場所である」

イ 「近い将来、対面でのコミュニケーションのために、公共図書館よりもカフェに行く人がさらに多くなるだろう」

ウ 「今日、電子書籍はより人気が出てきているが、公共図書館は依然として私たちの社会にとって価値あるものだ」

エ 「電子書籍の時代において、公共図書館はすでに時代遅れだ」

▶筆者の主張として適切なものを選ぶ問題。本文は公共図書館に対して、肯定的な意見

と否定的な意見がそれぞれ述べられているが、最終段落冒頭が In conclusion「結論として」とあり、まとめ（筆者の意見）が述べられていることがわかる。最終段落1文目に we still have a need for libraries「我々には依然として図書館の必要性がある」とあるので、筆者は公共図書館を肯定的に捉えていることが読み取れる。公共図書館を肯定的に捉えているのはアかウだが、アの public libraries are the best places「公共図書館が最適な場所」であるといった記述はないので不適。ウは上述の最終段落1文目に合致するので正解となる。なお、エの〈out of date〉「時代遅れの」も重要表現なので頭に入れておこう。

Ⅶ　対話文

早大学院の入試では、本問のように、本文を読んだ人たちの会話やその文章の要約文をさらに読み解く必要がある問題が出されることがしばしばある。

[問Ⅶ対話文全訳]

デイヴィッド　：　このエッセイをどう思う。僕たちに公共図書館は必要だと思う。

ブライアン　　：　僕はそう思うよ。だけど、僕たちの市の公共図書館が来月閉館するらしいね。

デイヴィッド　：　それは残念だね。今日では、ますます多くの人が電子書籍を読んでいるもんね。僕も主にタブレットで電子書籍を読んでいるよ。持ち運びがしやすいんだ。

ブライアン　　：　そうなんだね。だけど、紙の本に勝るものはないと思うよ。先週の新聞には、半数以上の人々がまだ紙の本を好んでいると書いてあったよ。それに、僕たちにとって、印刷された本に書いてあることを覚える方が簡単だもんね。

デイヴィッド　：　その通りだね。僕も勉強する時は紙の教科書や紙のノートを使うよ。

ブライアン　　：　僕もそうだよ。さらに図書館は勉強するには最適な環境だもんね。図書館が閉館になったら不便になるだろうね。どうしたらいいかな。

デイヴィッド　：　＿＿＿＿＿＿＿＿＿＿＿＿＿＿＿＿＿＿＿＿＿＿＿

ブライアン　　：　それはいい考えだね。

SAPIX 英語科による

（ⅰ）

問（ⅰ）のような、対話文や要約文中の適語選択問題は、選択肢の単語の品詞に着目すると正解に辿り着きやすいことが多い。

（1）　イ　**what**

▶空欄（1）は文頭にあり、全体が疑問文であることから、疑問詞を入れればよいことがわかる。選択肢の中で疑問詞はイの what かクの how の2つである。「〜はどう思いますか」と尋ねる時は疑問詞に注意する必要があり、think と共に用いる場合は、〈What do you think of [about] 〜 ?〉となる。〈How do you like 〜 ?〉という表現もあるので、疑問詞に気を付けて頭に入れておこう。

（2）　キ　necessary

▶空欄（2）を含む文は「僕たちにとって公共図書館は（　　2　　）だと思いますか」という意味で、空欄（2）は be 動詞の直後なので形容詞を補えばよいことがわかる。選択肢の中で形容詞はアの possible「可能である」とキの necessary「必要である」の2つである。今回の文章は公共図書館の是非（＝必要性）について述べたものなので、キが最適である。

（4）　エ　remember

▶空欄（4）を含む文は〈it is ～（for …）to V〉「（…にとって）V することは～だ」の不定詞の構文であることに気づくことができれば、空欄（4）には動詞の原形を入れればよいことがわかる。選択肢の中で動詞の原形はエの remember とオの remind の2つであるが、remember が「（自分が）～を覚えている・思い出す」という意味なのに対し、remind は「～に思い出させる」という意味で、〈remind A of B〉「AにBを思い出させる」の形も頭に入れておきたい。空欄（4）を含む文は「僕たちにとって、印刷された本に書いてあることを（　　4　　）する方が簡単だ」という意味なので、「（自分が）覚える」を表すエの remember が適切だとわかる。

（5）　カ　environment

▶空欄（5）は the perfect「完璧な」の直後なので名詞を入れればよいことがわかる。選択肢の中で名詞はウの information「情報」かカの environment「環境」の2つだが、今回は主語が the library なのでカの方が適切である。

（ⅱ）　The last week's newspaper says more than half the people still prefer paper books.
　＝（ **According** ）（ **to** ）the last week's newspaper, more than half the people still prefer paper books.
「先週の新聞には、半数以上の人々がまだ紙の本を好んでいると書いてあったよ」

▶上の文のように、新聞や天気予報などの 情報源 が主語になっている場合、対応する動詞は say である。下の文のように「 情報源 によれば、…である」と表す場合は〈According to 情報源 , …〉を用いる。

（ⅲ）　（解答例）　**How about going to our school library and studying there**？
「学校の図書館に行って勉強するのはどうだい」

▶David と Brian が住む市の公共図書館が来月閉鎖し、勉強する場所がなくなり不安に思っている場面である。解答例のように隣町や学校の図書館など、別の場所で勉強することを提案するセリフを入れればよい。

実践テスト　3

1　＜長文読解総合＞

［全訳］

　これはまさに私の母の愛の物語です。母に対し、あなたに話すようにお願いしましたが、彼

女は極度の恥ずかしがり屋なんです。残さずにしておくにはもったいないぐらいいい話です。その話は弟と私の存在がなぜピーナッツによるのかを説明するものなのです。

　母が高校を卒業した時、一つのことを除き、彼女は全てうまくいっていました。彼女は可愛く、頭もよく、そして裕福な家庭出身でしたが、特に男性の前では極度の恥ずかしがり屋だったのです。彼女はとても静かだったので、男の子たちは彼女をデートに連れ出すのを嫌がりました。彼女はお母さんが通っていた同じ大学に通うようになり、彼女のお母さんを喜ばせるため、彼女のお母さんが通っていた社交クラブによる歓迎会に参加することにしました。初めての歓迎会で、彼女は部屋の隅で、食べ物が置いてある机のそばの人目の付かない場所に座っていました。彼女は緊張のため、たくさんのピーナッツを食べました。

　彼女はあるウェイターに気付きました。彼は彼女と同じぐらい恥ずかしがり屋のようでした。彼は一言もしゃべりませんでしたが、彼女をもてなしていました。彼は彼女のグラスにアルコールの入っていないジュースを満たし続け、ピーナッツの入れ物も常にいっぱいにしました。時々2人の目が合い、お互い微笑み合いました。

　ダンスが始まり、パーティーが騒々しくなったとき、逃げ出すために彼女は厨房の中へと歩いていき、裏口から外へと出ました。彼女が路地を歩いていると、「待って、待って、待ってください」と誰かが呼ぶのが聞こえました。あのウェイターが、手に紙袋を持って、路地を走って彼女の後を追いかけたのです。2人はぎこちなく押し黙り、けれども微笑みながら立っていました。そして彼は紙袋の中へ手を伸ばし、ピーナッツの缶を丸ごと取り出すと、彼女に渡して言いました。「これが真珠だったらいいのに」

　彼は路地を駆け戻り、社交クラブの建物へ戻りました。

　そう、この出来事が、2人の後の結婚につながりました。

　25年後、母とあのウェイター（私の父ですが）の銀婚式に、彼は「ピーナッツ」と記された純銀の入れ物を母にあげました。彼女はこれが贈り物だと思い、とても喜びました。しかし、それだけではありませんでした。彼女がふたを開けてみると、中には真珠のネックレスが入っていたのです。

　彼女をこのとき以上に喜ばせた贈り物はありませんでした。彼女はこの真珠を何年もの間、彼女の唯一の宝飾品として身につけていました。父が交通事故で死んだとき、彼女は銀のピーナッツ缶を彼とともに棺に入れました。私はそれ以来、彼女がその真珠をつけているのを見たことがありません。真珠が今どこにあるか、私には分かる気がします。でも私は恥ずかしがり屋なので聞けないのです。

Robert Fulghum True Love HarperCollins Publishers

問1　適語句選択

(1)　It's too good not to (**pass**) on.

「残さずにしておくにはもったいないぐらいいい話です」

　▶ It は作者の母の話。too ~ not to do「…しないには、~し過ぎる」より、「母の話は、○○しないには、良すぎる」となる。作者は母の話を伝えるために本文で語っている。よって pass が正解。pass on で「伝える」という意味。

(2) Boys didn't like to (**take**) her out because she was so quiet.

「男の子たちは彼女をデートに連れ出すのを嫌がりました、というのも彼女はとても静かだったからです」

▶直前で、作者の母は男性の前では極度に緊張することが述べられている。男の子たちは緊張して静かな彼女をデートに連れて行くことを嫌がったと考えられる。

(3) He kept her glass (**filled**) with nonalcoholic punch and he kept her peanut bowl full.

「彼は彼女のグラスにアルコールの入っていないジュースを満たし続け、ピーナッツの入れ物も常にいっぱいにしました」

▶空欄を含む文の後半がヒントになる。kept her peanut bowl full「ピーナッツの入れ物を常にいっぱいにしました」とあり、彼は作者の母に絶えず給仕していたことが分かる。後ろに with があることから、〈fill O with ～〉「～でいっぱいにする」の fill を過去分詞形に変え、her glass を修飾させる。

(4) she walked into the kitchen and out the back door to (**escape**).

「逃げ出すため、彼女は厨房の中へと歩いていき、裏口から外へと出ました」

▶直前でパーティーが騒がしくなったことが書かれており、直後の文ではパーティー会場の外の路地を歩いている。よって、厨房の裏口から外へ逃げ出している部分だと分かる。

(5) he gave her a sterling silver jar (**marked**) "peanuts."

「彼は『ピーナッツ』と記された純銀の入れ物を母にあげました」

▶作者の父が、作者の母に思い出の品としてプレゼントをする場面。「『ピーナッツ』と記された入れ物」となるようにする。mark は「印をつける」という意味なので、過去分詞形に変える。

(6) She (**wore**) those pearls as her only jewelry for years.

「彼女はこの真珠を何年もの間、彼女の唯一の宝飾品として身につけていました」

▶宝飾品を身につける時は wear を用いる。時制に注意すること。

(7) When my father was (**killed**) in a traffic accident,

「父が交通事故で死んだとき」

▶後に続く内容より、作者の父は交通事故で亡くなったことがわかる。

問2 共通語

（ア） (**At**) the first rush party,「初めての歓迎会で」

▶「歓迎会で」と表すために at を用いる。

（イ） they smiled (**at**) each other.「お互いに微笑み合いました」

▶ smile at ～で「～に笑顔を向ける」である。each other「お互い」は代名詞なので前置詞が必要。

（ウ） she walked (**into**) the kitchen「彼女は厨房の中へと歩いていき」

▶部屋である kitchen「厨房」の中へと歩いていくと考える。

（エ） Then he reached (**into**) the bag「そして彼は紙袋の中へ手を伸ばし」

▶ここでの reach は自動詞で「手を伸ばす」という意味。紙袋に入っているものを取り

出すために、袋の中へ手を伸ばしたと考える。

問3　抜き出し

I asked her to tell you, but she's too（**shy**）.

「彼女は極度の恥ずかしがり屋なんです」

▶空欄の後ろには重複を避けるため省略がされている。補って考えると、I asked her to tell you, but she's too ┃　A　┃ to tell you. となり、「（　　　）過ぎてあなたに教えられない」となる。her や she は作者の母を指しているため、彼女の性格を考える。第2段落目以降の本文の内容から、彼女が恥ずかしがり屋だということが分かる。

問4　適語句選択

It explains why my brother and I say we owe our existence to（**4　peanuts**）.

「その話は弟と私の存在がなぜピーナッツによるのかを説明するものなのです」

▶ existence は「存在」という意味。「私たちの存在が ┃　B　┃ に負っている」→「私たちが生まれてこられたのは ┃　B　┃ による」と考える。ここまでの内容では解答出来ないので本文を読み進めていくと、作者の母と、あるウェイターの話が続く。第7段落目の最初の文より、あるウェイターとは作者の父であることが分かる。作者の両親が知り合うきっかけが何かを考える。①歓迎会で、作者の母はピーナッツを食べ、それを補充していたのがウェイターである父。②会場を後にした母に父はピーナッツを渡し、会話をする。以上より、両親二人はピーナッツを通してお互い話すようになったと考えられる。よって正解は **4** である。

問5　英文解釈

my mother had everything going for her but one.

「一つのことを除き、彼女は全てうまくいっていました」

▶ but の前後、及び続く文を比べて、but 以下がどういう内容かを確認する。

my mother had everything going for her ┃but┃ one.

「一つのことを除き、彼女は全てうまくいっていました」

She was pretty, smart, and came from a well-to-do family, ┃but┃ she was terminally shy.

「彼女は可愛く、頭もよく、そして裕福な家庭出身でしたが、極度の恥ずかしがり屋だったのです」

前半部には作者の母の恵まれた容姿、頭脳、家庭について、そして but 以降は彼女が極度の恥ずかしがり屋であることが述べられている。以上より、「恵まれていること」「恥ずかしがり屋であること」が述べられている **4** が正解である。〈have everything going for ＋人〉「人があらゆる点でよいことを備えている」という意味であるが、それを知らなくても、文脈をヒントに内容を捉えられるようにすること。

問6　適文選択

She ate a lot of peanuts out of nervousness.

「彼女は緊張のため、たくさんのピーナッツを食べました」

1　Though she tried to enjoy herself at the party, she liked eating peanuts best of all.
「彼女はパーティーで楽しもうとしたが、彼女はピーナッツを食べることが一番好きだった」

2　At the party she wasn't spoken to by anyone, and she got so angry that she kept eating peanuts.
「パーティーでは、彼女は誰にも話しかけられなかった、だから彼女はとても怒ってピーナッツを食べ続けた」

3　She had lots of things to do at the party, but she had to look for someone.
「彼女はパーティーでやるべきことがたくさんあったが、彼女は誰かを探さなくてはならなかった」

4　She was so bored that she tried how many peanuts she was able to eat.
「彼女はとても退屈だったので、どれだけ沢山ピーナッツを食べられるか試した」

5　She was not able to relax at the party, so she could not but keep eating peanuts.
「彼女はパーティーでくつろげなかったので、彼女はピーナッツを食べ続けずにはいられなかった」

▶作者の母が歓迎会でなぜピーナッツをたくさん食べていたのかを考える。作者の母は恥ずかしがり屋であることがヒントになる。nervousness「神経質」という意味であり、out of「〜から外へ」→「〜が原因で」を伴って「緊張のために」という意味になる。よって、彼女は緊張し、居心地が悪いので、ピーナッツを食べていたことを表している**5**が正解である。

問7　内容把握

I only wish these were pearls.

「これが真珠だったらいいのに」

▶wish「願う」は現実ではありえないことを願う時に使用し、仮定法が使われる。ここでの these はウェイターが作者の母に渡そうとしたピーナッツのこと。彼は「ピーナッツが真珠であれば」と願っている。つまり、現実ではピーナッツしかあげることができず、もし真珠を持っていれば彼女にあげたいという気持ちだと考えられる。よって**2**が正解である。

問8　英文和訳

この出来事がきっかけで、二人は後に結婚しました。

▶下線部 one thing led to another. を直訳すると「一つの事が、もう一つへとつながった」となる。設問の指示の「この出来事」とは、作者の母とウェイターとの直前のやりとりのこと。「もう一つ」の出来事とは、下線部の後の内容に注目する。その後二人は結婚し、作者とその弟も産んでいることから、直前のやり取りが2人が付き合い、結婚するきっかけであることが分かる。

問9　内容一致

1　作者の母は作者の祖母と同じ大学に通っていた。（○）

　　▶7〜8行目 She went off to the same college her mother went to「彼女のお母さ

んが通っていた同じ大学に通うようになり」より、正しい。

2 作者の母は緊張する癖を直すためにパーティーに行った。(×)

▶ 8行目 and to please her mother, she agreed to be rushed by her mother's sorority. 「彼女のお母さんを喜ばせるため、彼女のお母さんが通っていた社交クラブによる歓迎会に参加することにしました」より、不一致。

3 作者の母とウェイターは,お互い人見知りでパーティー会場では会話はなかった。(○)

▶ 11 ～ 12行目 She began to notice a waiter, who seemed to be as shy as she. He never said anything 「彼女はあるウェイターに気付きました。彼は自分と同じぐらい恥ずかしがり屋のようでした。彼は一言もしゃべりませんでした」とあり、一致する。

4 ダンスが始まったので,作者の母は会場を出ようとしたが当時ウェイターであった作者の父に残るよう言われた。(×)

▶ 17行目でウェイターが作者の母を呼びとめているが、その後パーティー会場に残れとは言われていない。よって不一致。

5 結婚25年目に出会った思い出の品としてピーナッツ入りの瓶を父は母にあげた。(×)

▶ 26行目より、父が母に送ったのは真珠のネックレスである。よって不一致。

6 作者は父が死んで以来,母が真珠のネックレスをしているのを見たことがない。(○)

▶ 29行目 I've never seen her wear the pearls since. 「私はそれ以来、彼女がその真珠をつけているのを見たことがありません」より一致する。since の後ろには直前の内容である父が亡くなったことが省略されている。

7 父が母へ送った最高のプレゼントがどこにあるか作者は見当がついている。(○)

▶父が母へ送った最高のプレゼントとは真珠のネックレスである。また、29 ～ 30行目 I've never seen her wear the pearls since. I think I know where they are, 「私はそれ以来、彼女がその真珠をつけているのを見たことがありません。真珠が今どこにあるか、私には分かる気がします」より、一致する。

2 ＜長文読解総合＞

［全訳］

当初、人々は姓、つまり名字を持っていませんでした。人々は名前を持っていただけでした。いつから名字を与える慣習が始まったかは分かりません。異なった時期に、様々な地域や文化で名字を使い始めました。しかし、今日でも、アイスランドの人々やチベットの人々、ビルマの人々は名字を使っていません。

英語圏では、たいていの名字は人の職業、個人的な特徴と住んでいるところと関係がありました。多くの名字は職業を表すものでした。例えば John the smith は「金属を仕事の対象としている者」という意味で、John Smith となりました。ところで Smith は英語圏でもっとも一

般的な名字です。他の多くの職業、例えばコック、パン屋、大工、歌手、粉屋も名字になっています。これはドイツ語の名字にも当てはまります。例えば Müller という名字は粉屋を意味するドイツ語であり、「パンのために穀物を粉々にする人」という意味です。場所や家の近くにある目印を名前に利用した人もいました。Roger が川の近くに住んでいると Roger Rivers という名前になるでしょう。森や丘、石、野原、細道といった他の目印が名字になった人もいます。人の個人的な特徴も名前になりました。例えば Small（小さい）、Long（長い）、Strong（強い）、Moody（気分屋の）、Wild（乱暴な）のような名字は全て個人的な特徴から来ているものです。

　son で終わる名字が多くあります。大昔、もしある人の名前が John で、その人の父親が Albert だったとすると、みんな彼のことを John Albert's son と呼んだでしょう。時が経つにつれ、その名前を短くして John Albertson としました。この種類の名字には Johnson、Peterson、Robertson、Davidson があります。スコットランドやアイルランドでは、Mac という単語、もしくはその略語である Mc が息子を表す単語です。例えば MacDonald という名字は Donald の息子という意味になるでしょう。

　西洋では名字は最後に置くのが慣習です。しかし中国、日本、朝鮮、ベトナムのようなアジアの国々では名字が最初に来るため、あなたの名前は Smith John になり、John Smith にはなりません。スペインやスペイン語圏では、場合によっては1つ目のものしか使わないこともありますが、たいていの人は2つの名字を持っています。最初の名字は父親の名字で、2番目の名字は母親の名字です。例えば、Marco Perez Martinez という名前では Perez が父親の名字で Martinez というのが母親の名字なのです。

　東南アジアのベトナムのような国々と同様に、オーストラリア、カナダ、イギリス、アメリカといった英語圏では多くの人がミドルネームを持っています。ミドルネームを持っている理由はおそらく親族を尊敬しているからかもしれません。ミドルネームは祖父や祖母の名前であるかもしれませんし、両親が自分たちの子供の名前として気に入ったからかもしれません。たいていの人はミドルネームを短縮し、ただ頭文字だけ書きます。ミドルネームを名前より気に入っている人もいます。こうした場合、頭文字を使って名前を短縮して、ミドルネームを使ったり、まったく名前を使わない人がいるかもしれません。例えば James Paul McCartney はミドルネームと名字を用いて Paul McCartney となります。

　もちろん、名前を変えることはできます。けれども、たくさんの書類に記入しなくてはいけません。名前を変えるにあたってはいくつかルールがあります。例えば名前を有名人の名前や商標に変えてはいけないのです。しかし、Winfred Holley という名前の男は白いあごひげを生やしていましたが、名前を Santa Claus に変えました。ハワイ出身のまた別の男は、最も長い名字の1つである Kikahiolanikonoikaouiaulani を持っており、名前（姓名）の綴りを書くのに人生の半分を費やすと文句を言っていました。しかし、彼は名前（姓名）を変えることはしませんでした。

Milada Broukal
Weaving It Together 2 Connecting Reading and Writing, Third Edition
Heinle, Cengage Learning

問1　適文選択

1	キ

　　Different areas and cultures started to use them at different times.　But even today, Icelanders, Tibetans, and Burmese do not use last names.

「異なった時期に、様々な地域や文化で名字を使い始めました。しかし、今日でも、アイスランドの人々やチベットの人々、ビルマの人々は名字を使っていません」

▶空欄1の前の内容は名字がいつ始まったのかわからないという内容である。また、キの中にある them が空欄1の前にある last names だと考えると、キの Different areas and cultures started to use them at different times.「異なった時期に、様々な地域や文化で名字を使い始めました」が前の内容とほぼ同じであることがわかる。よってキが正解。

2	エ

　　This is also true of German names.　The name Müller, for example, is German for **miller**, meaning "a person who crushes grain for bread."

「これはドイツ語の名字にも当てはまります。例えば Müller という名字は粉屋を意味するドイツ語であり、『パンのために穀物を粉々にする人』という意味です」

▶空欄2の前に職業が名字になるという内容が書かれていることから、同じことがドイツ語でも当てはまると書かれているエが正解。

3	カ

　　People's personal characteristics also turned into names.　Last names such as Small, Long, Strong, Moody, and Wild all come from people's characteristics.

「人の個人的な特徴も名前になりました。例えば Small(小さい)、Long(長い)、Strong(強い)、Moody(気分屋の)、Wild(乱暴な)のような名字は全て個人的な特徴から来ているものです」

▶空欄1の下に書かれている most last names were connected to people's occupations, personal characteristics, and where they lived より、名字の由来は「職業」、「個人的な特徴」、「住んでいる所」であり、すでに「職業」と「住んでいる所」については空欄3の前で述べられている。そのため空欄には「個人的な特徴」について述べられている文がくると考えられる。よってカが正解。

4	ア

Last names of this type include Johnson, Peterson, Robertson, and Davidson.

「この種類の名字には Johnson、Peterson、Robertson、Davidson があります」

▶空欄4の前に息子を意味する son が名字に使われたことが書かれており、その例が書かれているアが正解。「この種類の名字」というのは空欄4の前に書かれている Albert's son が短くなって Albertson となったような名字のことである。

5	オ

In the West, it is the custom to put your family name last.

「西洋では名字は最後に置くのが慣習です」

▶空欄5の直後に But があることに注目する。空欄5の後ろにはアジアでは名字が最初に来ると書かれているため、その対比となっている西洋では名字が最後に来ると書かれているオが正解。

6	ク

For example, in the name Marco Perez Martinez, Perez is the father's name and Martinez is the mother's name.

「例えば、Marco Perez Martinez という名前では Perez が父親の名字で Martinez というのが母親の名字なのです」

▶空欄6の直前に、たいていの人は2つの名字を持っており、最初の名字は父親の名字で、2番目の名字は母親の名字と書かれていることから、その具体例が書かれているクが正解。

7	イ

For example, James Paul McCartney uses his middle name and last name, Paul McCartney.

「例えば James Paul McCartney はミドルネームと名字を用いて Paul McCartney となります」

▶空欄7の前に、まったく名前を使わない人がいるかもしれないと書かれているため、その名前を使わない例として適切なイが正解。

8	ウ

He did not change it, however.

「しかし、彼は名前(姓名)を変えることはしませんでした」

▶空欄8の前に名字が長く、そのことに文句を言う男について書かれている。選択肢のウの he と it が、それぞれ長い名字を持つ男とその男の名前(姓名)であることがわかる。よってウが正解。

問2　英文和訳

エ

most last names were connected to people's occupations, personal characteristics, and where they lived

「たいていの名字は人の職業、個人的な特徴と住んでいるところと関係がありました」

▶問題のポイントになっているのは occupations、personal characteristics、where they lived の意味である。まず occupation は「職業」という意味である。この単語の意味が分からなくとも、Many other occupations, such as cook, baker, carpenter, singer, and miller are last names too. より occupations の意味が推測できるだろう。such as は「例えば」という意味である。次に personal characteristics は「個人的特徴」である。これは空欄3に入る内容であるため、意味をとりづらい。ただ where they lived が「彼らが住んでいた所」という意味だと分かれば、その2つを満たしているエが正解と言うことがわかるだろう。イは「出身地」が異なっている。

問3　適語補充

（ア）　**son**

▶空欄（ア）の前に the word **Mac** or its abbreviation **Mc** is the word for **son**「Mac という単語、もしくはその略語である Mc が息子を表す単語です」と書かれていることから MacDonald は the son of Donald「Donald の息子」という意味だとわかる。よって son が正解。

（イ）　**changed**

▶文構造がわかりづらいため、however 以下を挿入節と考え、一旦省略してみよう。すると空欄には動詞が入ることがわかるだろう。

One man, however — who was named Winfred Holley and had a white beard — （　イ　）his name to Santa Claus.

↓

One man （　イ　） his name to Santa Claus.

▶次に内容から考えてみると、設問箇所の前には名前を有名人の名前や商標に変えてはいけないということが書かれているが、one man の後ろに however「しかし」があるため、「名前を有名人の名前や商標に変えてはいけない。しかし、名前を変えた」という意味になることが分かるだろう。よって changed が正解。

3　＜長文読解総合＞

［全訳］

　5年前、アベイダラ・メキテンという名の漁師は、大きな、灰色の動物が自分の釣り船の周りを泳いでいるのに気づきました。それはバンドウイルカでした。

　それから数日間、メキテンはエジプトのヌウェイバに住んでいましたが、我慢強くそのイルカを観察しました。彼はもっとよく見るために水の中に飛び込むことにしました。メキテンが驚いたことに、そのイルカは逃げませんでした。代わりにそのイルカは用心深くメキテンを眺めました。来る日も来る日も、2人は一緒に泳ぎました。メキテンはそのイルカをオーリンと名付けました。それからある朝、オーリンはその漁師に自分を触らせました。野生で自由なイルカと若い男の間に長い友情が始まりました。

　イルカは孤独を好みません。彼らは他者との共同生活を好む社交的な動物です。たいていのイルカは12頭までの家族グループを形成し、生活します。そのグループはポッドと呼ばれています。よく、多くのポッドは一緒に泳ぎ、何百頭ものイルカからなるもっと大きなグループを形成します。時々、あるイルカがポッドの他のイルカたちにポッドを追い出されることがあります。「追い出されたイルカたちは孤独になりたくないのかもしれません」とイスラエルにあるハイファ大学の海洋生物学者(水中で生活する動物を研究する科学者)であるオズ・ゴフマンは言います。彼はメキテンとオーリンの間の友情を研究しています。単独のイルカはおそらく孤独でしょう。そのイルカは「ポッドでのつきあいを人間とのつきあいにおきかえている」のかもしれません。完全に自由に泳いでいけるオーリンがなぜヌウェイバの近くにいるのかは

そのような行動様式で説明がつくかもしれません。時々、オーリンは通りすがりのイルカのポッドに数日間加わることもあります。しかし、オーリンはいつもヌウェイバの沖の水辺に戻ってくるのです。

他のイルカが訪れている間に、オーリンは妊娠しました。1年後に彼女はオスのイルカを出産しました。今ではメキテンは母親とその赤ん坊と遊んでいます。「人間とイルカの友情は珍しいものですが、これは明らかにオーリンが望んでいる友情でしょう。そうでなかったら逃げているでしょう」とゴフマンは言っています。今のところオーリンは喜んでとどまっているようです。

今や世界中からの旅行者がその野生のイルカと並んで泳げるチャンスを求めてヌウェイバにやってきます。彼らはあまり近づきすぎないように注意する必要があります。というのも、オーリンはメキテンに対してほど、知らない人に好意的とはかぎらないからです。

Karen Blanchard Christine Root
Ready To Read Now: A Skills-Based Reader
Pearson Education, Inc.

問1　発音・アクセント

（Ⅰ）　**3　bathe**

▶ patiently [péɪʃəntli]「辛抱強く」の最も強く読む部分は [éɪ] である。よって 3. bathe [béɪð]「風呂に入る、入浴させる」が正解。その他の選択肢の発音は以下の通り。

1. said[séd]、2. party[pάːrti]、4. equal[íːkwəl]

（Ⅲ）　**1　only**

▶ lonely [lounli]「さみしい」の最も強く読む部分は [ou] である。よって 1. only [óunli]「たった1つの」が正解。その他の選択肢の発音は以下の通り。2. law [lάː]、3. abroad[əbrɔ́ːd]、4. bought[bɔ́ːt]

問2　適語選択

⑴　**named**

▶設問箇所以降を見ると、イルカの名前が Olin となっているため、〈name O C〉「O を C と名付ける」を用いればよい。よって named が正解。

⑵　**touch**

▶設問箇所の前に let があることに注目する。〈let O 動詞の原形〉で「O が～するのを許す」という意味である。メキテンに慣れてきたイルカが自分に触れさせたと推測できる。よって touch が正解。

⑶　**studies**

▶ a marine biologist「海洋生物学者」の説明をしている箇所である。よって海に住む動物を「研究する」科学者が a marine biologist であるため、studies が正解。

⑷　**gave**

▶〈give birth to ～〉で「～を産む」という意味である。よって gave が正解。

(5) leave

▶設問箇所の前にある or に注目する。or には「そうでなければ」という意味があり、設問箇所の前の意味をとると「『人間とイルカの友情は珍しいものですが、これは明らかにオーリンが望んでいる友情でしょう。そうでなかったら（　5　）でしょう』とゴフマンは言っています。今のところオーリンは喜んでとどまっているようです」となる。よって友情がなければこの場所を「去っている」と考えられる。よって leave が正解。

(6) swim

▶設問箇所の前にある for a chance to は「～する機会を求めて」という意味で for には「～を求めて」という意味がある。また、〈alongside ～〉は「～と並んで」という意味。設問箇所の後ろに They must be careful not to get too close「彼らはあまり近づきすぎないように注意する必要があります」と書かれていることから、人々がイルカと泳ぎにヌウェイバを訪れていることが分かるだろう。よって swim が正解。

問3　共通語

social

▶設問箇所を確認してみよう。

They are（　ア　）animals that like to live with others.

① （　ア　）は animals の前にあるため形容詞と考えられる。

② like to live with others「他者と暮らすのが好き」と似た意味を持つ単語である。

また、問題文で出された英文も見てみる。

Now a lot of young people post the pictures they want to share on（　　）media.

「今や多くの若者が共有したい写真を（　　）media に掲載している。」

日本語では SNS というが英語では social media という表現を使う。よって social「社会の、社交的な」が正解。本文の意味は「社交的な」という意味である。

問4　英文和訳

追い出されたイルカたちは孤独になりたくないのかもしれません。

▶ Those that are thrown out may not want to be alone. の those は前文にある名詞の代わりに用いるもので、後ろに修飾語句を伴う場合が多い。今回は前文の one dolphin を複数で表したものである。また、that は関係代名詞であるため以下のように考えられる。Those［＝the dolphins］（that are thrown out）may not want to be alone.

〈throw out〉は耳慣れない表現だが、前文の one dolphin is forced out of its pod by the other dolphins in the pod.「あるイルカがポッドの他のイルカたちにポッドを追い出されることがあります」より「追い出す」という意味と推測したい。これらをまとめると「追い出されたイルカたちは孤独になりたくないのかもしれません」と訳せる。

問5　内容選択

ウ

▶まず下線部を含めた1文の内容を確認すると、Such behavior may explain why Olin, completely free to swim away, has stayed near Nuweiba.「完全に自由に泳いでいけるオーリンがなぜヌウェイバの近くにいるのかはそのような行動様式で説明がつくかも

しれません」と書かれており、such behavior がオーリンがなぜ逃げないのかの理由を表していることがわかる。その直前に It might "replace the companionship of the pod with that of human beings." と書かれており、ここがその理由を表している。

It might "replace the companionship of the pod with that of human beings."

・it は前文の a single dolphin を表している。

・〈replace A with B〉は「A を B と取り替える」という意味。

・that of human beings の that は the companionship を表している。

上記より「そのイルカはポッドでの仲間づきあいを人間（＝メキテン）との仲間づきあいにおきかえているのかもしれない」という意味になる。よってウが正解。

問6　整序英作文

because Olin [is not always as friendly with strangers as she is with Mekiten]

「というのも、Olin は Mekiten に対してほど、知らない人に好意的とはかぎらないからです」

▶〈not as ～ as…〉「…ほど～ない」を用いて並べかえるということはわかるだろう。また、〈be friendly with ～〉「～に対して好意的である」、〈not always ～〉「（いつも）～とはかぎらない」、stranger「知らない人」は知識としておさえておく必要がある。順をおって考えてみよう。

①「オーリンはメキテンに対して好意的である」という文と「オーリンは知らない人に対して好意的である」という2つの文を並べる。

Olin is friendly with strangers. Olin is friendly with Mekiten.

②〈not as ～ as…〉「…ほど～ない」を用いるが、最初の as は副詞で「同じくらい～」という意味である。また後ろの as は接続詞で「…と同じほど」という意味である。注意すべきは最初の as の後ろには形容詞、副詞が来ること、2つ目の as は接続詞であるため最初の文の最後に置くことである。以上を踏まえて「オーリンはメキテンに対してほど、知らない人に好意的ではないからです」という文は以下のようになる。

Because Olin is not as friendly with strangers as she（＝Olin）is friendly with Mekiten.

③上記の文に always を加え、重なっている2番目の friendly を消せばよい。

Because Olin is not always as friendly with strangers as she is with Mekiten.

問7　内容一致

1　イ

ア　When Mekiten, who was a marine biologist, saw Olin, he was very interested in her.

「メキテンは海洋生物学者だったが、オーリンを見たとき、彼は彼女に大変興味を持った」（×）

▶メキテンが海洋生物学者だったという記載はない。第1段落に a fisherman named Abeidalla Mekiten と書かれていることからメキテンは漁師であることがわかる。海洋生物学者は Oz Goffman である。よって異なる。

イ　**Mekiten was surprised that Olin didn't swim away when he got close to her**.

「メキテンは自分が近づいた時にオーリンが逃げないことに驚いた」（○）

▶第2段落に He decided to dive into the water for a closer look. To Mekiten's surprise the dolphin didn't swim away. 「彼はもっとよく見るために水の中に飛び込むことにしました。メキテンが驚いたことに、そのイルカは逃げませんでした」と書かれているため正しい。

2　×

ア　Dolphins usually live in family groups, but they swim separately.

「イルカは普段、家族グループで生活していますが、泳ぐ時は個別です」（×）

▶第3段落に Most dolphins live in family groups of up to twelve members. The groups are called pods. Often, many pods swim together to form larger groups of hundreds of dolphins. 「たいていのイルカは12頭までの家族グループを形成し、生活します。そのグループはポッドと呼ばれています。よく、<u>多くのポッドは一緒に泳ぎ</u>、何百頭ものイルカからなるもっと大きなグループを形成します」と書かれている。泳ぐ時も一緒であることがわかるため異なる。

イ　A pod is a group of dolphins that live together. It sometimes consists of hundreds of dolphins.

「ポッドは一緒に生活するイルカたちのグループのことです。それは時々何百ものイルカで構成されます」（×）

▶2のアで述べたようにイルカは家族グループ（ポッド）を形成し、生活することが書かれているが、ポッドは12頭までのイルカで形成されていると書かれているため、異なる。

3　イ

ア　Goffman thinks Olin stays near Nuweiba because the place has a lot of food.

「ゴフマンはオーリンがヌウェイバの近くにとどまっているのは、そこにたくさんの食べ物があるからだと考えている」（×）

▶本文中に食べ物があるためヌウェイバの近くにとどまっているという記載はない。オーリンがヌウェイバにとどまる理由として第4段落でゴフマンは Says Goffman, "Human-dolphin friendships are rare, but this is obviously a friendship Olin wants, or she would leave." So far Olin seems content to stay. 「『人間とイルカの友情は珍しいものですが、これは明らかにオーリンが望んでいる友情でしょう。そうでなかったら逃げているでしょう』とゴフマンは言っています。今のところオーリンは喜んでとどまっているようです」と述べている。人間（＝メキテン）との友情があるためオーリンはヌウェイバを立ち去っていないとゴフマンは述べている。よって異なる。

イ　**Goffman says it is uncommon for dolphins to long for a friendship with humans**.

「ゴフマンはイルカが人間との友好関係を切望するのは珍しいことだと言っている」

（○）

　▶ 3のアでも述べたが、ゴフマンは Human-dolphin friendships are rare「人間とイルカの友情は珍しいものです」と述べている。よって正しい。

4 ＜共通語補充＞

　共通語補充問題を解くためには全ての表現が分からなくても良い。今回の場合(a)〜(c)の中で知っている表現があれば、それが他のものでも当てはまるかを確認していくことで解答を出していけばよいだろう。この大問で時間をとられないようにすることが大切である。

1　way

(a)　I don't like the **way** he talks.
「私は彼の話し方が嫌いだ」

(b)　My friend came all the **way** to Tokyo to see me.
「私の友人は私に会うためにはるばる東京に来た」

(c)　I'm sorry I'm late. This is my first visit to Yokohama, so I lost my **way**.
「遅れてごめんなさい。横浜に来たのが今回初めてなので、道に迷ってしまったの」
　▶この問題の場合、(c)で気づいた人が多かったのではないか。その他の空欄に入るものも確認しておこう。(a)〈the way S V〉「S V するやり方」、(b)〈come all the way to 〜〉「はるばる〜に来る」、(c)〈lose one's way〉「道に迷う」。

2　race

(a)　Martin Luther King Jr. is a person that spent his life solving the **race** problem.
「マーチン・ルーサー・キング・ジュニア は人種問題の解決に人生を捧げた人である」

(b)　I practiced a lot, so I won the **race**.
「私はずいぶん練習を重ねたので、競争に勝った」

(c)　Cancer is one of the biggest health problems that the human **race** faces.
「ガンは人類が直面している最も大きな健康問題の1つである」
　▶ race には次のような意味がある。①「人種」、②「競争」、③「種族」（複合語で使う。例 the human race 人類）。

3　busy

(a)　I am **busy** as a bee. I have to finish this task by tomorrow.
「私はとても忙しい。明日までにこの仕事を終わらせなくてはいけない」

(b)　The street was **busy** because it was a holiday.
「祝日だったので、道が混んでいた」

(c)　"Hello, this is Tim. Is Bob in?" — "Sorry, the line is **busy**. Could you call back later?"
「こんにちは。ティムです。ボブはいますか」—「すみません。お話し中です。あとでかけ直していただけますか」

▶ busy には次のような意味、表現がある。①「忙しい」、②「(人、車が)多い」、③「(電話が)お話し中で」。〈(as) busy as a bee〉は「とても忙しい」という意味である。

4 **help**

(a) "I can't do this by myself." — "Do you have anyone to **help** you out?"
「私１人でこれをすることができません」—「あなたを助けてくれる人は誰かいませんか」

(b) **Help** yourself to some cake.
「ケーキをご自由に食べてください」

(c) I can't **help** crying every time I see this movie.
「私はこの映画を見る度にどうしても泣いてしまいます」

▶ help には次のような意味、表現がある。①〈help 人 out〉「人を手伝う」、②〈help oneself to ～〉「(主に命令文で)～を自由に食べる(飲む)」、③〈can't help ～ ing〉「(感情的に)どうしても～してしまう」。③の help は「さける」という意味である。

5 **watch**

(a) **Watch** out! There is a wasp on your shoulder.
「気をつけて。肩にスズメバチがいるよ」

(b) Do you have the time? I forgot my **watch**.
「今、何時ですか。時計を忘れてしまいました」

(c) Could you **watch** my son for me? I'm going to the bathroom. I'll be right back.
「私の代わりに息子を見ていただけますか。トイレに行ってきます。すぐ戻ります」

▶(b)の〈Do you have the time?〉は「何時ですか」という意味。〈Do you have time?〉は「時間はありますか」という意味なので注意しよう。watch には「時計」以外でも次のような意味、表現がある。watch ①「(動く・変化する物を)じっと見る」、②「見守る」、③〈watch out〉「用心する、警戒する」。

6 **break**

(a) Why don't we have a **break** for tea?
「一休みしてお茶を飲みませんか」

(b) You will be performing on the stage tomorrow. **Break** a leg! I'm sure you'll do great.
「明日、舞台での発表がありますね。頑張ってください。きっと成功しますよ」

(c) Bob doesn't **break** his word.
「ボブは約束を破りません」

▶ break には次のような意味、表現がある。①〈have a break〉「休憩をとる」、②〈Break a leg!〉「頑張れ」(舞台に出る前の人や試合に出る人に向かって言う言葉)、③〈break one's word〉「約束を破る」。〈keep one's word〉は「約束を守る」という意味。

5 ＜正誤問題＞

1 ×

ア Don't leave the door <u>opening</u> when you go out.（×）

→Don't leave the door **open** when you go out.

「外出する時はドアを開けたままにするな」

▶〈leave O C〉で「O を C のままにしておく」という意味。今回は「開いている」という形容詞にするため open とする。

イ Saying is one thing and doing is <u>others</u>.（×）

→Saying is one thing and doing is **another**.

「言うこととすることは別である」

▶〈A is one thing and B is another〉で「A と B は別である」という意味である。

2 ×

ア I have moved to a new house, so there are not <u>many furnitures</u> in my room.（×）

→I have moved to a new house, so there **is** not **much furniture** in my room.

「私は新居に引っ越したので、自分の部屋にはそんなに家具がありません」

▶ furniture「家具」は数えられない名詞であるため複数形にならない。そのため many ではなく much を使う。それに伴い be 動詞も is となる。

イ I'll give you a call as soon as I <u>will know</u> the schedule.（×）

→I'll give you a call as soon as I **know** the schedule.

「予定が分かったらすぐにあなたに電話しますよ」

▶時を表す副詞節（例 until, before, after など）の中は will を使わず、現在形で表す。as soon as も時を表す副詞節であるため will know ではなく know に直す。

3 ○

ア I make it a point to write to my mother as often as possible.（○）

「できるだけ母親に手紙を書くことにしています」

▶〈make it a point to ～〉は〈make it a rule to ～〉と同じで「～することにしている」という意味の熟語である。〈as often as possible〉は「できるだけ多く」と頻度を表す表現である。

イ All of a sudden the train stopped, so some of the passengers got injured.（○）

「突然、電車が止まったので、乗客達の中には怪我をした人もいた」

▶〈all of a sudden〉は「突然に」、〈passenger〉は「乗客」という意味である。〈some of ～〉は「～のいくつか（何人か）」という意味だが of は「～の中の」という意味で、後ろには代名詞や the などがついた限定語句が来ることに注意すること。

4 ×

ア I saw someone <u>to enter</u> the store at around two in the morning.（×）

→I saw someone **enter** the store at around two in the morning.

「午前 2 時頃に、誰かがその店に入るのを私は見ました」

▶〈see 人 動詞の原形〉で「人が〜するのを見る」という意味。

イ This book is worth <u>reading it.</u>（×）

→This book is worth **reading**.

「この本は読む価値があります」

▶〈be worth 〜 ing〉で「〜する価値がある」という意味。reading の目的語が主語と同じであるため it は不要である。

例 The speech is worth listening to.「その演説は聞く価値がある」

5 ア

ア Wheat is made into flour.（○）

「小麦は小麦粉に加工される」

▶〈A be made into B〉で「A は B に加工される」という意味。into は「変化」を示す。

イ I know a lot about Australia because I <u>have lived</u> there ten years ago.（×）

→I know a lot about Australia because I **lived** there ten years ago.

「10 年前に私はオーストラリアに住んでいたことがあるので、オーストラリアのことをよく知っています」

▶現在完了形は過去の一点を表すものと一緒に使うことはできない。よってこの問題では ten years ago があるため have lived を lived に直す。

6 ×

ア Tim and I <u>looked each other</u> and said nothing.（×）

→Tim and I **looked at each other** and said nothing.

「ティムと私はお互い見つめ合って何も言わなかった」

▶〈each other〉は「お互い（に）」という意味で代名詞である。副詞ではないため自動詞 look の後ろでは前置詞が必要になる。

例 He lives there. here は副詞であるため in は不要。

He lives in Tokyo. Tokyo は名詞であるため in が必要。

イ I went fishing to the lake, but I caught nothing.（×）

→I went fishing **in** the lake, but I caught nothing.

「私は湖に釣りに行ったが、何も釣れなかった」

▶〈fish in (at)〜〉は「〜で魚を釣る」という意味である。go とつなげて考えないようにしよう。

実践テスト 4

1 ＜リスニング＞

(あ) W ： Are you preparing for the English grammar examination, Tom?

M ： Well, I put another subject before it though everyone but me studies English hard.

女性　：　英文法のテストの準備はしているの、トム。

男性　：　うーん、僕を除いた全員が英語を一生懸命勉強しているけど、僕は他の科目を優先しているよ。

Question : What does the woman mean?

「その女性の言いたいことは何でしょうか」

① She will study French grammar.

「彼女はフランス語の文法を勉強するつもりだ」

② She doesn't want to study English.

「彼女は英語を勉強したくない」

③ She wants to know what Tom is studying.

「彼女はトムが何を勉強しているか知りたい」

④ **She wants to know if Tom is studying English.**

「彼女はトムが英語を勉強しているか知りたい」

▶〈prepare for ～〉は「～の準備をする」という意味。よって④が正解。

(い) W ： Hurry up! It's seven forty. You'll miss the train.

M ： When is it coming?

W ： In five minutes.

M ： Oh, I won't make it, but it comes every fifteen minutes.

女性　：　急いで。7時40分よ。電車に乗り遅れるわよ。

男性　：　いつ電車は来るの。

女性　：　5分後に来るわよ。

男性　：　あー、それには乗れないな。でも電車は15分ごとに来るよ。

Question : Which train will the man take?

「その男性はどの列車に乗る予定ですか」

① 7:20 train.「7時20分の列車」

② 7:35 train.「7時35分の列車」

③ 7:45 train.「7時45分の列車」

④ **8:00 train.「8時の列車」**

▶7時45分の電車には間に合わないが、電車は15分ごとに来ると言っているので、8時の列車である④が正解。make には「（列車や会合に）間に合う」という意味があることを押さえておくこと。

(う) M ： Hi, I'm looking for a book on Japanese history. Here's the title and author.

W ： I'm afraid someone has checked it out. It won't be returned for another ten days.

男性　：　あの、私は日本史に関する本を探しています。これがタイトル名と著者名です。

女性　：　残念ながら貸し出し中です。あと10日間は返却されません。

Question : Where does the conversation take place?

「この会話はどこで行われていますか」

① In the classroom.「教室で」

② **At the library checkout desk.**「図書館の貸し出しデスクで」

③ In the history professor's office.「歴史学の教授のオフィスで」

④ At the school cafeteria.「学校の食堂で」

▶「あと10日間は返却されません」と言っているので、②が正解。〈check out〉は「（図書館から本などを）借りる」という意味があり、checkout と1語にすると「貸し出し」という名詞に変わる。

(え) M : Have you decided on your job after you graduate, Linda?

W : I have wanted to be a cook, but I'm afraid I can't.

M : Why?

W : My fingers are all thumbs.

男性 : 君は卒業後の仕事を決めたのかい、リンダ。

女性 : 私は料理人になりたいの、でも無理だと思うわ。

男性 : どうして。

女性 : 私、不器用なの。

Question : What does the woman think about herself?

　　　　　「その女性は自分のことをどのように考えていますか」

① **She doesn't think she is good at cooking.**

「料理が上手ではないと思っている」

② She thinks she is good at cooking.

「料理が上手だと思っている」

③ She doesn't think she is kind.

「親切ではないと思っている」

④ She thinks she is kind.

「親切だと思っている」

▶〈My fingers are all thumbs.〉は直訳すると「私の指はすべて親指だ」と訳せるが、そこから転じて「私は不器用だ」という意味になる。よって①が正解。

(お) W : Are you practicing for tomorrow's speech contest?

M : Yes, I've done better than before. I don't want to remember the last one.

W : You should forget that. You will win the next contest.

女性 : 明日のスピーチコンテストに向けて練習しているの。

男性 : うん。以前より良くなってきているよ。この前のコンテストは思い出したくないな。

女性 : そのことは忘れなさいよ。次のコンテストでは勝てるわよ。

Question : How does the man feel about his result in the last contest?

　　　　　「その男性はこの前のコンテストの結果についてどのように感じていますか」

① He is satisfied.「満足している」

② **He is disappointed.**「落ち込んでいる」

③ He is interested.「興味を持っている」

④ He is excited.「興奮している」

▶ I don't want to remember the last one.「この前のコンテストは思い出したくないな」と男性が言っていることから、前回のスピーチコンテストは失敗だったとわかる。よって②が正解。

(か) M ： Excuse me, I'm staying in room 356. I want to have something in my room.

W ： Sorry, sir. At this hotel, we don't have room service.

M ： How about your restaurant?

W ： I'm afraid you can't use it now because it won't open until seven in the morning.

男性 ： すみません、私は356号室に泊まっている者です。部屋で何か食べたいのですが。

女性 ： 申し訳ございません。このホテルにはルームサービスはございません。

男性 ： ホテルのレストランはどうですか。

女性 ： レストランは午前7時に開きますので、現在の時刻ではご利用いただけません。

Question : What time do you think it is in the conversation?
　　　　　「この会話は何時に行われていると思いますか」

① It is 8:00 in the morning.「午前8時」

② It is 11:00 in the morning.「午前11時」

③ **It is 6:00 in the morning.**「午前6時」

④ It is 7:00 in the morning.「午前7時」

▶「レストランは午前7時に開きますので、現在の時刻ではご利用いただけません」から、その時間より前の時刻を表す選択肢を選べばよい。よって③が正解。

(き) M ： I'd like to make a reservation for four. Do you have chairs for children?

W ： Yes, sir. We have a child chair. Any children?

M ： Yes. Everyone except me needs it.

男性 ： 4名で予約をしたいのですが。子ども用の椅子はありますか。

女性 ： はい、ございます。お子様向けの椅子がございます。お子様がいらっしゃるのですか。

男性 ： はい。私を除いた全員が必要です。

Question : How many adults are there in the man's group?
　　　　　「男性のグループの中に何人の大人がいますか」

① Four.「4人」

② Three.「3人」

③ Two.「2人」

④ **One.**「1人」

▶ 4名で予約をして、子ども用の椅子は男性を除く全員が必要だということから、子どもは3人ということがわかる。よって大人は1人であるので、正解は④。

(く) M ： Where's my data in my personal computer? It's gone.

W ： The system backs everything up automatically.

M ： No, I can't find the file.

W ： Relax. I'll go through your hard drive and find the file for you.

男性 ： パソコンの中の私のデータはどこにいったんだ。なくなってしまった。

女性 ： そのシステムはすべて自動的にバックアップしてくれるのよ。

男性 ： いや。そのファイルが見つけられないんだ。

女性 ： 落ち着いて。ハードドライブの中を探して、あなたの代わりにファイルを見つけてあげるわ。

Question : What will happen next?

「次に何が起こるでしょうか」

① The system will back up the man's data.

「そのシステムが男性のデータをバックアップする」

② The computer will be sent for repairs.

「そのコンピュータは修理に出される」

③ The man will get angry with the woman.

「その男性がその女性に対して怒る」

④ **The woman will search for the file.**

「その女性がファイルを探し出す」

▶女性が「ハードドライブの中を探して、あなたの代わりにファイルを見つけてあげるわ」と言っているので、正解は④。

(け) W ： What's the matter with your voice, Mike?

M ： I've got a cold.

W ： Oh, dear. It seems everybody around me has the same cold.

M ： Well, then you'll probably catch it pretty soon.

女性 ： あなたの声、どうしたの、マイク。

男性 ： 風邪をひいたんだ。

女性 ： まあ、何てこと。私の周りのみんなが同じ風邪をひいているようだわ。

男性 ： じゃあ、おそらく君もすぐに風邪をひくだろうね。

Question : What do we know about the woman?

「私たちはその女性に関して何がわかりますか」

① She's taking cold medicine.

「彼女は風邪薬を服用している」

② Few of her friends have a cold.

「彼女の友達で風邪をひいている人はほとんどいない」

③ Her voice sounds strange.

「彼女の声は奇妙に聞こえる」

④ **She doesn't have a cold.**

「彼女は風邪をひいていない」

▶最後の男性の台詞「じゃあ、おそらく君もすぐに風邪をひくだろうね」から、女性はまだ風邪をひいていないことがわかる。よって、正解は④。

2 <対話文読解>

〔全訳〕

クミ ： ハナ、今日もすごく暑い日になりそうね。

ハナ ： クミ。今日の日差しはすごく強いわね。外出するときには帽子をかぶることと日焼け止めを塗るのは忘れないようにしなくちゃね。

クミ ： もちろんよ。ところで空港まで向かうためのタクシーは呼んでくれたの。

ハナ ： まだよ。タクシーは必要ないと思う。歩いて行くこともできるし。

クミ ： 冗談でしょ。空港まで歩いて行ったら3時間かかるのよ。こんなに強い日差しの中でそんなに長く歩いていられないわ。

ハナ ： うーん、でも歩くことって体に良いし、私は歩くことが好きだけどな……。

クミ ： それは初耳だわ。あなたがそんなに歩くことが好きだとは知らなかった。

ハナ ： それに体重を減らすのにも効果的なのよ。正直に言うと、あなたは少しやせた方がいいかも、クミ。最近少し太り気味なことを認めたらどうかしら。あなた最近食べ過ぎだと思うわ。

クミ ： 余計なお世話よ。

ハナ ： そうね、ごめんなさい。本当は昨日ちょっと買い物をしすぎたから節約をしなくちゃいけないの。

クミ ： それならわかるわ。それで何を買ったの。

ハナ ： メキシコ風の布。見て。これでカーテンを作ろうと思っているの。カーテンを見るたびにここでの幸せな時間を思い出せるかなと思って。それで将来はメキシコ風の家を持ちたいと思っているの。

クミ ： 家をどんな風にしたいの。

ハナ ： ええと、壁は鮮やかな色で塗られているの。たとえば黄色、オレンジ、赤、青のような。しかもそれぞれの部屋ごとに色を変える予定よ。もしリビングを朝日の色にするのなら、寝室は海の色にしたいな……。

クミ ： 私には派手すぎるけど、でもハナには似合っていると思うな。ところで、私たちは空港までの交通手段を決めないといけないわ。地下鉄を使うのはどうかしら。

ハナ ： やめておきましょう。

クミ ： 何で。

ハナ ： 大きな荷物を持って地下鉄で移動するのは大変でしょう。特にピークの時間は。バスはどう。道路にバスはたくさん走っているわよ。

クミ ： 私もそう思っていた。でもバス停はどこにあるのかな。

ハナ ： 向こうにいる男の人に聞いてみよう。すみません。バス停がどこにあるか教えていただけませんか。

男性　：　このあたりにバス停はないよ。ただバスに向かって手を振れば、バスは止まってくれるんだ。

ハナ　：　うわあ、面白い。

男性　：　そうかい。それぞれのバスは、そのバスのルートと番号を示す板を正面のガラス窓に貼り付けているんだ。俺たちのような地元の人間は、ちょっと距離があっても簡単に見分けることができるけど、あんたたちのような旅行者には、乗りたいバスに手を振るのに間に合うように、すばやくルート表示を識別するのは難しいと思うよ。だからあんたたちが目的地へ向かうバスに乗るのを手伝ってあげるよ。どこへ行きたいんだい。

ハナ　：　空港までです。ありがとうございます。あと、降りるときには何をすべきですか。運転手さんに降りるところを知らせるためのベルはあるのですか。

男性　：　ないよ。「バハン」と言うだけで大丈夫だよ。

ハナ　：　それはどんな意味ですか。

男性　：　「降りたい」って意味だよ。そうだ、1つ重要なことを忘れるところだった。運転手が聞こえるように大きな声でそれを言いなよ。彼らは運転中によく音楽を聴いているからな。

ハナ　：　わかりました。気を付けます。

男性　：　後は、運転手に笑顔を向けることも忘れるなよ。

ハナ　：　はい。

問1

[　ア　]　⑥ I can't [**bear to walk so long in this strong sun**].

▶ハナが「(空港まで) 歩いて行くこともできるし」と言ったのに対し、クミが「冗談でしょ。空港まで歩いて行ったら3時間かかるのよ」と、明らかに難色を示していることに注目しよう。この文脈を把握した上で、クミが「できない」と思いそうなことを考えていくと、単純にそれは「空港まで3時間も歩いていくこと」になるので、⑥の「こんなに強い日差しの中でそんなに長く歩いていられないわ」が正解。なお、walk を含むということから③を考えた人もいるかもしれない。これを入れた場合、I can't wait to walk all the way to the airport. となるが、〈can't wait to ～〉は「～することを待てない」という意味であり、むしろ「～したくて待ちきれない」という内容になるため、ここでは不適切。

[　イ　]　① Why don't you [**accept the fact that you are a little overweight**]?

▶ハナが直前で「正直に言うと、あなたは少しやせた方がいいかも、クミ」、さらに直後で「あなた最近食べ過ぎだと思うわ」と言っていることから、[　イ　]を含む一文も同様に、太ってきているクミをたしなめる内容だと考えよう。したがって、①の「最近少し太り気味なことを認め(たらどうかしら)」が正解。

[　ウ　]　② They will [**remind me of the happy time here**].

▶まず、They が何を指しているのかをきちんと把握しよう。ここでうかつに They ＝「彼ら」と考えてしまうと、選択の基準自体を誤ってしまうことになる。they が指すのは人、物ど

ちらでもよいこと、必ず複数であることを踏まえれば、直前の文にある curtains であることは明らか。その上で、カーテンを主語にして成立する内容を選んでいけばよい。〈remind 人 of 物・事〉「人に物・事を思い出させる」を補えば、「(買った布で作った)カーテンは私にここでの楽しかった時間を思い出させてくれるだろう」という内容になり、うまくつながる。したがって、②が正解。

[　エ　] ⑤ Is there any bell to [**let the driver know when to make a stop**]?

▶「降りるときには何をすべきですか」というハナの男性への質問に続く内容である。[　エ　]の直前の to は不定詞の形容詞的用法で、bell を修飾することがわかるため、「〜するためのベルはありますか」という訳の大枠は容易に把握できるだろう。「〜」には「降りることを知らせる」という内容を補えばよいので、⑤の「運転手さんに降りるところを知らせる(ためのベルはあるのですか)」が正解。なお、bell との関係から、⑧の push in case of an emergency を選んだ人もいるかもしれないが、〈in case of 〜〉「〜の場合に」、〈emergency〉「非常事態」の表現から、⑧は「非常事態の場合に押す」という意味になる。ここでは単純に「降りる場合にどうするか」という話をしているため不適切。

問2

(　あ　) And... this can be a good help for you to (**lose**) weight.

▶直後に「正直に言うと、あなたは少しやせた方がいいかも、クミ」とハナがクミに言っていること、また目的語に weight「体重」をとることをヒントに考えると、正解は lose である。なお、動詞を gain や put on にすると、逆の「太る」という意味の表現になる。

(　い　) We just (**wave**) to the bus, and it'll stop.

▶バス停はどこかと尋ねられた男性が「このあたりにバス停はないよ」と答えていることから、次の文では、どのようにしてバスに乗るかを話しているのではないかと考えられる。実際に「ただバスに(向かって)〜すれば、バスは止まってくれるんだ」と言って、男性はバスの乗り方を説明している。この段階では「〜」には「叫ぶ」「手を挙げる」など複数の単語が浮かぶかもしれないが、このような場合は無理に解答を1つに絞らず、必ず本文中にさらなる手掛かりが出てくるはずだと考えて先を読み進めよう。すると、その後の男性の台詞で「あんたたちのような旅行者には、乗りたいバスに手を振るのに間に合うように、すばやくルート表示を識別するのは難しいと思うよ」という内容が出てくるため、wave が正解となる。なお、ここの台詞に出てくる語句のうち、〈recognize〉「識別する」、〈make [figure] out 〜〉「〜を理解する」、〈description〉「表示」などは重要表現として押さえておこう。

問3

It figures.

「ハナ(あなた)が昨日ちょっと買い物をしすぎたから節約をしなくちゃいけないというのはわかるわ」

▶直前のハナの台詞を見ていく。〈The fact is that 〜〉「本当は〜だ」を利用すると、「本当は昨日ちょっと買い物をしすぎたから節約をしなくちゃいけないの」となるので、「歩いて行こうと言っていることの本当の理由は、買い物をしすぎたから節約をしなくてはいけないということだ」という意味を把握できる。ここで、ハナがこれより前の部分で、歩いて行こ

うという提案の理由として、クミの体重の件を話し、彼女を怒らせていたことを思い出そう。怒ったクミを見て、あわててハナが本当の理由を話し、それに対してクミが言った言葉が It figures. である。figure には「姿、形」という名詞から派生して、「姿を現す」「形となって現れる」、さらにその意味を拡張して「理解する」「理解できる」という意味があるため、ここでは「それならわかるわ」といったものになりそうだと推測できる。そう考えれば、直後で「それで、何を買ったの」とクミの怒りが収まっていることにもうまくつながっていく。よって It が指すものは、クミが「理解できる」と思ったことであるから、歩かなければならない本当の理由、すなわち、「ハナが昨日ちょっと買い物をしすぎたから節約をしなくてはならないこと」となる。なお、この問題に関連して、〈Mind your own business. ／ That's none of your business.〉「余計なお世話だ」はぜひ覚えておこう。

問4

［　A　］ So ［ **I'll help you take the one for your destination** ］.

▶〈help 人 動詞の原形〉「人が〜するのを手伝う」に気付けるとよい。このように、文章中での並べかえの問題では、まずどの動詞を中心に据えるかを考えていくこと、またその際、第5文型（SVOC）をとる動詞が中心となる場合が多いということをぜひ知っておこう。実際、I'll help you take 〜という内容は、直前で「あんたたちのような旅行者には、乗りたいバスに手を振るのに間に合うように、すばやくルート表示を識別するのは難しいと思うよ」と男性が話していることとも符合する。また、one は代名詞として使われることが多いので、ここでは take の後ろに the one と書き、one は「バス」を指していると考えればよいだろう。残りの語群の組み合わせは、for your destination 以外には不可能。なお、〈destination〉「目的地」はぜひ覚えておきたい単語である。

［　B　］ ［ **You should say it in a loud voice so that the drivers can hear you** ］.

▶語群に so と that があることに注目し、ここから2つの可能性を即座に思いつくようでありたい。1つは〈so 〜 that S V〉「とても〜なのでSはVする」、もう1つは〈so that S can V〉「SがVできるように」である。その上で、前後の流れを確認してみよう。男性が直前で、バスから降りたければ、「降りたい」という意味を表す "Bajan" という単語を言うだけでいいと説明していること、直後で「彼ら（おそらくは語群の中の drivers）は運転中によく音楽を聴いているからな」と言っていることから考えると、先の2つのうち、ここでは後者の方が使えるとわかる。後は「SがVできるように」という枠組みに単語を補っていくだけである。なお、この問題に関連して、〈nearly 動詞〉「〜しそうになる」はぜひ覚えておこう。

※問題には登場しなかったが、本文中に出てくる重要表現をいくつか説明しておく。

6行目：You're kidding!「冗談でしょ」

　　　　▶相手が突拍子もないことを言ったときによく使われる表現。

17行目：I'm planning to make curtains of this.「これでカーテンを作ろうと思っているの」

　　　　▶〈A 〈be〉 made of B〉「AはBでできている」は有名だが、その能動態の形である make A of B を見ても、同様に「BでAを作る」という意味が取れるようにしておこう。

28行目：Why not?「何で」

▶Why not? は「もちろん」という訳語が有名だが、正確には2種類あるので注意しよう。1つは直前が否定文の場合であり、そのときは、その否定文に対して「なぜ」と尋ねる疑問文になる。

例：I did not do my homework. ― Why not?

「宿題をやりませんでした」―「なぜ(やらなかったの)」

もう1つは直前が勧誘などの表現の場合であり、そのときは、その誘いなどに対して事実上 Yes と答える文になる。

例：Will you have some coffee? ― Why not?

「コーヒーをいかが」―「もちろん」

どちらも共通するのは「なぜ not なのか」という意味になることだが、前記のような区分をしておくとよい。

50行目：And don't forget to give a big smile to the driver.

51行目：No, we won't.

▶直前が否定文や否定疑問文になっている場合の Yes ／ No の読み取りには注意が必要。この文の場合、won't の後ろには動詞以降が省略されているので、それを補ってみると、we won't forget to give a big smile to the driver となり、「私たちは運転手さんに笑顔を向けるのを忘れません」という意味になる。「忘れるなよ」に対して「忘れません」と言っているのだから、この文の No の意味は「はい」である。このように、直前が否定文や否定疑問文になっている場合、Yes ／ No の訳は、結果的に反対になってくることを必ず理解しておこう。

③ ＜長文読解総合＞

〔全訳〕

今や、多くの人が自分たちの食べ物についてより注意深く考え始めている。彼らは毎回の食事で口にしているかもしれない化学薬品の量に関して、気にかけ始めている。そして彼らはまた、現代技術による方法で生産された食べ物があまりおいしくないということも実感し始めている。私たちが今日食べている肉は昔の肉のようではない。人々はもはや脂肪を食べたがらないので、動物たちは、脂肪をほとんどつけず、体が引き締まるように特別に飼育されている。彼らは、抗生物質や他の化学薬品と同様に、人工的な食べ物や成長を促進させるためのホルモンを与えられている。動物たちの多くは人工的に飼育されてもいる。たとえば、羊は、その多くが一匹だけではなく二匹同時に産むようにホルモンを投与されている。このような方法で生産された肉を食べる時、私たちはこれらすべての化学薬品も同時に体内に吸収していることになる。人々はまた、肉を安く買えるようにするために、動物たちにこのような扱いを受けさせたいのかと異議を唱え始めている。集中的に飼育された動物たちは、自然な生き方を許されていないので、結果として大きなストレスを受けている。

豚はしばしば、彼らの人生全てを閉じ込められた状況の室内で過ごす。新鮮な空気もなく、運動もできないので、彼らはより病気になりやすい。この結果、体重を増やすために他の化学薬品が投与されているのと併用して、病気を治すために抗生物質まで使われなくてはならな

い。雌の豚は出産すると、子豚たちは外で放されている一方で、特別な狭い飼育小屋に入れられてしまう。子豚たちはミルクを飲むために雌豚に近づけるが、雌豚は、子豚たちの上へ転がって踏みつぶして殺してしまうことのないように囚人扱いされている。

　鶏に関して言えば、小さい飼育小屋に押し込まれている。飛んだりお互いをつつき合ったりしようとしないように、彼らの羽とくちばしは止められている。彼ら自身のフンや他の鳥の食べ残しを与えられることもしばしばある。運動も健康的な食べ物もないので、肉の味はより悪くなる。そして彼らが口にするフンの中にはサルモネラ菌に感染しているものがあるために、群れ全体に病気が広がってしまうことがある。

　しかしながら、このように飼育されている鶏の方がより健康的だと主張する人もいる。国家農業者組合の代弁者は、飼育小屋で飼われている鶏の方がより病気にかかりにくいと主張する。これは鶏が自分たちのフンの上に立つことがなくなることや、それほど多くの寄生虫を食べることがなくなることが理由の一部にあげられる。注意深く管理された温度や照明の元で飼育されているので、放し飼いの鶏よりも、実際にはより健康だろうという考えがここにはある。さらに、飼育場が大規模であることや、卵の収集がより簡単であることから、鶏肉と卵はより安い値段で購入される。

　多くの人々は、飼育場の動物たちが今日飼育されている方法が、かなり間違っていると思っている。彼らは不自然で不快な状況で飼育され、それから一緒にトラックに押し込まれ、殺処分される食肉処理場へ送られる。時に動物たちは、食べ物も飲み物もないままで長い距離を移動している。

　これら全ての要因を考慮に入れて、多くの人々は菜食主義者になることを決意している。たとえば、リンダ・マッカートニーは、食料のためにいかなる動物でも殺すことは間違っていると考えている。「動物を殺すことの正当性を信じていない」と彼女は言う。「あなたがたがスペアリブを口にしている時、それは"余分な"あばら肉ではなく、動物のあばら肉なのです。それは牛肉ではなく、死んだ牛です。もし食肉処理場の壁がガラスの壁なら、人々は菜食主義者になるでしょう」と。

　飼育場の動物が自然な生き方を許されているのであれば、その肉を食べても良いと考える人もいる。化学薬品の投与を受けず、外を自由に歩き回ることを許され、苦痛なく最期を迎えているような動物たちの肉を購入することは可能である。しかしながら、そのような肉は高価で、畜産家たちの義務は、より裕福な人だけではなく、誰もが購入できるような価格の食べ物を生産することだと感じる人もいる。このようにして、彼らは動物たちの苦しみを正当化してしまう。

　それならば、もし私たちが集中的な飼育を応援したくなく、しかし同時に、放し飼いの動物たちの肉や卵を買う金銭的な余裕もない場合、何ができるだろうか。簡単な答えは、食べる肉の量を減らすことだ。私たちが健康を維持するためには、肉は必要ではない。実際、栄養士たちは肉の摂りすぎは私たちにとって良くないと言っている。私たちは、もっとたくさんの野菜中心の食べ物を食べることができるし、肉や卵を食べる時には、それらができる限り苦痛なく生産されたものかを確かめることができる。

出典：Reproduced with permission of Curtis Brown Ltd,London,on behalf of Gyles Brandreth.Copyright 1991 © Complete Editions,1991

問1

②→③→④→⑥→①→⑤

▶空欄直前で、「今や、多くの人が自分たちの食べ物について、…気にかけ始めている」とある。この "現代の食に対する否定的イメージ" を受け、②「…現代技術による食べ物はおいしくない。今日の肉は昔の肉のようではない」を続ける。②の They は空欄直前の文中の They を主語としてそのまま受けていると考えられる。次に、②中の「今日の肉」について説明を加える③「…動物たちは、脂肪をほとんどつけないように特別に飼育されている」を続ける。さらに、「特別に飼育」の現状を具体的に説明する④「彼ら（＝動物たち）は、…人工的な食べ物や成長促進のホルモンを与えられている」を続ける。④の They は③の主語である the animals を受けていると考えられる。また、④の内容の一例として羊を挙げる⑥「たとえば、羊は、…ホルモンを投与されている」がその後に続く。以上②③④⑥は、"動物への" 化学薬品の投与に関する話だった。次は、その動物を食べる "人間への" 害へと話が広がり、①「…肉を食べる時、私たちはこれらすべての化学薬品も同時に吸収していることになる」を続ける。①中の these chemicals は、④や⑥で記されている artificial food、hormones、antibiotics、other chemicals を指していると考えられ、④→⑥→①の流れも正しいと言える。残された⑤「人々は…動物たちにこのような扱いを受けさせたいのかと異議を唱え始めている」は、空欄の直後の「動物たちは、…結果として大きなストレスを受けている」という動物の "精神的" 苦痛を憂慮する内容につながる点、「このような扱い」が③④⑥①で説明されている飼育方法を指していると考えられる点からも、最後に入ることが正しいと言える。以上から、②→③→④→⑥→①→⑤。

問2

As they have no fresh air or exercise, they are more likely to become ill.

With no fresh air or exercise, they are more likely to get sick.

「新鮮な空気もなく、運動もできないので、彼らはより病気になりやすい」

▶後半部の「～しやすい」を表す表現として、〈be likely to do ～〉は押さえておきたい。また、「病気になる」は〈get〔become〕ill〔sick〕〉。前半部は、理由を表す接続詞の as や because や since を用いて表すこともできるし、「～がないので」を表す前置詞〈without ～〉を用いてもよい。また、第4段落中の、With no exercise or healthy food,…「運動も健康的な食べ物もないので、…」という記述を参考に書くと簡単だったかもしれない。

問3

化学薬品を投与されることもなく、外を自由に歩き回ることができ、苦痛なく自然な最期を迎えられる生き方。

▶下線部を含む部分は、if the farm animals are allowed (2)a natural life, it is all right to eat meat「飼育場の動物が a natural life〔＝自然な生き方〕を許されているのであれば、その肉を食べても良い」となっており、ここでの "a natural life" とは、本文を通して説明されてきた飼育場の動物たちには許されていないような生き方であることは想像がつく。これを踏まえると、この後の一文中の、animals that were not treated with chemicals, were allowed to wander freely outdoors and were humanely slaughtered の部分が、飼育場の動物たちと

は異なる生き方を説明していると言え、この部分をまとめたものが答えとなる。

問4

①・⑥・⑧

各選択肢の意味と解説は以下の通り。

① People have never been more worried about their food than today.
「今日ほど人々が自分たちの食事について気にかけたことはない」
　▶第1段落冒頭に、Many people are now beginning to think more carefully about their food. という記述がある。ここから、「食べ物についてより注意深く考え始めている」、つまり、「以前よりも今の方が食事について考えている」と言えるため、一致する。

② Not only hormones but also antibiotics are useful in curing animals' illnesses.
「ホルモンだけでなく抗生物質も動物たちの病気を治療する際には役に立つ」
　▶第2段落に、antibiotics have to be used to cure their illnesses, along with other chemicals to increase their weight とあり、「病気を治す際に使用されるのは抗生物質であり、他の化学薬品は体重を増やすために投与されている」ことが分かり、一致しない。

③ There is a possibility of the pigs killing each other when they are kept in one cage.
「豚たちは一つの飼育小屋に入れられると、お互いを殺し合う可能性がある」
　▶第2段落に、the sow is kept a prisoner in case she rolls on the piglets and crushes them to death とあり、「雌豚が子豚を殺してしまう」可能性は述べられているが、「お互いを殺し合う」可能性までは述べられていないため、一致しない。

④ However carefully we clip their wings, chickens fly away.
「どんなに注意深く羽をとめても、鳥たちは飛んで逃げ去ってしまう」
　▶第3段落に、Their wings… are clipped so that they cannot attempt to fly…とあり、「飛んだりしないように、彼ら［＝鶏たち］の羽が止められている」ことが分かる。しかし、「逃げ去ってしまう」といった記述はないため、一致しない。

⑤ Chickens kept in cages are sold expensive because it costs much to control temperature and lighting there.
「飼育小屋で飼われている鶏たちは、飼育小屋内の温度と照明を管理するのにお金がかかるために高い値段で売られている」
　▶第4段落に、because of the huge scale … and because the eggs are easier to collect, poultry and eggs are cheaper とあり、飼育場が大規模であることや卵の収集がより簡単であることを理由に、「（飼育小屋で飼われている）鶏や卵はより安い値段で購入される」とあるので、一致しない。

⑥ One of the reasons that people make up their minds not to eat meat any more is that they know how terribly the farm animals are treated.
「人々がこれ以上肉を食べないことを決める理由の一つに、飼育されている動物たちがどれほどひどく扱われているかを知っていることが挙げられる」
　▶第6段落に、Taking into account all these facts, many people have decided to become vegetarians. とあり、"these facts" の指す内容が、「菜食主義者になる［＝肉を食べない］

ことを決意した理由」に当たると考えられる。ここで、"these facts" は、第5段落の内容全てを指す。第5段落では、飼育場の動物たちがひどい方法で飼育されていることが書かれてある。以上を踏まえると、飼育場でのひどい飼育方法が理由で、人々が菜食主義者になったことが分かるため、一致している。

⑦ We should know what's been done in the slaughterhouse through its see-through walls.

「私たちは、食肉処理場のシースルーの壁を通して、その中で何が行われているのかを知るべきだ」

▶第6段落に、If slaughterhouses *had* glass walls, people *would* be vegetarian. という記述がある。仮定法を用いて述べられているため、実際にガラスの壁 (つまり「中が透けて見えるシースルーの壁」) というわけではないので、一致しない。

⑧ Some people think one of the farmers' main duties is to grow animals which are cheap enough for anyone to buy.

「畜産家たちの主たる義務の一つは、誰でも買える程度の安値の動物を育てることだと考える人もいる」

▶第7段落に、some people feel that the farmers' duty is to produce food that everyone can afford という記述がある。ここから、「畜産家たちの義務は誰でも購入できるような価格の食べ物を生産することだと感じる人もいる」ことが分かり、一致する。また、直後の "they justify the suffering of the animals"「彼らは動物たちの苦しみを正当化してしまう」という表現から、動物たちの苦しみを緩和することよりも、価格を優先すべきという考えがあることがわかるため、「重きを置いている [＝主たる] 義務」と言える。

ちなみに、本文中で使われていた afford は、can, could, be able to などの語句と共に用い、〈S can afford to do ～〉「Sは～するだけの (経済的／時間的／心理的) 余裕がある」のように用いられる頻出語。

⑨ It's not too much to say that the progress of technology always makes the happiness for people.

「技術の進歩は人類にとっての幸福を常に産み出すと言っても過言ではない」

▶本文全体を読むと、技術の進歩による畜産方法の変化が人類にとっての幸福につながっているとは言い難いことが分かるため、一致しない。

内容一致の問題で、always/all/every など「全て」を表す語が登場した場合は、本当に「全て」であるかどうかの十分な吟味が必要。

4 ＜長文読解総合＞

〔全訳〕

　昔々、魔神がいました。それは魔法のランプから出てきて、願いを叶えてくれるような魔神でした。不運なことに、この独特の魔神は物をだめにすることで有名でした。誰かがその魔法のランプをこするといつも、魔神が出てきて「願いは何だ」と言うのでした。そして大きな煙

の雲が現れ、何百もの物が空中に浮かび上がりました。人々が願いを言うと、彼らの望んだ物が、ほこりが立ち上る中ほこりまみれで現れたのです。

　彼は下手な仕事が非常に多く、そしてそれはひどくやっかいなものだったので、誰も彼のことを望まなくなりました。彼のランプは結局、よくある古い箱のように人に投げつけるだけにしか使われないようになったので、魔神は何年もランプから出てこなくなり、悲しくなり落ち込みました。

　そして、ついにある孤独な少年がランプを見つけ、その中から魔神の悲しい泣き声が聞こえたのです。そこで、その少年はその魔神の友達になろうと決めました。そしてその少年が叶えてほしい願いというのは、魔神と一緒に過ごせる時間が持てるよう、魔神と同じようにランプから出たり入ったりすることでした。魔神はこの願いを喜んで叶えてやりました。そして、男の子はランプに入ると同時に、その魔神の抱えている問題が何であるかわかったのです。それは彼が悪い魔神だからということではなかったのです。彼は整理整頓が全くできなかったのです。ランプの中は宝石だろうが、本だろうが、ボートだろうが、ラクダだろうが、すべてが一面に散らかっていたのです。何年も掃除する人がいなかったのは明らかでした。魔神であるため、彼はそこにあらゆる種類の物を保管しており、ランプは小さかったのですべての物が一緒に押し込まれていたのです。そのため魔神が何かを取り出そうとするたびに、ほこりが舞い上がったのです。

　少年が頭を抱えると、魔神は謝り、自分の仕事は非常に大切で、掃除する時間がなかったのだと言いました。けれども少年は母の忠告を思い出し、仕事が重要であればあるほど、すべての物を整頓しておくことが重要であると魔神に言いました。そして一緒にそこをよく掃除することに決めたのです。

　掃除するのに多くの日数を要しましたが、終わったときにはすべてのものが輝き、正しい場所に収まっていました。今ではどんな贈り物が求められたとしても、見つけるのはとても簡単で、何も壊すことなく持ってくることも簡単でした。

　そして、魔神がもう一度尊敬されることになったのです。彼はすべてのことにおいて整頓と清潔さがなければ偉大なことは達成できないことを学んだのです。

出典：Pedro Pablo Sacristan The Incompetent Genie freestoriesforkids.com

問1

［　I　］

Once upon a time there was a genie, of the type who ［ **came out of the magic lamp and made wishes come true** ］.

「昔々、魔神がいました。それは魔法のランプから出てきて、願いを叶えてくれるような魔神でした」

▶主格の who があることから、次に来るのは動詞だということがわかる。時制は過去形を用いるため came か made になるが、「ランプから出てきて、願いを叶える」という意味にするため came を選択し、came out of the magic lamp とする。そのあとは 〈make＋O＋C〉「O を C にする」を用いて「願いを叶える」を表現すればよい。

[　Ⅱ　]

But the boy remembered his mother's advice, and told the genie that the more important his job was, [**the more important it was that he kept all his things**] in order.

「けれども少年は母の忠告を思い出し、仕事が重要であればあるほど、すべての物を整頓しておくことが重要であると魔神に言いました」

▶空欄の前が the 比較級 S＋V となっていることから、〈the 比較級 S＋V, the 比較級 S＋V〉「〜すればするほど…」という構文を使うことがわかるだろう。まずは元の文から考えてみると、選択肢に important と kept、all his things があることと、空欄の後ろに in order「整頓されている」があることから、〈keep＋O＋C〉「O を C に保つ」を用いて、「すべての物を整頓されている状態に保つことが重要である」という意味にすればよいとわかる。よって元の文は、it was important that he kept all his things in order となる。これを〈the 比較級 S＋V, the 比較級 S＋V〉の形に変えるので、残った the と more を important とともに前に出せばよい。

問2

[　A　]

④ **he would come out and say, "What is your wish?"**

「魔神が出てきて『願いは何だ』と言うのでした」

▶設問直前を見ると、Whenever someone rubbed the magic lamp,「誰かがその魔法のランプをこするといつも、」と書かれている。誰かが魔法のランプをこすれば、魔神が出てくると考えられるので、④が正解。〈whenever S＋V 〜,〉は「S が V するときはいつでも、」という表現。

[　B　]

① **it was just that he couldn't have been less tidy!**

「彼は整理整頓が全くできなかったのです」

▶設問の直前に、It wasn't that he was a bad genie.「それは彼が悪い魔神だからということではなかったのです」と書かれている。ランプに入った男の子が、魔神の出す物がほこりまみれになってしまう理由がわかった場面であるので、①が正解。tidy は「（部屋などが）きちんと整理されている」の他に「きれい好きな」という意味があり、couldn't have been less tidy は、「これ以上、less tidy（きれい好きではない状態＝不潔な状態）にはならない」＝「整理整頓が全くできない」という意味になる。"How are you?"「元気ですか」の返答として、"Couldn't be better."「最高だよ」（＝これ以上体調がよくなることはない）という表現があるが、今回はこの言い方と類似したものだと考えればよい。

[　C　]

② **together they decided to give the place a good clean.**

「一緒にそこをよく掃除することに決めたのです」

▶設問箇所の次の段落に、It took them quite a few days, but when they finished, everything was gleaming and in its correct place.「掃除するのに多くの日数を要しましたが、終わったときにはすべてのものが輝き、正しい場所に収まっていました」と書かれていることから、

彼らが掃除をし始めたことがわかる。よって②が正解。

[　　D　　]

③ so it was that the genie began to be respected and admired once more.

「そして、魔神がもう一度尊敬されることになったのです」

▶設問箇所の前の段落に、Now it was dead easy to find whatever gift was asked for, and to retrieve it without breaking anything.「今ではどんな贈り物が求められたとしても、見つけるのはとても簡単で、何も壊すことなく持ってくることも簡単でした」と書かれている。このことから以前とは違い、魔神が人々の望み通りのものを出すことができ、人々から尊敬されるようになったことは推測がつくだろう。よって③が正解。

問3

So many, and so embarrassing were his botches that no one wanted him.

「彼は下手な仕事が非常に多く、そしてそれはひどくやっかいなものだったので、誰も彼のことを望まなくなりました」

▶〈so ～ that …〉構文「とても～なので…」であることに気付けるかが重要。〈so ～ that …〉構文は強調のために so ～ を文頭に置き、倒置が起こる場合がある。主語は his botches で動詞は were である。よって元の文章は、His botches were │so│ many and │so│ embarrassing │that│ no one wanted him. となる。

問4

（　　ア　　）

and became (**sad**) and depressed.

「悲しくなり落ち込みました」

▶設問前に、His lamp ended up being used only to throw at people, just like a common old box; and the genie didn't come out of it for years,「彼のランプは結局、よくある古い箱のように人に投げつけるだけにしか使われないようになったので、魔神は何年もランプから出てこなくなり、」と書かれていることに注目する。〈end up ～ ing〉は「最後には～することになる」という意味。人に投げつけられ、ランプから出てこなくなったと書かれていることから、空欄にはマイナスの意味の単語が入ることがわかる。また形容詞 depressed「落ち込んでいる」と and で結ばれているため、ここも形容詞に準ずるものが来ると考えられる。設問の次の段落でも、could hear the sad cries of the genie inside「その中から魔神の悲しい泣き声が聞こえたのです」と書かれているので、sad が正解。

（　　イ　　）

the wish he asked to be granted was to be able to (**enter**) and leave the lamp,

「彼が叶えてほしい願いというのは、ランプから出たり入ったりすることでした」

▶設問部分の後に、just like the genie could「魔神と同じように」と書かれていることから、魔神が leave the lamp「ランプから出る」のであれば「ランプに入る」ことも考えられる。よって enter が正解。

（　　ウ　　）

a genie's job was very important and he hadn't had time for (**cleaning**).

「自分の仕事は非常に大切で、掃除する時間がなかったのだ」

▶ランプの中が非常に汚れていることに対して、言い訳をしている場面である。よって汚れていたのは「掃除」をする時間がなかったためと考えられる。前置詞 for の後ろなので clean「掃除をする」を動名詞に変えた cleaning が正解。

（　エ　）

He learned that nothing great can be achieved（ **without** ）order and cleanliness in all things.

「彼はすべてのことにおいて整頓と清潔さがなければ偉大なことは達成できないことを学んだのです」

▶ order は「命令」の他に「秩序」「整頓」という意味もある。今回、魔神は掃除をすることによって人々から尊敬されるようになったのだから、order と cleanliness がなければ偉大なことは達成できないと考えればよい。よって without が正解。

問5

「男の子はランプに入ると同時に、その魔神の抱えている問題が何であるかわかったのです」

（解答例）

as soon as the boy entered the lamp, he could see what the genie's problem was.

▶「同時に〜」を「〜するとすぐ…」と解釈し、〈as soon as 〜, …〉〈no sooner 〜 than …〉〈hardly 〜 when［before］…〉などの表現を用いて書けばよい。「その魔神の抱えている問題が何であるか」は、間接疑問文を用いて what the genie's problem was、もしくは what problem the genie had としてもよい。時制が過去形であることに気を付けよう。

5 ＜自由英作文＞

Suppose the Japanese Government will raise the taxes again. Do you think this is a good idea or not? Give two or three reasons. Write in English and use about 40 words. Please write the number of words in the space（　　　　）at the bottom of the answer sheet.

「日本政府は再び税金を上げるとします。この考えは良い考えだと思いますか、もしくは悪い考えだと思いますか。2、3の理由を挙げ、40語程度の英語で書きなさい。解答用紙の一番下にある空欄（　　　　）に使った語数を書きなさい」

（解答例）

I agree that the taxes will rise because I hear the debt of Japan has become larger and larger and I feel uneasy about the future. I think we might solve the problem if the income of the Government increases.（40語）

▶以下のような表現を用いて文章を組み立てていけばよい。because は接続詞なので、We like him. Because he is kind. のような形で用いないように注意すること。

・賛成、反対を表す場合の表現

〈I agree that S＋V because …〉〈I agree with 〜 because …〉

「…なので〜に賛成します」

〈I don't agree that S + V because …〉 〈I disagree with ～ because …〉

「…なので～に賛成しません」

・意見を述べる場合の表現

I think that S should ～「私はSは～すべきだと思います」

I don't think ～「私は～だと思いません」

In my opinion, ～「私の意見では、～」

＜実践テスト＞ 解答用紙

1

1		2	
3		4	
5		6	
7		8	
9		10	

1

2

	記号	正しい形		記号	正しい形
1			2		
3			4		
5			6		
7			8		
9			10		

2

3

1		2		3		4		5	
6		7		8		9		10	

3

4 A

1		2		3		4		5		6		7		8	
9		10		11		12		13		14		15		16	

4

B

(ア) _____

(イ) _____

(ウ) _____

C

(i) _____

(ii) _____

(iii) _____

1

I (1)＿＿＿ (2)＿＿＿ (3)＿＿＿ (4)＿＿＿＿

(5)＿＿＿ (6)＿＿＿ (7)＿＿＿ (8)＿＿＿

II (1) ＿＿＿＿＿＿ ＿＿＿＿＿＿ ＿＿＿＿＿＿

(2) ＿＿＿＿＿＿ ＿＿＿＿＿＿ ＿＿＿＿＿＿

(3) ＿＿＿＿＿＿ ＿＿＿＿＿＿ ＿＿＿＿＿＿

III (1)＿＿＿ (2)＿＿＿ (3)＿＿＿

1

[　]

2

I ＿＿＿＿ , ＿＿＿＿

II 1.＿＿＿＿ 2.＿＿＿＿ ＿＿＿＿

3.＿＿＿＿ ＿＿＿＿ ＿＿＿＿

III (1)＿＿＿ (6)＿＿＿ (12)＿＿＿ (16)＿＿＿ IV (2)＿＿＿ (9)＿＿＿

V (3)＿＿＿ (4)＿＿＿ (19)＿＿＿ IV (5)＿＿＿ (15)＿＿＿

VII (7) ＿＿＿＿＿ ＿＿＿＿＿ ＿＿＿＿＿

(10) ＿＿＿＿＿ ＿＿＿＿＿

(14) ＿＿＿＿＿ ＿＿＿＿＿ ＿＿＿＿＿

VIII (8) ＿＿＿＿＿＿＿＿＿＿＿＿＿＿＿＿＿＿＿＿＿＿＿＿

(13) ＿＿＿＿＿＿＿＿＿＿＿＿＿＿＿＿＿＿＿＿＿＿＿＿

IX (11) ＿＿＿＿＿ (17) ＿＿＿＿＿

X ＿＿＿＿＿ ＿＿＿＿＿ ＿＿＿＿＿ XI ＿＿＿＿

XII ＿＿＿＿＿＿＿＿＿＿＿＿＿＿＿＿＿＿＿＿＿＿＿＿＿＿＿

＿＿＿＿＿＿＿＿＿＿＿＿＿＿＿＿＿＿＿＿＿＿＿＿＿＿＿

＿＿＿＿＿＿＿＿＿＿＿＿＿＿＿＿＿＿＿＿＿＿＿＿＿＿＿

2

[　]

3

I (1)＿＿＿ (4)＿＿＿ II (2)＿＿＿ (5)＿＿＿ (8)＿＿＿ III ＿＿＿

IV ＿＿＿＿＿ ＿＿＿＿＿ V ＿＿＿ VI ＿＿＿

VII (i)(1)＿＿＿ (2)＿＿＿ (4)＿＿＿ (5)＿＿＿

(ii) ＿＿＿＿＿ ＿＿＿＿＿

(iii) ＿＿＿＿＿＿＿＿＿＿＿＿＿＿＿＿＿＿＿＿＿＿＿＿＿

3

[　]

実践テスト **3** 解答用紙

1

問1

1	2	3	4

5	6	7

問2

アとイ	ウとエ

問3 | 問4 | 問5 | 問6 | 問7

問8

問9

1	2	3	4	5	6	7

1

2

問1

1	2	3	4	5	6	7	8

問2

問3

ア	イ

2

3

問1

I	III

問2

1	2	3
4	5	6

問3

問4

問5

問6 because Olin [   ]

問7

1	2	3

3

4

1	2	3
4	5	6

4

5

1	2	3	4	5	6

5

1

(あ)		(い)		(う)		(え)		(お)	
(か)		(き)		(く)		(け)			

1

2

問1	[ア]		[イ]		[ウ]		[エ]	
問2	(あ)			(い)				
問3								
問4	[A]							
	[B]							

2

3

問1	→ → → → ⑥ → →
問2	
問3	₂₅ ... ₅₀ 生 き 方
問4	, ,

3

4

問1	[Ⅰ]			
	[Ⅱ]			
問2	[A]	[B]	[C]	[D]
問3				
問4	(ア) s	(イ) e	(ウ) c	
	(エ) w			
問5				

4

5

( )語

5

実践テスト　*1*

1　各完答2点
2　記号・正しい形ともに各1点
3　各1点
4　A：各2点　B・C：各3点

実践テスト　*2*

1　各1点、ただしⅡはそれぞれ完答
2　Ⅻのみ4点。他は各2点（ただしⅡの2・3とⅦ、Ⅹはそれぞれ完答）
3　Ⅰ〜Ⅴ、Ⅶの(i)(ii)：各2点、Ⅵ、Ⅶの(iii)：各3点（ただしⅣとⅦの(ii)はそれぞれ完答）

実践テスト　*3*

1　問1・問9：各1点、問2・問8：各3点、その他各2点
2　各2点
3　問1・2・3：各1点、その他は各2点
4　各2点
5　各2点

実践テスト　*4*

1　各2点
2　問3・4：各3点　その他：各2点
3　問1：完答4点　問2・3：各5点
　　問4：1つ正解で3点
　　　　　2つ正解で6点
　　　　　3つ正解で9点
4　問1・3・5：各3点　その他：各2点
5　10点